ENZYKLOPÄDIE
DEUTSCHER
GESCHICHTE
BAND 86

ENZYKLOPÄDIE
DEUTSCHER
GESCHICHTE
BAND 86

HERAUSGEGEBEN VON
LOTHAR GALL

IN VERBINDUNG MIT
PETER BLICKLE
ELISABETH FEHRENBACH
JOHANNES FRIED
KLAUS HILDEBRAND
KARL HEINRICH KAUFHOLD
HORST MÖLLER
OTTO GERHARD OEXLE
KLAUS TENFELDE

MIGRATION VOM 19. BIS ZUM 21. JAHRHUNDERT

VON
JOCHEN OLTMER

3., aktualisierte und erweiterte Auflage

DE GRUYTER
OLDENBOURG

Library of Congress Cataloging-in-Publication Data
A CIP catalog record for this book has been applied for at the Library of Congress.

Bibliografische Information der Deutschen Nationalbibliothek
Die Deutsche Nationalbibliothek verzeichnet diese Publikation in der Deutschen Nationalbiografie; detaillierte bibliografische Daten sind im Internet über http://dnb.dnb.de abrufbar.

© 2016 Walter der Gruyter GmbH, Berlin/Boston

Dieses Werk ist urheberrechtlich geschützt. Die dadurch begründeten Rechte, insbesondere die der Übersetzung, des Nachdrucks, des Vortrags, der Entnahme von Abbildungen und Tabellen, der Funksendung, der Mikroverfilmung oder der Vervielfältigung auf anderen Wegen und der Speicherung in Datenverarbeitungsanlagen, bleiben, auch bei nur auszugsweiser Verwertung, vorbehalten. Eine Vervielfältigung dieses Werkes oder von Teilen dieses Werkes ist auch im Einzelfall nur in den Grenzen der gesetzlichen Bestimmungen des Urheberrechtsgesetzes in der jeweils geltenden Fassung zulässig. Sie ist grundsätzlich vergütungspflichtig. Zuwiderhandlungen unterliegen den Strafbestimmungen des Urheberrechts.

Umschlaggestaltung: Dieter Volldendorf, München
Umschlagabbildung: Deutsche Zuwanderer aus den nach dem Ersten Weltkrieg an Polen abgetretenen Gebieten erreichen 1925 das Durchgangslager in Schneidemühl (Posen/Westpreußen); Ullstein-Bilderdienst
Satz: le-tex publishing services GmbH, Leipzig
Druck und Bindung: Hubert & Co. GmbH & Co. KG, Göttingen
Gedruck auf säurefreiem Papier
Printed in Germany

www.degruyter.com

ISBN 978-3-11-047137-3
e-ISBN (PDF) 978-3-11-047138-0
e-ISBN (EPUB) 978-3-11-047165-6

Vorwort

Die „Enzyklopädie deutscher Geschichte" soll für Benutzer – Fachhistoriker, Studenten, Geschichtslehrer, Vertreter benachbarter Disziplinen und interessierte Laien – ein Arbeitsinstrument sein, mit dessen Hilfe sie sich rasch und zuverlässig über den gegenwärtigen Stand unserer Kenntnisse und der Forschung in den verschiedenen Bereichen der deutschen Geschichte informieren können.

Geschichte wird dabei in einem umfassenden Sinne verstanden: Der Geschichte der Gesellschaft, der Wirtschaft des Staates in seinen inneren und äußeren Verhältnissen wird ebenso ein großes Gewicht beigemessen wie der Geschichte der Religion und der Kirche, der Kultur, der Lebenswelten und der Mentalitäten.

Dieses umfassende Verständnis von Geschichte muss immer wieder Prozesse und Tendenzen einbeziehen, die säkularer Natur sind, nationale und einzelstaatliche Grenzen übergreifen. Ihm entspricht eine eher pragmatische Bestimmung des Begriffs „deutsche Geschichte". Sie orientiert sich sehr bewusst an der jeweiligen zeitgenössischen Auffassung und Definition des Begriffs und sucht ihn von daher zugleich von programmatischen Rückprojektionen zu entlasten, die seine Verwendung in den letzten anderthalb Jahrhunderten immer wieder begleiteten. Was damit an Unschärfen und Problemen, vor allem hinsichtlich des diachronen Vergleichs, verbunden ist, steht in keinem Verhältnis zu den Schwierigkeiten, die sich bei dem Versuch einer zeitübergreifenden Festlegung ergäben, die stets nur mehr oder weniger willkürlicher Art sein könnte. Das heißt freilich nicht, dass der Begriff „deutsche Geschichte" unreflektiert gebraucht werden kann. Eine der Aufgaben der einzelnen Bände ist es vielmehr, den Bereich der Darstellung auch geographisch jeweils genau zu bestimmen.

Das Gesamtwerk wird am Ende rund hundert Bände umfassen. Sie folgen alle einem gleichen Gliederungsschema und sind mit Blick auf die Konzeption der Reihe und die Bedürfnisse des Benutzers in ihrem Umfang jeweils streng begrenzt. Das zwingt vor allem im darstellenden Teil, der den heutigen Stand unserer Kenntnisse auf knappstem Raum zusammenfasst – ihm schließen sich die Darlegung und Erörterung der Forschungssituation und eine entsprechend gegliederte Auswahlbibliographie an –, zu starker Konzentration und zur Beschränkung auf die zentralen Vorgänge und Entwicklungen. Besonderes Gewicht ist daneben, unter Betonung des systematischen Zusammenhangs, auf die Abstimmung der einzelnen Bände untereinander, in sachlicher Hinsicht, aber auch im Hinblick auf die übergreifenden Fragestellungen, gelegt worden. Aus dem Gesamtwerk lassen sich so auch immer einzelne, den jeweiligen Benutzer besonders interessierende Serien zusammenstellen. Ungeachtet dessen aber bildet jeder Band eine in sich abgeschlossene Einheit – unter der persönlichen Verantwortung des Autors und in völliger Eigenständigkeit gegenüber den benachbarten und verwandten Bänden, auch was den Zeitpunkt des Erscheinens angeht.

Lothar Gall

Inhalt

Vorwort des Verfassers IX

I. *Enzyklopädischer Überblick* 1
   1. Bedingungen, Formen und Folgen von Migration 1
   2. Von der kontinentalen zur überseeischen Auswanderung
      seit dem späten 18. Jahrhundert 12
   3. Intra- und interregionale Arbeitswanderungen
      im Zeichen von Industrialisierung, Urbanisierung und
      Agrarmodernisierung 18
   4. Zuwanderungspolitik und Beschäftigung von Arbeits-
      kräften aus dem Ausland im späten 19. und frühen
      20. Jahrhundert 34
   5. Gewaltmigration und Kriegsfolgewanderungen 1914–1949   43
   6. Migration und Niederlassung seit den 1950er Jahren . . 55

II. *Grundprobleme und Tendenzen der Forschung* 73
   1. Überseeische Auswanderung 82
   2. Intra- und interregionale Arbeitswanderungen 92
   3. Grenzüberschreitende Arbeitsmigration 102
   4. Flucht und Vertreibung 121
   5. Deportation und Zwangsarbeit 133
   6. Exil und Asyl 142

III. *Quellen und Literatur* 151
   1. Übergreifende Darstellungen und Sammelbände
      zu Migrationsformen bzw. Phasen
      der Migrationsgeschichte 151
   2. Überseeische Massenauswanderungen 154
   3. Intra- und interregionale Arbeitswanderungen 163
   4. Grenzüberschreitende Arbeitsmigration 167
   5. Flucht und Vertreibung 176

6. Deportation und Zwangsarbeit 183
7. Exil und Asyl 188

Register 195
   1. Personenregister 195
   2. Orts- und Sachregister 201

Themen und Autoren 207

Vorwort des Verfassers

Die Historische Migrationsforschung hat insbesondere seit den späten 1980er Jahren eine Vielzahl von Migrationsformen und Wanderungsvorgängen erschlossen. Seit Anfang des 21. Jahrhunderts ist diese Forschungsrichtung beschleunigt gewachsen. Weiterhin dominiert zwar der Blick auf das 19. und vor allem das 20. Jahrhundert, seit Jahren aber haben sich im Feld auch jene Forschungsaktivitäten verstärkt, die auf die Neuzeit insgesamt, auf das Mittelalter und die Antike gerichtet sind. Auf diese Weise ist ein epochenübergreifendes Bild der historischen Wanderungsverhältnisse entstanden, das in weitem Umfang regionen- und länderübergreifende sowie globale Bezüge zur Kenntnis nimmt. Umso mehr vermag die Historische Migrationsforschung heute einen Beitrag zu leisten, die migratorischen Prozesse und Strukturen der Gegenwart zu verstehen.

Einen knappen Überblick zu dem vielgestaltigen historischen Phänomen Migration mit seinem breiten Spektrum an wirtschaftlichen, sozialen, politischen und kulturellen Hintergründen, Rahmenbedingungen und Folgen zu bieten, ist eine Herausforderung. Das gilt vornehmlich auch deshalb, weil sich eine Beschränkung auf einen nationalstaatlich gefassten Raum mit wandelnder politisch-territorialer Gestalt angesichts des häufig grenzüberschreitenden Charakters von Wanderungsbewegungen sowie der sehr engen Wechselbezüge zwischen kontinentalen und interkontinentalen Herkunfts- und Zielgebieten als schwierig erweist. Diese Herausforderung ist hier im Bewusstsein der notwendigen Konzentration auf Grundlinien des migratorischen Wandels und des wissenschaftlichen Umgangs mit dem Phänomen aufgenommen worden.

Die vorliegende Publikation bietet die dritte Auflage des 2009 fertiggestellten EdG-Bandes zur „Migration im 19. und 20. Jahrhundert". Die zweite Auflage von 2013 stellte einen Nachdruck der ersten Auflage dar. Für die dritte Auflage sind demgegenüber nunmehr alle Teile komplett überarbeitet und aktualisiert worden. Wegen des rapide angewachsenen Wissens über die bundesdeutschen Migrationsverhältnisse mussten vor allem die Bemerkungen für die Phase von den 1950er Jahren bis zur Gegenwart komplett ausgetauscht werden, umfangreiche

Veränderungen haben sich darüber hinaus aber auch für die anderen Kapitel ergeben. Der Forschungsbericht und die Literaturliste sind um rund 200 aktuelle Titel ergänzt bzw. erweitert worden.

 Sehr nützliche Hinweise und Unterstützung boten Klaus J. Bade (Berlin), Marcel Berlinghoff (Osnabrück) und Walter D. Kamphoefner (College Station, Texas). Ihnen habe ich ebenso zu danken wie Jutta Tiemeyer, die gewissenhaft und kompetent die redaktionelle Schlussbearbeitung durchführte.

Osnabrück im Februar 2016, Jochen Oltmer

I. Enzyklopädischer Überblick

1. Bedingungen, Formen und Folgen von Migration

Migration bildet seit jeher ein zentrales Element weitreichender Transformationen von Ökonomie, Gesellschaft und Kultur. Arbeitswanderungen erweisen sich beispielsweise als Konjunktur- und Krisensymptome; die Veränderung ihrer Dimensionen, Zielrichtungen und Verläufe spiegelt wie auf einem Barometer die Entwicklung globaler, nationaler und regionaler Ökonomien. In den vergangenen Jahrhunderten war die Erschließung und Nutzung standortgebundener natürlicher Ressourcen (Boden, Wasser, Bodenschätze usw.) abhängig von der Verfügbarkeit des Produktionsfaktors Arbeit und von der Bewegung von Arbeitskräften im Raum. Bildungsmigrationen oder Wanderungen von Wissenschaftlern, Spezialisten und Fachkräften wiederum prägten die Herausbildung moderner Wissensgesellschaften.

Migration und Transformation

Der Wandel räumlicher Bevölkerungsbewegungen ist gebunden an die Genese von Herrschaftsverhältnissen: Individuelles und kollektives Handeln von (potenziellen) Migranten unterliegt Einflüssen und Einflussnahmen institutioneller Akteure wie Obrigkeiten, Regierungen, Administrationen, wirtschaftlichen Unternehmen oder internationalen Organisationen. Gewaltmigrationen wiederum sind bis in die Gegenwart Ausdruck der staatlichen und gesellschaftlichen Akzeptanz der Beschränkung von Freiheit und körperlicher Unversehrtheit. Menschen reagieren auf bewaffnete Konflikte mit Bewegungen im Raum. Weite Verbreitung fand die Vorstellung, durch die Nötigung zur Migration ließe sich Herrschaft stabilisieren oder könnten politische Interessen durchgesetzt werden. Machtapparaturen wiederum sind auf Bewegungen ihrer Funktionäre angewiesen, wirtschaftliche Unternehmen streben nach Expansion etwa durch den Aufbau von Filialen: Entsendungen von Herrschaftsträgern, militärischem Personal, Missionaren oder Kaufleuten können in den vergangenen Jahrhunderten allenthalben beobachten werden, überaus wirkungsmächtige Prozesse wie Globalisierung oder Kolonialisierung lassen sich ohne solche räumlichen Bewegungen nicht vorstellen.

Definition Migration Der Begriff Migration verweist auf jene Muster regionaler Mobilität, die weitreichende Konsequenzen für die Lebensverläufe der Wandernden haben und aus denen sozialer Wandel resultiert. Migration kann das Überschreiten politisch-territorialer Grenzen meinen. Aber auch räumliche Bewegungen innerhalb eines staatlichen Gebildes können als Migration gefasst werden: Sie bringen zwar keinen Wechsel des Untertanenverbandes oder der Staatsangehörigkeit mit sich, verweisen die Migrantinnen und Migranten aber dennoch darauf, sich mit anderen wirtschaftlichen Gegebenheiten und Ordnungen, kulturellen Mustern sowie gesellschaftlichen Normen und Strukturen auseinanderzusetzen und Teilhabe in den verschiedenen gesellschaftlichen Funktionsbereichen zu erreichen oder zu erringen.

Chancenwahrnehmung Migrantinnen und Migranten streben häufig danach, durch den dauerhaften oder temporären Aufenthalt andernorts Erwerbs-, Siedlungsmöglichkeiten, Arbeitsmarkt- oder Bildungschancen zu verbessern bzw. sich neue Chancen zu erschließen. Die räumliche Bewegung soll ihnen in solchen Fällen zu vermehrter Handlungsmacht verhelfen. Migrationsentscheidungen unterliegen in der Regel multiplen Antrieben, eine Vielfalt unterschiedlicher Motive bestimmt die Entscheidung zur Abwanderung bzw. zur Zuwanderung in einem bestimmten Raum. Meist sind wirtschaftliche, soziale, politische, religiöse und persönliche Motive in unterschiedlichen Konstellationen mit je verschiedener Reichweite eng miteinander verflochten. Die erhofften und erwarteten Verbesserungen der Situation nach der Abwanderung können dabei immer auch spiegelbildlich für Enttäuschungen über die individuelle Lage in der Herkunftsgesellschaft stehen.

Migration kann einen Wechsel des Lebensmittelpunkts umfassen, ist aber auch häufig durch zeitlich begrenzte Aufenthalte andernorts gekennzeichnet, die diesen nicht explizit versetzen – Saisonwanderungen, die mehr oder minder regelmäßig zu wochen- oder monatelangen Aufenthalten andernorts führen, sind z. B. in der Regel darauf ausgerichtet, Geld zu verdienen, um die Existenz der Familie am Lebensmittelpunkt aufrechterhalten zu können.

Fluktuation Migration kann unidirektional eine Bewegung von einem Ort zu einem anderen meinen, umfasst aber nicht selten auch Zwischenziele bzw. Etappen, die häufig dem Erwerb von Mitteln zur Weiterreise dienen. Fluktuation, z. B. zirkuläre Bewegung oder Rückwanderung, bildete immer ein zentrales Element von Migration. Die dauerhafte Ansiedlung andernorts stellt also nur eines der möglichen Ergebnisse von Migrationsbewegungen dar: In die Bundesrepublik Deutschland kamen vom Ende der 1950er Jahre bis 1973 rund 14 Mio. ausländische Arbeitskräfte („Gastarbeiter"), ca. 11 Mio., also 80%, kehrten wieder zurück. Der Prozess der Migration bleibt ergebnisoffen, Wanderungsintention und Wanderungsergebnis treten nicht selten deutlich auseinander: Räumliche Bewegungen werden z. B. abgebrochen, weil bereits ein im Zuge einer Transitwanderung zunächst nur als Zwischenstation gedachter Ort unverhofft neue Chancen bietet. Umgekehrt kann sich das geplante Ziel als ungeeignet oder wenig attraktiv erweisen, woraus eine Weiterwanderung resultiert. Zudem kann der Erfolg im Zielgebiet die Rückkehr in die Heimat möglich oder der Misserfolg sie nötig machen. Häufig wird die geplante Rückkehr aufgeschoben, bis die Fremde vertraut geworden ist und die alte Heimat unvertraut.

Eine ganze Anzahl verschiedener Formen von Migration lassen sich beobachten, die Ergebnis unterschiedlicher Hintergründe und Ziele von Migrantinnen und Migranten waren. Tabelle I.1 fasst die wesentlichen Migrationsformen zusammen und erläutert sie mit Verweis auf spezifische Merkmale, Teilphänomene und Beispiele. *Migrationsformen*

Migration verbindet sich oft mit (erwerbs-)biographischen Wendepunkten und Grundsatzentscheidungen wie Partnerwahl und Familiengründung, Eintritt in einen Beruf oder Wahl von Arbeits-, Ausbildungs- oder Studienplatz; der überwiegende Teil der Migranten sind folglich Jugendliche bzw. junge Erwachsene. Die migratorische Chancenwahrnehmung bedingt spezifische sozial relevante Merkmale, Attribute und Ressourcen, darunter vor allem Geschlecht, Alter und Position im Familienzyklus, Habitus, Qualifikationen und Kompetenzen, soziale (Stände, Schichten) und berufliche Stellung sowie die Zugehörigkeit und Zuweisung zu „Ethnien", „Rassen" oder „Nationalitäten", die sich nicht selten mit Privilegien und (Geburts-)Rechten verbanden. *Strukturmerkmale*

Angesichts einer je unterschiedlichen Ausstattung mit ökonomischem, kulturellem, sozialem, juridischem und symbolischem Kapital erweisen sich damit die Grade der Autonomie von Migranten als Individuen bzw. in Netzwerken oder Kollektiven als unterschiedlich groß. Ein Migrationsprojekt umzusetzen, bildete in den vergangenen Jahrhunderten häufig das Ergebnis eines durch Konflikt oder Kooperation geprägten Aushandlungsprozesses in Familien, in Familienwirtschaften bzw. Haushalten oder in Netzwerken. Die Handlungsmacht derjenigen, die die Migration vollzogen, konnte dabei durchaus gering sein, denn räumliche Bewegungen zur Erschließung oder Ausnutzung von Chancen strebten keineswegs immer nach einer Stabilisierung oder Verbesserung der Lebenssituation der Migranten selbst. Familien oder andere *Aushandlungsprozesse*

Tabelle I.1: Migrationsformen

Formen	Merkmale, Teilphänomene und Beispiele
Arbeitswanderung	Migration zur Aufnahme unselbstständiger Erwerbstätigkeit in Gewerbe, Landwirtschaft, Industrie und im Dienstleistungsbereich
Bildungs- und Ausbildungswanderung	Migration zum Erwerb schulischer, akademischer oder beruflicher Qualifikationen (Schülerinnen und Schüler, Studierende, Lehrlinge/Auszubildende)
Dienstmädchen-/ Hausarbeiterinnenwanderung	Migration im Feld der haushaltsnahen Dienstleistungen, häufig gekennzeichnet durch relativ enge Bindungen an eine Arbeitgeberfamilie, ungeregelte Arbeitszeiten und prekäre Lohnverhältnisse
Entsendung	Grenzüberschreitende, temporäre Entsendung im Rahmen und im Auftrag von Organisationen/Unternehmen: „Expatriates"/„Expats"; Kaufleute und Händlerwanderungen zur Etablierung/Aufrechterhaltung von Handelsfilialen; Migration im Rahmen eines militärischen Apparates (Söldner, Soldaten, Seeleute), von Beamten oder von Missionaren
Gesellenwanderung	Wissens- und Technologietransfer durch Migration im Handwerk, Steuerungsinstrument in gewerblichen Arbeitsmärkten durch Zünfte
Gewaltmigration	Migration, die sich alternativlos aus einer Nötigung zur Abwanderung aus politischen, ethno-nationalen, rassistischen oder religiösen Gründen ergibt (Flucht, Vertreibung, Deportation, Umsiedlung)
Heirats- und Liebeswanderung	Wechsel des geographischen und sozialen Raumes wegen einer Heirat oder einer Liebesbeziehung
Kulturwanderung	Wechsel in kulturell attraktive Städte und Stätten („Künstlerkolonien", Weltstädte/„Global Cities" als kulturelle Zentren)
Nomadismus/Migration als Struktur	Permanente oder wiederholte Bewegung zur Nutzung natürlicher, ökonomischer und sozialer Ressourcen durch Viehzüchter, Gewerbetreibende, Dienstleister oder brandrodende Bauern
Siedlungswanderung	Migration mit dem Ziel des Erwerbs von Bodenbesitz zur landwirtschaftlichen Bearbeitung
Sklaven- und Menschenhandel	Migration (Deportation) zur Realisierung von Zwangsarbeit, das heißt jeder Art von Arbeit oder Dienstleistung, die von einer Person unter Androhung irgendwelcher Strafen verlangt wird

1. Bedingungen, Formen und Folgen von Migration 5

Formen	Merkmale, Teilphänomene und Beispiele
Wanderarbeit	Arbeitswanderung im Umherziehen, ortlose Wanderarbeitskräfte finden sich vor allem im Baugewerbe (Eisenbahnbau, Kanalbau)
Wanderhandel	Handelstätigkeit im Umherziehen, meist Klein- und Kleinsthandel, z.B. Hausierer
Wohlstandswanderung	Migration finanziell weitgehend unabhängiger Personen aus vornehmlich klimatischen oder gesundheitlichen Erwägungen (Rentner- und Seniorenwanderung, „lifestyle migration")

Herkunftskollektive sandten vielmehr häufig Angehörige aus, um mit den aus der Ferne eintreffenden „Rücküberweisungen" oder anderen Formen des Transfers von Geld die ökonomische und soziale Situation des zurückbleibenden Kollektivs zu konsolidieren oder zu verbessern. Eine zentrale Bedingung dafür, dass solche translokalen ökonomischen Strategien funktionierten, bildete die Aufrechterhaltung sozialer Bindungen über zum Teil lange Dauer und große Distanzen.

Ob und inwieweit eine temporäre, zirkuläre oder auf einen längerfristigen Aufenthalt andernorts ausgerichtete Migration als individuelle oder kollektive Chance verstanden wurde, hing entscheidend ab vom Wissen über Migrationsziele, -pfade und -möglichkeiten. Damit Arbeits-, Ausbildungs- und Siedlungswanderungen einen gewissen Umfang und eine gewisse Dauer erreichten, bedurfte es kontinuierlicher und verlässlicher Informationen über das Zielgebiet. Ein zentrales Element bildete die mündliche oder schriftliche Übermittlung von Wissen über Beschäftigungs-, Ausbildungs-, Heirats- oder Siedlungschancen durch vorausgewanderte (Pionier-)Migranten, deren Nachrichten aufgrund von verwandtschaftlichen oder bekanntschaftlichen Verbindungen ein hoher Informationswert beigemessen wurde. Sie etablierten Kettenwanderungen, bei der Migrantinnen und Migranten bereits abgewanderten Verwandten und Bekannten folgten.

Vermittlung von Wissen über migratorische Chancen

Herkunftsräume und Zielgebiete von Migration waren mithin in der Regel über Netzwerke, also über durch Verwandtschaft, Bekanntschaft und Herkunftsgemeinschaften zusammengehaltene Kommunikationssysteme miteinander verbunden. Loyalität und Vertrauen bildeten zentrale Bindungskräfte solcher Netzwerke. Die Bedeutung der Informationsvermittlung mit Hilfe verwandtschaftlich-

Netzwerke

bekanntschaftlicher Netzwerke kann nicht überschätzt werden: Mindestens 100 Mio. private „Auswandererbriefe" sind z. B. 1820–1914 aus den USA nach Deutschland geschickt worden und kursierten in den Herkunftsgebieten im Verwandten- und Bekanntenkreis.

Vertrauenswürdige, zur Genese und Umsetzung des Wanderungsentschlusses zureichende Informationen standen potenziellen Migranten häufig nur für einen Zielort bzw. für einzelne, lokal begrenzte Siedlungsmöglichkeiten oder spezifische Erwerbsbereiche zur Verfügung, sodass realistische Wahlmöglichkeiten zwischen unterschiedlichen Zielen nicht gegeben waren. Die migratorische Handlungsmacht des Einzelnen blieb damit zwar einerseits beschränkt, andererseits aber beherbergte das Zielgebiet ein umfangreiches Netzwerk verwandtschaftlich-bekanntschaftlicher Beziehungen, das Risiken minimierte und Chancen offerierte: 94 % aller Europäer, die um 1900 in Nordamerika eintrafen, suchten z. B. zuerst Verwandte und Bekannte auf, verringerten damit ihre Verwundbarkeit und erhöhten ihre Handlungsmacht vor Ort.

Funktion von Netzwerken

Migrantennetzwerke boten einerseits translokal Wissen über Chancen und Gefahren der Ab- bzw. der Zuwanderung, über sichere Verkehrswege sowie über psychische, physische und finanzielle Belastungen der Reise. Am Zielort garantierten Migrantennetzwerke Schutz und Orientierung im fremden Raum, vermittelten Arbeits- und Unterkunftsmöglichkeiten, halfen auch bei Kontakten mit Obrigkeiten, staatlichen und kommunalen Institutionen. Je umfangreicher ein Netzwerk war und je intensiver soziale Beziehungen innerhalb des Netzwerkes gepflegt wurden, desto mehr ökonomische und soziale Chancen bot es – die Attraktivität eines Migrationszieles bemaß sich mithin immer auch an der Größe des Netzwerkes, auf das Migranten am Zielort rekurrieren konnten und an der Intensität der im verwandtschaftlich-bekanntschaftlich konstituierten Netz gepflegten sozialen Beziehungen. Vor diesem Hintergrund erhöhte ein Migrantennetzwerk nicht nur die Wahrscheinlichkeit, dass weitere Migration stattfand. Vielmehr konstituierte es auch Wanderungstraditionen und beeinflusste damit die Dauerhaftigkeit einer Migrationsbewegung zwischen Herkunftsraum und Zielgebiet, die über lange Zeiträume und zum Teil über Generationen existierten.

Die Migrantennetzwerke wurden nicht nur durch Kommunikation und durch den Austausch von Leistungen auf Gegenseitigkeit aufrechterhalten, sondern reproduzierten sich insbesondere auch durch (nicht selten translokal und transkontinental ausgehandelte) Eheschließungen,

1. Bedingungen, Formen und Folgen von Migration

durch die Etablierung von Vereinen und Verbänden, eine spezifische Geselligkeitskultur, aber auch gemeinsame ökonomische Aktivitäten.

Schutz und Chancen, die Migrantennetzwerke boten, bedeuteten für den Einzelnen immer auch soziale Zwänge und Verpflichtungen. Die Aufrechterhaltung des Netzwerkes, das im Kontext der Migration existenzielle Bedeutung haben konnte, forderte Loyalität und die mit Leistung und Gegenleistung verbundene Akzeptanz kollektiver Verantwortung. Migrantinnen und Migranten wurden genötigt, spezifische Normen, Handlungsrationalitäten und Handlungsziele zu teilen, Mitglieder der Netzwerke unterlagen wegen der Geschlossenheit der verwandtschaftlich-bekanntschaftlichen Verbindungen enger sozialer Kontrolle, selbst über Tausende von Kilometern Entfernung hinweg. Vertrauen wurde erzwungen, Sanktionsmöglichkeiten mit zahlreichen Abstufungen gab es viele: Verlust von Reputation aufgrund des Schwundes von Vertrauenswürdigkeit, Entzug von Leistungen, soziale Isolation und Exklusion, die im Kontext der Migration die soziale Verletzbarkeit und die Risiken enorm erhöhten sowie die Wahrnehmung von Chancen durch räumliche Bewegungen minimierten.

Soziale Kontrolle in Netzwerken

Im Kontext von Entsendungen als spezifischer Migrationsform ersetzte der Rahmen der Organisation bzw. Institution (z. B. Handelsfilialen oder multinationale Unternehmen, diplomatischer Dienst, Streitkräfte), die räumliche Bewegung initiierte, organisierte und Teilhabe am Zielort offerierte, das verwandtschaftlich-bekanntschaftliche Netzwerk. Entsendungen richteten sich in der Regel auf begrenzte Aufenthalte andernorts aus. Sie waren im ökonomischen Bereich Ausdruck langfristiger Unternehmensstrategien, die auf die konstante Präsenz von Spezialisten in den verschiedensten Unternehmensstandorten zielten und rahmten den Aufenthalt andernorts durch spezifische Infrastrukturen, die aufgerichtet oder mindestens unterstützt wurden (Schulen, Clubs, Vereine, Verbände). Auch Formen der Lebensstil-Migration („lifestyle migration"), die auf räumliche Ziele ausgerichtet waren, die höhere Lebensqualität und Selbstverwirklichung zu bieten schienen, verweisen auf Bewegungen innerhalb von Netzwerken und Herkunftskollektiven. Kennzeichnend waren der (relative) Wohlstand der Migrantinnen und Migranten und die Orientierung an Möglichkeiten des Konsums, nicht des Erwerbs. Nicht selten war ihre räumliche Bewegung privilegiert, Probleme des Übertritts von Grenzen, des Zugangs zu Visa und Aufenthaltstiteln gab es für Lebensstil-Migrantinnen und -Migranten in der Regel nicht, das gilt gegenwärtig weiter.

Entsendungen

Lebensstil-Migration

Während in einem solchen Kontext von Wohlstandsmigrationen die Handlungsmacht des Einzelnen zur Umsetzung eines Migrati-

Tabelle I.2: Typologie der Gewaltmigrationen

Form	Merkmale
Deportation	Zielgerichtete räumliche Mobilisierung durch Gewalt, häufig von Zwangsarbeitskräften
Evakuierung	Zwangsmaßnahme in einer als unmittelbare Notlage perzipierten Situation in kurzer Frist, auf Rückführung nach der Beendigung der nicht für dauerhaft erachteten Konstellation ausgerichtet. Flucht und Evakuierung lassen sich oft kaum voneinander abgrenzen
Flucht	Ausweichen vor einer lebensbedrohlichen Zwangslage aufgrund von Gewalt
Umsiedlung	Zwangsmaßnahme zur zielgerichteten Verlagerung von Siedlungsschwerpunkten von (Minderheiten-)Gruppen
Vertreibung	Räumliche Mobilisierung durch Gewalt ohne Maßnahmen zur Wiederansiedlung

Gewaltmigration

onsprojekts sehr hoch war, galt das für andere Zusammenhänge weit weniger; denn Migration stellte auch eine mögliche Reaktion auf Krisenkonstellationen dar, etwa dort, wo Abwanderung das Ergebnis von Umweltzerstörung oder akuter wirtschaftlicher und sozialer Notlagen bildete. Darüber hinaus konnten die Steuerungs- und Regulierungsanstrengungen institutioneller Akteure die Handlungsmacht und damit die Freiheit und Freizügigkeit von Einzelnen oder Kollektiven so weit beschränken, dass Formen von Gewaltmigration (Flucht, Vertreibung, Deportation) die räumliche Mobilität dominierten. Gewaltmigration war durch eine Nötigung zur Abwanderung verursacht, die keine realistische Handlungsalternative zuließ. Sie konnte Flucht vor Gewalt sein, die Leben und Freiheit direkt oder erwartbar bedrohte, zumeist aus politischen, ethno-nationalen, rassistischen oder religiösen Gründen. Gewaltmigration konnte aber auch gewaltsame Vertreibung, Deportation oder Umsiedlung bedeuten, die sich oft auf ganze Kollektive erstreckte. Nicht selten verbanden sich solche Formen mit Zwangsarbeit. Eine Typologie von Gewaltmigrationen erschließt eine Vielzahl unterschiedlicher Begriffe, die wiederum mit Abgrenzungsproblemen eigener Art verbunden sind, wie Tabelle I.2 zeigt.

Gewaltmigration war meist Ergebnis von Krieg, Bürgerkrieg oder Maßnahmen autoritärer Systeme – vor allem die Weltkriege des 20. Jahrhunderts bildeten elementare Katalysatoren in der Geschichte

1. Bedingungen, Formen und Folgen von Migration

der Gewaltmigration in der Neuzeit. Allein die Zahl der Flüchtlinge, Vertriebenen und Deportierten im Europa des Zweiten Weltkriegs wird auf 50–60 Mio. geschätzt und damit auf nicht weniger als 10% der Bevölkerung des Kontinents. Die Nachkriegszeit beider Weltkriege war zudem durch millionenfache Folgewanderungen gekennzeichnet. Dazu zählten zum einen Rückwanderungen von Flüchtlingen, Evakuierten, Vertriebenen, Deportierten oder Kriegsgefangenen sowie zum anderen Ausweisungen, Vertreibungen oder Fluchtbewegungen von Minderheiten aufgrund der Bestrebungen von Siegerstaaten, die Bevölkerung ihres (zum Teil neu gewonnenen) Territoriums zu homogenisieren. Aber auch die Prozesse von Kolonisation und Dekolonisation brachten umfangreiche Fluchtbewegungen und Vertreibungen mit sich.

Kenntnisse über Wanderungsformen und Wanderungsmotive helfen nur bedingt bei der Rekonstruktion von Prozessen der Niederlassung und Integration, zumal Absicht und Ergebnis von Wanderungen, wie gezeigt, nicht übereinstimmen mussten. In der historischen Lebenswirklichkeit war Integration weder für die Zuwanderer noch für die Mehrheitsbevölkerung *ein* Globalereignis *der* Anpassung an *eine* Gesellschaft. Integration bedeutete vielmehr das langwährende, durch Kooperation und Konflikt geprägte Aushandeln von Chancen der ökonomischen, politischen, religiösen oder rechtlichen Teilhabe. Sie wurde von Individuen, Gruppen oder Organisationen in der Zuwanderer- wie in der Mehrheitsbevölkerung in ihren je verschiedenen Stadien unterschiedlich wahrgenommen und vermittelt. Die lange Dauer des Anpassungsprozesses bedingte, dass er zugleich Teil eines mehr oder minder tiefgreifenden Wandels von Wirtschaft und Gesellschaft, Politik und Kultur im Ankunftsraum war.

Niederlassungsprozesse und Integration

Die Vielgestaltigkeit des (gerade auch kleinräumigen) Wanderungsgeschehens sowie die langfristigen Veränderungen von Erwartungen und Erfahrungen, Deutungen und Handlungen im Prozess der Integration erschweren die Erfassung des Phänomens. Ziel des folgenden Aufrisses kann es deshalb nur sein, zentrale Muster räumlicher Bevölkerungsbewegungen herauszuarbeiten und damit markante und grundlegende Entwicklungen im Wanderungsgeschehen zu verfolgen. Die Darstellung überblickt die Migrationsverhältnisse in Deutschland vom Ende des 18. bis zum Beginn des 21. Jahrhunderts. Gelegentlich muss für das Verständnis der Hintergründe oder des Ablaufs von räumlichen Bevölkerungsbewegungen auch weiter in die Frühe Neuzeit zurückgegriffen werden.

Ziel der Darstellung

Die Frage nach der Periodisierung lässt das Problem der räumlichen Abgrenzung hervortreten. Die Existenz politisch-territorial de-

Migration und politisch-territoriale Grenzen

finierter Räume ist für die Beschreibung von Migrationsprozessen in zweierlei Hinsicht von Bedeutung: Zum einen hatten der Wandel in den Grenzverläufen (und damit die Veränderung der staatlichen Zugehörigkeit bestimmter Regionen und Bevölkerungen) sowie die Verfestigung von Grenzen und die Etablierung von Grenzregimen weitreichenden Einfluss auf die räumliche Bewegung von Individuen oder Gruppen. Zum anderen erregte Migration besonders dann (politische, mediale und wissenschaftliche) Aufmerksamkeit, wenn staatliche Grenzen überschritten wurden. In der Folge wurden Schriftgut und anderes Material produziert und damit Quellen für die historische Forschung verfügbar gemacht. Demgegenüber blieben Bewegungen, die keine politisch-territorialen Grenzen überschritten, selbst dann häufig ganz unzureichend dokumentiert, wenn sie umfangreicher waren.

Grundlegende Veränderungen im Wanderungsgeschehen

Im Wanderungsgeschehen Deutschlands vom Ende des 18. bis zum Beginn des 21. Jahrhunderts lassen sich markante und grundlegende Prozesse ausmachen, an denen sich die Gliederung im Folgenden orientiert:

1. Die langfristige Verlagerung der Ausrichtung der grenzüberschreitenden Fernwanderungen von den Siedlungswanderungen nach Ost-, Ostmittel- und Südosteuropa, die bis in das frühe 19. Jahrhundert überwogen, zu den sehr umfangreichen transatlantischen Auswanderungen, die in der Folge bis zum Ende des Jahrhunderts dominierten.

2. Der fundamentale Wandel der Migrationsverhältnisse durch Industrialisierung, Urbanisierung und Agrarmodernisierung im 19. Jahrhundert: Traditionsreiche agrarische Arbeitswanderungssysteme verloren sukzessive an Bedeutung, veränderten ihre Bewegungsrichtung oder gingen in neue Formen über. Das galt auch für seit Jahrhunderten existierende Wanderhandelssysteme oder für Muster der Verknüpfung von Ausbildungs- und Arbeitswanderungen, die vor allem in der Form der Gesellenwanderungen auch noch im 19. Jahrhundert weiterliefen. Neue und rapide aufstrebende industriell-urbane Zentren boten unterbürgerlichen und unterbäuerlichen Gruppen, aber auch (neuen) Mittelschichten Erwerbschancen, die zu – für Wirtschaft und Gesellschaft folgenreichen – millionenfachen internen und grenzüberschreitenden Wanderungen führten.

3. Aus dem grundlegenden Umbau von Staatlichkeit im 19. Jahrhundert resultierten vielfältige Veränderungen der Rahmenbedingungen von Migration und Integration mit weitreichenden Folgen im

20. Jahrhundert: Nationsbildung zur Absicherung der Legitimität staatlicher Herrschaft als ein zentrales Projekt der politischen Elite des kleindeutschen Reiches wirkte dabei Ende des 19. Jahrhunderts zusammen mit „weltpolitischen", also kolonialistischen und imperialistischen Bestrebungen und dem Auf- und Ausbau des Interventions- und Sozialstaates, der auf die Massenpolitisierung und die weit ausgreifende Organisation politischer Interessen reagierte. Aus diesem Gefüge resultierten neue Muster der staatlichen Perzeption grenzüberschreitender und interner Migrationen. Sie mündeten z. T. in die Errichtung gesetzlicher und administrativer Zugangsbarrieren gegenüber solchen Zuwanderern, denen ein hohes Maß an Fremdheit zugeschrieben wurde, aber auch in die Öffnung privilegierter Zugänge für andere Kollektive, die als national zugehörig galten. Der Ausbau der staatlichen Ordnungs- und Interventionskapazitäten ermöglichte zugleich die Umsetzung migrationspolitischer Vorstellungen.

4. Die beiden Weltkriege des 20. Jahrhunderts und deren politische Folgen führten zu einer enormen Zunahme der Gewaltmigration. Das galt für Deportation und Zwangsarbeit in den Kriegswirtschaften, für Evakuierung und Flucht aus den Kampfzonen sowie für Massenausweisung und Vertreibung nach Kriegsende. Deutschland war sowohl im und nach dem Ersten Weltkrieg als auch im und nach dem Zweiten Weltkrieg ein Zentrum des europäischen Gewaltmigrationsgeschehens.

5. Die Migrationsverhältnisse in der Bundesrepublik sind ein Beispiel für die Etablierung eines neuen Migrationsregimes in Rechts- und Wohlfahrtsstaaten seit Mitte des 20. Jahrhunderts: Eine weitreichende Zulassung von ausländischen Arbeitskräften seit den 1950er Jahren mit Hilfe zwischenstaatlicher Anwerbeabkommen in einer Situation hohen wirtschaftlichen Wachstums korrespondierte bei zunehmender Aufenthaltsdauer mit einer sukzessiven Verfestigung des Aufenthaltsstatus der Zuwanderer. Damit schrumpften zugleich staatliche Spielräume zum Abbruch von Prozessen dauerhafter Niederlassung und Nachwanderung, selbst nach dem Ende der Anwerbephase 1973. In der DDR, wo die Beschäftigung ausländischer Arbeitskräfte ein wesentlich niedrigeres Niveau hatte, wurde demgegenüber dauerhafte Zuwanderung und Integration in der Regel verhindert. Nach den Grenzöffnungen 1989/90 gewann die im Kalten Krieg auf ein Minimum beschränkte Ost-West-Wanderung erneut erheblich an Bedeutung, z. T. knüpften die europäischen

Migrationsverhältnisse wieder an die Situation vor dem Zweiten Weltkrieg an. Zugleich etablierte sich seit den 1990er Jahren ein neues europäisches Migrationsregime mit offenen Grenzen für Bürger der EU zwischen den Mitgliedsstaaten und einer weitreichenden Politik der Abgrenzung und Abwehr gegenüber Zuwanderungen aus dem globalen Süden an der EU-Außengrenze.

2. Von der kontinentalen zur überseeischen Auswanderung seit dem späten 18. Jahrhundert

Bevölkerungswachstum nach 1648

In den zwei Jahrhunderten nach 1648 war die Bevölkerung in Deutschland beschleunigt gewachsen. Die hohen Bevölkerungsverluste des Dreißigjährigen Kriegs waren bereits nach rund zwei Generationen, um 1700, in etwa wieder ausgeglichen, und das 18. Jahrhundert erlebte einen erheblichen Bevölkerungsanstieg um die Hälfte des Ausgangswertes. Schätzungen sprechen für das Gebiet des späteren Deutschen Reiches von einer Zunahme von 15 auf 23 Mio. 1700–1800. Vergleichbar starke Zuwächse, allerdings innerhalb nur eines halben Jahrhunderts, folgten 1800–50 (auf ca. 35 Mio.) sowie erneut 1850–1900 (auf rund 56 Mio.). Zu der Beschleunigung des Bevölkerungswachstums trugen Zuwanderungen kaum bei, im Gegenteil: Nach der primär durch Einwanderung – auch im Kontext obrigkeitlicher Peuplierungsmaßnahmen – gekennzeichneten Epoche vom Ende des Dreißigjährigen Kriegs bis zur Mitte des 18. Jahrhunderts prägte kontinentale und überseeische Abwanderung das Migrationsgeschehen.

Kontinentale Massenabwanderung bis in die 1830er Jahre

Dabei dominierte von der Mitte des 18. Jahrhunderts bis in die 1830er Jahre die kontinentale Abwanderung nach Ost-, Ostmittel- und Südosteuropa und danach bis zum späten 19. Jahrhundert die transatlantische Auswanderung. Ziele der Abwanderung aus dem deutschsprachigen Raum waren in Ost-, Ostmittel- und Südosteuropa vornehmlich Gebiete, deren Bevölkerung durch Kriege und Seuchen erheblich dezimiert worden war. Das galt für den habsburgisch dominierten südosteuropäischen Donauraum ebenso wie für das nördlich des Schwarzen Meeres gelegene, vom Zarenreich eroberte „Neurussland", aber auch für Gebiete an der unteren Wolga oder für Territorien im preußischen Osten. Im Hintergrund stand das obrigkeitliche Interesse an Herrschaftssicherung durch Besiedlung imperialer Grenzräume, die zugleich im Sinne merkantilistischer Vorstellungen eine Erhöhung von Wirtschaftskraft und Steuereinnahmen versprach. Für das 18. Jahrhundert belaufen sich Schätzungen über den Umfang der Bewegungen aus dem deutschsprachigen Raum nach Osten auf 500 000–700 000 Menschen. Die britischen Kolonien Nordamerikas wurden demgegenüber zwischen den 1680er und den 1770er Jahren Ziel von wohl nur 110 000 deutschsprachiger Zuwanderern.

Seit den 1830er Jahren entwickelte sich die transatlantische Migration aus dem deutschsprachigen Raum dann rasch zur Massenbewegung. Sie führte zu rund 90 % in die USA. Als nächstwichtige Auswanderungsziele folgten mit weitem Abstand Kanada, Brasilien, Argentinien und Australien. 1816–1914 wanderten rund 5,5 Mio. und seither noch einmal mehr als 2 Mio. Deutsche in die USA aus. Hochphasen mit jeweils mehr als 1 Mio. Auswanderern bildeten die Jahre 1846–57 und 1864–73. In der letzten großen Auswanderungsphase 1880–93 folgten dann noch einmal 1,8 Mio. Die in Deutschland geborene Bevölkerung der USA stellte 1820–60 mit rund 30 % nach den Iren die zweitstärkste, 1861–90 sogar die stärkste Zuwanderung. *Überseeische Auswanderung im 19. Jahrhundert*

Wanderungsbestimmend wirkten in den Herkunftsgebieten ein geringes Wachstum in vielen Beschäftigungsbereichen bzw. die Stagnation des Erwerbsangebots bei zeitgleich starkem Bevölkerungszuwachs. Diese wirtschaftliche Krisenkonstellation prägte sich regional sehr unterschiedlich aus. Das war einer der Hintergründe für die Schwerpunktverlagerungen zwischen den einzelnen Hauptausgangsräumen der überseeischen Auswanderung im 19. Jahrhundert – zunächst Südwest-, dann Nordwest- und schließlich Nordostdeutschland: Schon im 18. Jahrhundert war der deutsche Südwesten der wichtigste Herkunftsraum sowohl der kontinentalen Ost- als auch der transatlantischen Westwanderungen gewesen. Diese Position behielten die badischen, württembergischen und pfälzischen Gebiete bis in die Mitte des 19. Jahrhunderts. Schätzungen zufolge stellten Südwestdeutsche 80 % oder mehr der kontinentalen und überseeischen Abwanderer des deutschsprachigen Raumes vor 1815. In Südwestdeutschland hatte sich das Bevölkerungswachstum bereits im 17. und 18. Jahrhundert überdurchschnittlich stark beschleunigt. Die Realteilung als vorherrschendes Erbschaftssystem hatte über einen relativ langen Zeitraum hinweg eine Ausweitung der landwirtschaftlichen Erwerbschancen für eine stark wachsende Bevölkerung ermöglicht. Im 18. Jahrhundert jedoch stieß das System regional an seine ökonomischen Grenzen: Die ausgeprägte Besitzersplitterung, die die Erwerbschancen der landwirtschaftlichen Kleinbetriebe fortschreitend verringerte, aber auch die wirtschaftlichen Belastungen durch die zahlreichen kriegerischen Kon- *Hauptauswanderungsregionen*

Südwestdeutschland

flikte, die bis in die napoleonische Ära Südwestdeutschland wiederholt betrafen, bildeten wesentliche Hintergründe der ökonomischen und sozialen Krise.

Die südwestdeutsche Auswanderung blieb im 19. Jahrhundert vornehmlich eine Familien- und Gruppenwanderung aus ländlich-landwirtschaftlichen Räumen. Für die landwirtschaftlichen Kleinstellenbesitzer bot die kontinentale oder überseeische Abwanderung neben der Aufnahme oder dem weiteren Ausbau klein-, nicht selten heimgewerblicher Produktion, dem Wanderhandel oder der saisonalen Arbeitswanderung eine der möglichen Optionen zur Sicherung der Subsistenz oder zur Verbesserung von Erwerbschancen. Hinzu kam seit Mitte des 19. Jahrhunderts als neue wirtschaftliche Perspektive die Aufnahme einer Beschäftigung in der expandierenden Industrie, oft verbunden mit einer Abwanderung in die industriellen Ballungsräume.

Wanderungsoptionen

Die Erschließung oder Verbesserung wirtschaftlicher Chancen als dominierendes Wanderungsmotiv verband sich nicht selten mit politischen und religiös-konfessionellen Motiven. Sie standen im 19., wie auch bereits im 18. Jahrhundert, aber nur bei einem kleinen Teil der Auswanderer im Vordergrund; das galt für Oppositionelle des Vormärz und Aktivisten der Revolution von 1848/49 oder für Sozialdemokraten, die wegen des Bismarckschen Anti-Sozialistengesetzes ins Ausland auswichen. Die kleine Zahl der hauptsächlich politisch motivierten Auswanderer und ihre spezifischen Niederlassungs- und Integrationsmuster, die nicht selten von denen der Mehrheit der deutschen Einwanderer in den USA abwichen, sollten aber nicht darüber hinwegtäuschen, dass diese Gruppe häufig kommunal, regional und landesweit wichtige politische und kulturelle Aufgaben als „ethnic leader" bzw. Identitätsmanager für die deutsch-amerikanische Bevölkerung wahrnahm: im deutschen Vereinswesen, in den kirchlichen Institutionen, in den politischen Parteien oder im blühenden deutschen Zeitungswesen.

Politische Motive

Kettenwanderungen trugen dazu bei, dass ein Großteil der europäischen überseeischen Auswanderung des 19. Jahrhunderts zur Bildung von räumlich eng geschlossenen Herkunftskollektiven im Zielgebiet führte und Familien oder Einzelpersonen, begleitet von Verwandten, Bekannten und Freunden ohne einen von außen gesteckten organisatorischen Rahmen die Reise absolvierten. Zahlreiche Beispiele dafür bot der *German belt* – begrenzt von Ohio im Osten und Nebraska im Westen, Wisconsin im Norden und Missouri im Süden – mit seinem überdurchschnittlich hohen Anteil von Bewohnern deutscher Herkunft.

Bildung eng geschlossener Herkunftskollektive

Je länger und je intensiver Kettenwanderungen überseeische Wanderungstraditionen prägten, desto stärker etablierte sich eine Eigendy-

2. Von der kontinentalen zur überseeischen Auswanderung 15

namik im Wanderungsgeschehen. Sie konnte dazu führen, dass in den Herkunftsregionen die transatlantische Migration auch Jahrzehnte nach ihrem Einsetzen weiterhin auf hohem Niveau blieb, obwohl die soziale und wirtschaftliche Lage, die die erste Phase in der Entwicklung einer Wanderungstradition geprägt hatte, längst nicht mehr bestand und es im Ausgangsraum selbst genügend landwirtschaftliche oder industrielle Erwerbschancen gab. Ein nordwestdeutsches Beispiel verdeutlicht das:

Seit den späten 1820er Jahren bildete der Raum, der das Münsterland, das Osnabrücker Land, Minden-Ravensberg und Südoldenburg umfasste, ein zusammenhängendes Gebiet starker Überseewanderung: Die Landdrostei Osnabrück z. B., wo in den 1830er Jahren rund 1 % der Bevölkerung des Deutschen Bundes lebte, war zu diesem Zeitpunkt Herkunftsregion von mehr als 7 % aller deutschen Amerikaauswanderer. Bei einer starken Auswanderung blieb es auch in den folgenden Jahrzehnten. 1830–60 verließ durchschnittlich 1 % der Einwohner das Osnabrücker Land jährlich Richtung Übersee, was einen Rückgang der regionalen Bevölkerung nach sich zog.

Wie auch im Südwesten Deutschlands wanderten vor allem Angehörige unterbäuerlicher Schichten aus. Der Aufstieg des protoindustriellen Heimgewerbes der Leinenherstellung nach dem Dreißigjährigen Krieg hatte lange Zeit ihre Verdienstmöglichkeiten verbessert. Das war der wesentliche Hintergrund für das starke Wachstum dieser Schicht von der zweiten Hälfte des 17. bis in das frühe 19. Jahrhundert gewesen. In den 1820er und 1830er Jahren beschnitt dann aber der Aufstieg der Baumwollindustrie den Nebenerwerb der landwirtschaftlichen Kleinstellenbesitzer und Pächter (Heuerleute). Zugleich führte der stetige Rückgang der Hollandgängerei zu einer Verminderung der Verdienstchancen: Im 17. und vor allem im 18. Jahrhundert hatte die Arbeitswanderung in die hoch entwickelte, stark saisonalisierte niederländische und ostfriesische Land- bzw. Torfwirtschaft für einige Wochen oder Monate im Jahr Arbeit und Verdienst geboten.

Und auch im Kernbereich der Subsistenzproduktion in der Landwirtschaft war die ökonomische Position der unterbäuerlichen Schichten in Nordwestdeutschland gefährdet: Zum einen stärkten die Agrarreformen die rechtliche und wirtschaftliche Position der Vollbauern. Zum anderen beschränkte die Teilung der gemeinschaftlich genutzten Marken den Zugriff auf Wälder und Weiden für die Kleinstellenbesitzer und Pächter, die ihren Viehbestand reduzieren mussten. Dieses Szenario der Verschlechterung von ökonomischen Teilhabechancen entschärfte sich allerdings seit Mitte des 19. Jahrhunderts

Margin notes:
- Eigendynamik des Wanderungsgeschehens
- Nordwestdeutschland als Ausgangsraum

zusehends: Die Auswanderung bewirkte regional einen Rückgang der Bevölkerung. Die Agrarmodernisierung band über die rapide Ausdehnung der Nutzflächen viele Arbeitskräfte und führte zu einer wachsenden Zahl von Vollerwerbsbetrieben. Außerdem eröffnete die Spezialisierung auf die Viehwirtschaft wegen des Wachstums der städtischen Konsumentenschichten neue Erwerbsmöglichkeiten und de-saisonalisierte zugleich die landwirtschaftlichen Arbeiten, weil das Vieh ganzjährig Pflege und Versorgung brauchte. Damit sank das Gewicht landwirtschaftlichen Nebenerwerbs. Die wachsende Industrie bot darüber hinaus regional und überregional weitere Erwerbsmöglichkeiten.

Auswanderung trotz Verbesserung der Lage im Herkunftsraum

Dennoch blieb die Zahl der nordwestdeutschen Auswanderer hoch, denn die fest eingeschliffenen Wanderungstraditionen prägten die Perzeption wirtschaftlicher Chancen: Trotz einer frühen Verkehrsanbindung über die Köln-Mindener Eisenbahn an die industriellen Zentren an der Ruhr, aber auch nach Bremen, Hamburg oder Hannover zielte der Hauptstrom der nordwestdeutschen Abwanderung weiterhin auf die USA und nicht auf die deutschen Zentren mit wachsendem Erwerbsangebot. Das galt unabhängig von der Präferenz für bestimmte Beschäftigungssektoren, denn die Alternative Ruhrgebiet oder Nordamerika stand immer weniger für eine Alternative Industrie oder Landwirtschaft: Die Deutschen in den USA erreichten die höchste Urbanisierungsrate unter allen Einwanderern, ihr Weg führte in der zweiten Hälfte des 19. Jahrhunderts in der Regel für einige Jahre oder auf Dauer in Gewerbe und Industrie. In der letzten Hochphase der deutschen USA-Auswanderung 1880–93 war die Ablösung der ländlichen Siedlungswanderung im Familienverband durch Einzelwanderung in die urbanen Industrien und Dienstleistungsbereiche bereits weit fortgeschritten.

Der Einfluss der Wanderungstraditionen lässt sich auch lokal beobachten: Die Gründung der schwerindustriellen Georgs-Marien-Hütte 1856 in einem landwirtschaftlichen Umfeld südlich von Osnabrück hatte trotz des damit stark angestiegenen Arbeitskräftebedarfs kaum Einfluss auf die weiterhin dominierende Amerikaauswanderung. Vor allem in den Anfangsjahren mussten Arbeitskräfte aus anderen Regionen des Königreichs Hannover rekrutiert werden, weil sie in der Umgebung nicht zur Verfügung standen. In der Gemeinde Georgsmarienhütte kamen mehr Bewohner aus dem Raum Hildesheim als aus den bereits lange von starker Auswanderung geprägten Bezirken Osnabrück, Münster und Minden im unmittelbaren Umfeld.

Einen dritten regionalen Schwerpunkt fand die deutsche überseeische Auswanderung des 19. Jahrhunderts im Nordosten, bei allerdings weiterhin starken Anteilen des Südwestens und Nordwestens. In den gutswirtschaftlich geprägten Gebieten Mecklenburgs und Brandenburgs setzte die Massenauswanderung in den späten 1840er und frühen 1850er Jahren ein – und damit rund zwei Jahrzehnte später als im Süd- und Nordwesten Deutschlands, in Pommern, Westpreußen und Posen sogar erst ein weiteres Jahrzehnt später. In Nordostdeutschland dominierten unter den Überseeauswanderern ebenfalls Angehörige unterbäuerlicher Schichten, auch hier stand im Hintergrund die Einschränkung der Erwerbschancen.

Herkunftsraum Nordostdeutschland

Während die Agrarmodernisierung im Nordwesten die Position der ländlichen Unterschichten in der zweiten Hälfte des 19. Jahrhunderts verbesserte, verschärfte sie sich im Nordostraum seit den 1850er und 1860er Jahren durch die Saisonalisierung der Produktion. Die Intensivierung der Getreide- und Hackfruchtwirtschaft erhöhte zwar den Arbeitskräftebedarf der Guts- und großbäuerlichen Wirtschaften. Wegen der Konzentration auf wenige saisonale Arbeitsspitzen kam es jedoch zu einem massiven Rückgang des Bedarfs in den Wintermonaten. Damit wurden die Beschäftigungsmöglichkeiten der Dauerarbeitskräfte mit oder ohne Landnutzungsrechte (Häusler, Insten, Gutstagelöhner, Gesinde) beschränkt. An ihre Stelle traten Saisonarbeitskräfte, zunächst aus dem Nahraum, schließlich aber auch aus weiter entfernten Regionen („Sachsengänger"), seit den 1880er Jahren immer häufiger aus dem östlichen und südöstlichen Ausland. Erste Ansätze der Mechanisierung und Maschinisierung der Produktion vor allem durch Dreschmaschinen, später durch Dampfpflüge, verschärften noch die Saisonalisierungstendenzen und damit auch die Desintegration der traditionellen gutswirtschaftlichen Sozialordnung.

Wirkungen der Agrarmodernisierung

Im ausgehenden 19. Jahrhundert bildete die erhebliche Ausweitung wirtschaftlicher Chancen, die Hochindustrialisierung und Agrarmodernisierung in Deutschland boten, wesentliche Faktoren für den Rückgang der überseeischen Auswanderung. Er wurde beschleunigt durch die harte wirtschaftliche Krise in den USA 1890–96 mit ihrem Höhepunkt in der „panic of 1893". 1893 war das letzte Jahr starker transatlantischer Auswanderung aus Deutschland vor dem Ersten Weltkrieg.

Rückgang der Auswanderung

Parallel zu diesem Rückgang entwickelte sich in den 1890er Jahren die in den USA *new immigration* genannte ost-, ostmittel-, südost- und südeuropäische Nordamerika-Wanderung zur Massenbewegung. Ein Großteil der Migrationen führte durch Deutschland: Je mehr die deutsche Auswanderung seit Anfang der 1890er Jahre zurückging, desto wichtiger wurde diese Durchwanderung für die hanseatischen Schifffahrtsgesellschaften. 1894–1910 stellten Deutsche nur mehr 11 % (380 907), Ausländer hingegen 89 % (2 752 256) der Auswanderer über deutsche Häfen. 1880–1914 passierten mehr als 5 Mio. Auswanderer aus Russland (besonders aus Russisch-Polen) und aus dem Habsburgerreich Deutschland auf dem Weg zu den Seehäfen. Nur wenige Zehntausend dieser Transitwanderer blieben, häufig nur auf Zeit, in Deutschland. Das war auch ein Ergebnis der restriktiven Durchwandererkontrolle, in deren Geschichte verschiedene Motivstränge zusammenliefen. Verschärfungen der Einwanderungsrichtlinien in den USA spielten eine ebenso wichtige Rolle wie die wirtschaftlichen und politischen Interessen der Hansestädte Bremen und Hamburg sowie des preußischen Staates.

Aufstieg der Transitwanderung

3. Intra- und interregionale Arbeitswanderungen im Zeichen von Industrialisierung, Urbanisierung und Agrarmodernisierung

Das späte 18. und vor allem das frühe 19. Jahrhundert stellten die deutschen Territorien vor dem Hintergrund von Aufklärung, Atlantischer Revolution und napoleonischer Expansion vor fundamentale Herausforderungen. Reformen in Verwaltung, Rechtssetzung und Rechtsprechung, in Agrar- und Gewerbepolitik sollten der (Neu-)Legitimation von fürstlicher Macht und monarchischem Prinzip dienen. Die Ablösung merkantilistischer Vorstellungen durch wirtschaftsliberale Lehren und die Durchsetzung marktwirtschaftlicher Prinzipien führten zur Beseitigung feudaler Bindungen der Arbeitskräfte und zur Herausbildung von Arbeitsmärkten, auf denen der Ausgleich von Angebot und Nachfrage wesentlich auch über die Bewegung der Arbeitskräfte im Raum funktionierte. Die Ablösung persönlicher Bindungen, die zumindest in einigen Regionen auch eine Bindung an einen Ort bedeutet hatten, setzte neue Migrationspotenziale frei.

Neue Migrationspotenziale

Viele Traditionen und Bewegungsmuster im Arbeitswanderungsgeschehen, die sich in der Frühen Neuzeit ausgeprägt hatten, wirkten bis weit in das 19. und z. T. bis in das 20. Jahrhundert fort. Industrialisierung, Agrarmodernisierung und Urbanisierung überformten manche dieser Bewegungen, veränderten deren Richtung und führten, zumeist nach einer mehrere Jahrzehnte umfassenden migratorischen Sattelzeit, zum Auslaufen langwährender Migrationstraditionen. Das galt für Arbeitswanderungen im gewerblichen wie im agrarischen Bereich.

So behielten die traditionsreichen Gesellenwanderungen im 19. Jahrhundert zunächst ein ungebrochen hohes Gewicht im Migrationsgeschehen. Nach Wien kamen im Vormärz z. B. bei einer Gesamtbevölkerung von 350 000 weiterhin jährlich 140 000–160 000 Handwerksgesellen. Seit Beginn der Frühen Neuzeit war der von den Zünften vorgegebene Wanderzwang in den Wanderordnungen konkret ausgestaltet worden. Sie zielten je nach Gewerk in unterschiedlichem Ausmaß auf Wissens- und Technologietransfer durch Migration. Außerdem bildeten sie Steuerungsinstrumente in Arbeitsmärkten: Der Wanderzwang lag im Interesse der Meister, die die Beschäftigung der Gesellen möglichst flexibel halten wollten, weil sich der Arbeitskräftebedarf aufgrund von saisonalen Schwankungen permanent änderte und ausgesprochen sensibel auf konjunkturelle, demographische (z. B. Seuchen) oder politische Krisen (z. B. Kriege) reagierte.

Gesellenwanderungen

Das strukturstabile zirkuläre Wanderungssystem eröffnete aber auch den Gesellen Chancen auf einem tendenziell gesättigten Arbeitsmarkt, auf dem mehr Lehrlinge und Gesellen ausgebildet wurden, als Arbeitskräfte erforderlich waren. Die Gesellenwanderungen können mithin auch als migratorische Suche nach Arbeitsmarktchancen, Familienbildung und Sesshaftigkeit verstanden werden. Weil sich an dieser ökonomischen Logik trotz der Gewerbereformen, der Aufhebung des Wanderzwangs und des Bedeutungsverlusts der Zünfte nach der Wende vom 18. zum 19. Jahrhundert zunächst wenig änderte, blieben die traditionellen räumlichen Bewegungsmuster der Handwerksgesellen auch ohne Wanderzwang bis über die Mitte des 19. Jahrhunderts hinaus weithin unverändert bestehen.

Die Gesellenwanderung umfasste in der Regel mehrere Jahre, z. T. europaweite Bewegungen zwischen verschiedenen Städten führten zu Arbeitsaufenthalten bei Arbeitgebern, die Tage, aber auch Monate oder sogar Jahre umfassen konnten. Phasen der Erwerbslosigkeit und der Wanderung lagen dazwischen. Der nicht selten saisongebundenen Produktion passten sich Wanderung und Beschäftigung der Gesellen an. Starre Segmentation war ein zentrales Kennzeichen ihrer Arbeitsmärkte: Jedes einzelne Gewerk hatte einen eigenen Arbeitsmarkt und eigene Reglements für die Wanderung. Darüber hinaus waren die Arbeitsmärkte regional segmentiert, Wanderungsrouten ergaben sich mithin nicht zufällig, sondern orientierten sich an den Verkehrsmöglichkeiten und den Erwerbschancen, wobei der Spezialisierungsgrad der Hand-

Wanderungsrouten und -ziele

werkszweige entscheidenden Einfluss auf die räumliche Ausdehnung der Routen hatte.
Große Anziehungskraft für Gesellen einiger Handwerke übten z. B. Paris (Möbelschreiner, Schneider) und Amsterdam (Bäcker, Fassbinder/Böttcher) aus. Hochspezialisierte Handwerker mit überregionalen Absatzmärkten gab es in der Regel nur in großen Städten. Hier blieb die Zahl der Meister und Gesellen überschaubar und deren Kontakte untereinander eng. Aufgrund ausgedehnter Wanderungsrouten lag der Anteil der zugewanderten gegenüber demjenigen der einheimischen Gesellen hoch. Das galt z. B. für Buchbinder, Kammmacher, Kürschner oder Zirkelschmiede. Demgegenüber erwiesen sich bei den Massengewerken, die über einen deutlich geringeren Spezialisierungsgrad verfügten, die Wanderungsrouten als kleinräumiger. Außerdem blieb hier der Anteil jener Gesellen höher, die in der Stadt geboren waren, in der sie arbeiteten oder aus deren ländlichem Umland sie kamen. Diese Massengewerke dominierten besonders im Nahrungsmittelgewerbe (Metzger bzw. Fleischhauer, Bäcker, Brauer).

Rapider Bedeutungsverlust der Gesellenwanderung

Der Einfluss von Industrialisierung und Urbanisierung auf die Gesellenwanderungssysteme war vielgestaltig. In einigen, zumeist hochspezialisierten Handwerken mit begehrten Produkten gewannen wegen des steigenden Arbeitskräftebedarfs Gesellenwanderungen zunächst noch an Bedeutung. Vor allem in den Massengewerken aber führte das forcierte Aufweichen der Monopole der Zünfte dazu, dass sie die Beschränkungen des Arbeitsmarktzugangs nicht mehr aufrechterhalten konnten. Die rasche Herausbildung neuer Gewerbelandschaften und der ebenso rasche Niedergang alter Standorte mussten schon deshalb zu fundamentalen Veränderungen führen, weil die für die Gesellenwanderungen konstitutiven sozialen Netzwerke aufbrachen. Gleichzeitig traten industrielle Betriebe als neue Arbeitgeber auf, die kein Interesse an der zünftigen Monopolisierung von Arbeitsmärkten hatten. Der Wandel der ökonomischen und politischen Rahmenbedingungen der Gesellenwanderungen führte mithin zwar nicht zu deren Ende. Er ließ aber beschleunigt in der zweiten Hälfte des 19. Jahrhunderts die traditionsreichen zirkulären Muster so sehr an Bedeutung verlieren, dass diese nur mehr in Spezialgewerben mit überschaubaren, auf wenige Standorte verteilten Arbeitsmärkten weiterleben konnten.

Sonderfall Bauhandwerk

Einer der Gewerbezweige, die durch Industrialisierung und Urbanisierung massiv expandierten, war das Bauhandwerk. Dennoch blieb hier der Wandel der räumlichen Mobilitätsmuster in der migratorischen Sattelzeit vom späten 18. bis über die Mitte des 19. Jahrhunderts hinaus relativ gering. Schon in der Frühen Neuzeit hatten recht große Betriebe das Baugewerbe gekennzeichnet. Wenigen Meistern und auf Dauer beschäftigten (verheirateten) Gesellen standen viele Lehrlinge, Wandergesellen und kurzfristig für einzelne Bauprojekte rekrutierte Arbeitskräfte gegenüber. Während die Meister, Gesellen und Lehrlinge zumeist aus dem Nahbereich kamen, stammten die saisonal beschäftigten Arbeitskräfte oft aus weiter entfernten Regionen. Das galt z. B. für die zwischen dem Dreißigjährigen Krieg und dem Ersten Weltkrieg vor allem im süd-, vereinzelt sogar im nordwestdeutschen Raum beschäftigten Tiroler Bauhandwerker.

Über Jahrhunderte wirkende Arbeitswanderungssysteme lassen sich im weiteren Baugewerbe auch bei den Zieglern beobachten, unter denen die lippischen Ziegler die am besten dokumentierte Gruppe sind: Die Spezialisierung ursprünglich agrarischer Saisonwanderer aus Lippe auf die Produktion von Ziegeln und Dachpfannen erfolgte im 17. Jahrhundert. Innerhalb weniger Jahrzehnte monopolisierten sie den Arbeitsmarkt für Ziegler in Ostfriesland und im niederländischen Friesland, im 19. Jahrhundert dann in Schleswig-Holstein und in Jütland. Lippische Ziegler gab es bis zum Ersten Weltkrieg in ganz Nordwesteuropa und im südlichen Skandinavien, z. T. auch weit darüber hinaus (Russland, Österreich-Ungarn).

<small>Lippische Ziegler</small>

Industrialisierung und Urbanisierung veränderten das Arbeitswanderungssystem der lippischen Ziegler. Aufgrund der enorm gestiegenen Nachfrage nach den Produkten wuchs ihre Zahl, dehnte sich ihr Arbeitsmarkt aus und veränderten sich die Bewegungsrichtungen. Auch wenn die alten Zielgebiete an der Nordseeküste weiter Jahr um Jahr besucht wurden, entwickelte sich vor allem Rheinland-Westfalen mit seinem großen und steigenden Bedarf an Industrie- und Wohnungsbauten zum neuen Hauptziel. Eine Monopolbildung gab es hier allerdings nicht mehr, dafür war die Gruppe mit rund 14 000 Angehörigen um 1900 zu klein. Dennoch blieb das Gewerbe für die Herkunftsregion wichtig: Noch um 1900 war ein Viertel aller erwachsenen lippischen Männer als Saisonarbeiter im Ziegeleigewerbe tätig. Eine zunehmende Mechanisierung bzw. Maschinisierung der Produktion brachte eine De-Saisonalisierung mit sich. Die Nachfrage nach Saisonarbeitern sank, viele lippische Ziegler siedelten sich dauerhaft vor allem in Rheinland-Westfalen an oder gaben die Saisonarbeit spätestens in der Zwischenkriegszeit ganz auf.

<small>Wandel des Zieglergewerbes</small>

Lippische Ziegler bieten ein Beispiel für berufsspezifische Migrationen, wie sie sich in der Frühen Neuzeit in einigen Gewerben ausgeprägt hatten. Dabei lassen sich die in Nischen angebotenen Quali-

<small>Berufsspezifische Migration</small>

fikationen keineswegs auf die je eng umgrenzten Herkunftsregionen zurückführen. Nicht Fachkräfte nahmen eine Wanderung auf, vielmehr war spezifisches berufliches Wissen erst Ergebnis der Arbeitswanderung. Ein ausgeprägtes Ziegeleigewerbe existierte z. B. in Lippe nicht, die (informelle) Ausbildung zum Ziegler wurde in den Gruppen in der Fremde absolviert, die in der Regel viele Jahre zusammenarbeiteten und in denen die einzelnen Positionen im Arbeitsprozess fest vergeben waren. Auch in weiten Teilen Europas tätige Zinngießer aus den italienischen Alpen erwarben ihre Kenntnisse erst mit dem Verlassen des Herkunftsgebietes, in dem es keine Tradition dieses Handwerks gab.

Vermittlung von Kenntnissen in Migrantenberufen

Vermittelt wurden die Spezialkenntnisse solcher Migrantengruppen mit identischem Herkunftsraum innerhalb stabiler verwandtschaftlich-bekanntschaftlicher Kommunikationsnetze. Pioniermigranten nahmen, mehr oder minder zufällig, Arbeitsmarktchancen wahr und gaben, falls sich das Segment als geeignet für die Entwicklung weiterer Marktchancen erwies, spezifisches Wissen an Bekannte und Verwandte weiter. Diese wiederum standen nach erfolgter Ausbildung als Anbieter von Wissen für neue Migranten im Kommunikationsnetz zur Verfügung. So konnte eine Gruppe bestimmte Arbeitsmarkt- oder Produktnischen beherrschen und diese Dominanz über lange Zeit in bestimmten Regionen aufrechterhalten.

Wanderhandel

Vergleichbare Beobachtungen lassen sich für den Wanderhandel machen, der vor allem im ländlichen Europa in der migratorischen Sattelzeit einen Großteil des Warentransports und -verkaufs abwickelte. Mit Rucksäcken, Tragekörben oder -kisten wurden zumeist Güter des täglichen Bedarfs (Textilien, Kleineisenwaren, Gegenstände aus Holz oder Ton) auf die Märkte oder unmittelbar zum Abnehmer gebracht. Der oft als landwirtschaftliches Nebengewerbe betriebene Wanderhandel konnte auch zum Haupterwerb werden. Selbstständige gab es ebenso wie Lohnhausierer, manche Wanderhändler verkauften selbst hergestellte Produkte, andere bezogen ihre Waren direkt bei Produzenten oder Verlegern.

Die Wanderhändler waren meist auf einzelne Waren bzw. Warengruppen spezialisiert, stammten aus klar abgrenzbaren Regionen und blieben durch verwandtschaftlich-bekanntschaftliche Netzwerke verbunden. Sie trafen Absprachen über die Aufteilung der Märkte, vergaben untereinander Kredite und bildeten den kaufmännischen Nachwuchs im Zuge der Wanderung aus. Beispiele bieten die gut dokumentierten Tödden aus dem nördlichen Münsterland, die vor allem Textil- und Kleineisenwaren von Nordfrankreich bis zum Baltikum vertrieben, sowie die Zillertaler Handschuhhändler oder die in den europäischen Großstädten zwischen London und Konstantinopel erfolgreichen Kanarienvogelhändler aus dem Eichsfeld. Wanderhändler aus dem Lechtal und Savoyen bereisten Süd- und Südwestdeutschland.

Die mit den Prozessen von Urbanisierung und Industrialisierung verbundenen tiefgreifenden kommerziellen Umwälzungen führten im 19. Jahrhundert zu einer Transformation im Wanderhandel. Ansteigende Produktion und Konsumtion, verbesserte Verkehrssysteme und verringerter Selbstversorgungsgrad vor allem der wachsenden urbanen Bevölkerung führten zu einem flächendeckenden Netz stationärer Ladengeschäfte in den Städten. Nicht wenige der dortigen Einzelhändler mit festem Standort waren ehemalige Wanderhändler, die die urbanen Marktchancen erkannt hatten.

In einzelnen Arbeitsmarktsegmenten und Branchen diente Migration dem Transfer von Spezialkenntnissen. Bei derartigen Wanderungen von Experten finden sich viele Beispiele für gezielte Anwerbungen. Zugewanderte Spezialisten waren Pioniere in der gewerblichen Entwicklung. Experten aus dem deutschsprachigen Raum gab es z. B. in der Frühen Neuzeit in vielen Teilen Europas im Montan- und Hüttenwesen, besonders dort, wo es um die Erschließung neuer Lagerstätten und den Auf- und Ausbau verarbeitender Gewerbe ging. Auch im Kontext der Industrialisierung war der Transfer von Wissen durch wandernde Spezialisten für die Einführung neuer Techniken in Maschinenbau, Textil-, Montan- oder Schwerindustrie konstitutiv. Das galt vor allem für die Frühphase, in der sich Muster formalisierter Ausbildung von Technikern und Ingenieuren erst langsam ausprägten.

Expertenwanderung

Die englischen Puddler z. B. stellten in der ersten Hälfte des 19. Jahrhunderts hochwertiges schmiedbares Eisen und Stahl her. Durch das Puddeln wurde das Roheisen mit Sauerstoff in Verbindung gebracht, der porösmachende Kohlenstoff verbrannte. In England entwickelt, brachten Puddler das Verfahren nach Belgien und Frankreich, schließlich nach Deutschland, wo es ab 1824 Anwendung fand. Das Wissen der Puddler beruhte auf Ausbildung in den auf der Suche nach hohen Löhnen von einem Arbeitsort zum anderen wandernden Gruppen.

Puddler

Bei den Puddlern zeigte sich die auch bei anderen Gruppen zu beobachtende Tendenz, dass der Wissenstransfer durch wandernde Spezialisten deren Migration überflüssig machen konnte. Mitte des 19. Jahrhunderts gab es auf dem Kontinent genügend einheimische Puddler. Spätestens seit der Einführung neuer Verfahren zur Stahlherstellung (Thomas-, Bessemer- und Siemens-Martin-Verfahren) in der zweiten Hälfte des 19. Jahrhunderts war der hochspezialisierte Puddler dann gar nicht mehr gefragt. Der Export von Arbeitskräften aus der britischen „Werkstatt der Welt" mochte damit zwar an Bedeutung verlieren. Dennoch entfaltete Großbritannien noch lange Anziehungskraft auf deutsche Techniker, Ingenieure oder Unternehmer, die dort ihre Kenntnisse über moderne Herstellungsverfahren und Distributionsformen zu verbessern suchten. Der Grenzbereich zur Industriespionage konnte dabei fließend sein, auch dann, wenn deutsche Staaten Reisestipendien finanzierten, um Gewerbeförderung zu betreiben. Das galt z. B. für die staatliche Förderung der Englandaufenthalte von Absolventen des 1821 gegründeten Berliner Gewerbeinstituts, eine der Vorläuferinstitutionen der Technischen Hochschule bzw. TU Berlin.

In der zweiten Hälfte des 19. Jahrhunderts verschoben sich angesichts des Aufstiegs der deutschen Industrie bei solchen Formen der Vermittlung technischer Innovationen die Gewichte: Immer häufiger kamen nun angehende Spezialisten nach Deutschland. In diesen Kontext gehört auch die wachsende Anziehungskraft von Universitäten und besonders Technischer Hochschulen für ausländische Studierende, die aus dem Aufstieg der ingenieur- und naturwissenschaftlichen Ausbildung im kaiserlichen Deutschland resultierte. Ähnliches galt für Landwirtschafts- und Handelshochschulen, Bergakademien und andere höhere technische Lehranstalten. Unter den 1912 rund 13 000 Studierenden der Technischen Hochschulen gab es ca. 4 400 ausländische Staatsangehörige, darunter als größte einzelne Gruppe fast 2 000 Untertanen des russischen Zaren.

Ausländische Studierende an deutschen Universitäten

Als Rahmenbedingung und zugleich auch Folge gewaltiger Prozesse räumlicher Mobilität wandelten sich die demographischen Kennziffern im „langen" 19. Jahrhundert fundamental in den Gebieten, die seit 1871 das Deutsche Reich bildeten: Die Bevölkerung wuchs von 23 Mio. um 1800 auf 67 Mio. zu Beginn des Ersten Weltkriegs. Zugleich verschob sich das Gewicht des städtischen gegenüber dem ländlichen Bevölkerungsanteil. 1815 lebten in Preußen 24 % der Bevölkerung in Gemeinden mit mehr als 2 000 Einwohnern, 1910 waren es im Deutschen Reich insgesamt bereits 60 %, wobei vor allem der Aufstieg der Großstädte ins Auge fällt: Großstadtbewohner stellten 1816 in Preußen mit 2 % eine randständige Minderheit, im Deutschen Reich des Jahres 1910 aber lag ihr Anteil bereits bei mehr als 21 %. In jenem Jahr gab es 45 Großstädte, während es 1800 derer nur zwei gegeben hatte, nämlich Berlin und Hamburg. Die preußische Metropole, deren Einwohnerzahl um 1800 bei 172 000 gelegen hatte, erreichte 1910 dann 2,3 Mio. Hamburgs Bevölkerung stieg im gleichen Zeitraum von ca. 128 000 auf rund 930 000. Andere Beispiele sind nicht minder spekta-

Bevölkerungszuwachs im 19. Jahrhundert

kulär: Bochum wuchs 1820–1910 von 2 122 auf 137 000 Einwohner, Hannover von rund 25 000 auf ca. 302 000.

Die fundamentale Verschiebung der Gewichte der einzelnen Wirtschaftssektoren und das rapide Wachstum der Städte standen in enger Wechselbeziehung: Städtische Verdichtungszonen nahmen zentralörtliche Funktionen wahr, hier konzentrierten sich die industriell-gewerbliche Produktion, die Distribution der hergestellten Güter und das Angebot an Dienstleistungen. Deshalb wuchsen mit den Städten sowohl bei den Beschäftigtenanteilen als auch in der Wertschöpfung der gewerblich-industrielle sowie der Dienstleistungssektor gegenüber der Landwirtschaft.

Urbanisierung verweist auf den Anstieg der Einwohnerzahl von Städten. Urbanisierung meint aber auch das städtische Flächenwachstum und damit die Ausdehnung über meist seit Langem bestehende und durch Stadtmauern befestigte alte Grenzen hinaus, sofern nicht neue Ansiedlungen entstanden oder Dörfer städtisches Gepräge und – in der Regel viel später – Stadtrechte erhielten. Und Urbanisierung bezeichnet die Vernetzung, Verdichtung und Verknüpfung wachsender Agglomerationen zu Ballungsräumen. Das Wachstum der einzelnen Städte war nur zu einem kleineren Teil Ergebnis eines Geburtenüberschusses. Der Bevölkerungsanstieg Berlins z. B. lässt sich nur zu einem Viertel auf die höhere Zahl der Geborenen gegenüber den Gestorbenen in der Stadt zurückführen. Urbanisierung als Verlagerung der siedlungsstrukturellen Gewichte erweist sich mithin wesentlich als Ergebnis umfangreicher interregionaler Arbeitswanderungen, die aus dem rapiden ökonomischen Strukturwandel durch die Industrialisierung resultierten. Von den rund 62 Mio. Menschen im Deutschen Reich 1907 lebte rund die Hälfte nicht am Ort ihrer Geburt.

Urbanisierung

Das Wachsen der Städte kann nicht als eindimensionale Bewegung vom Land in die Stadt verstanden werden. Interregionale Arbeitswanderungen trugen zum Wachstum der städtischen Verdichtungszonen bei, führten aber nur z. T. zu dauerhafter Wohnsitznahme. Charakteristisch war vielmehr der „pulsierende Wechsel von Zu- und Abstrom zwischen Land und Stadt" (D. Langewiesche) als saisonale Wanderung aus ländlichen Gemeinden in regional städtische Zentren, die Jahr um Jahr wiederholt wurden, etwa bei einer Beschäftigung in der Bauindustrie oder anderen witterungsabhängigen Gewerben. Solche Pendelbewegungen konnten in eine dauerhafte Übersiedlung in die Stadt münden. Andere Arbeitswanderer beiderlei Geschlechts näherten sich in Etappen den Großstädten an, indem sie die anfangs erreichte Kleinstadt im ländlichen Umfeld zugunsten attraktiver Ar-

Städtewachstum durch interregionale Arbeitswanderung

beitsmarktchancen in einer größeren, weiter entfernten Stadt verließen, um später nach möglicherweise vielen Rück- und Weiterwanderungen eine Großstadt zu erreichen, die auf Dauer Wohnort wurde.

Charakteristisch für die Urbanisierung des „langen" 19. Jahrhunderts war vor diesem Hintergrund ein hohes Mobilitätsvolumen. Eine Zahl von 200 oder 300 Wanderungsfällen, also die Summe der Zu- und Abwanderungen, auf 1 000 Einwohner und Jahr war keine Seltenheit. Einem solchen Wanderungsumschlag von 20 oder 30 % der Bevölkerung standen wesentlich geringere Wachstumsraten der jeweiligen städtischen Bevölkerung gegenüber: Im Chemnitz der 1880er Jahre setzte eine Zunahme der Bevölkerung um 1 000 jeweils durchschnittlich 11 089 Wanderungsfälle voraus. Der Anstieg der Bevölkerung Berlins 1880–90 um ca. 456 500 war Ergebnis des Zuzugs von 1,59 Mio. und der Abwanderung von 1,16 Mio. Menschen. 1900–10 kamen 2,6 Mio. Menschen nach Berlin, 2,25 Mio. wanderten wieder ab. Hinter dem Bevölkerungswachstum um rund 182 500 standen also 4,85 Mio. Wanderungsfälle.

Hohes Mobilitätsvolumen

Derart hohe Mobilitätsraten, für die sich viele andere Beispiele finden lassen, bedeuteten aber keinen permanenten Umschlag der gesamten städtischen Bevölkerung. Auch in den Großstädten blieb der größte Teil der Bewohner für viele Jahre oder dauerhaft ansässig. Nur ein kleinerer Teil war hochmobil, blieb nicht selten nur wenige Tage oder einzelne Wochen an einem Ort, zog innerhalb eines Jahres mehrfach zu und wieder ab und trug damit entscheidend zu der hohen Zahl städtischer Wanderungsfälle bei: Zwei Drittel aller Zuwanderer, die sich z. B. 1891 in Frankfurt/Main anmeldeten, verließen im selben Jahr die Stadt wieder. Möglicherweise ein Drittel aller Wanderungsfälle in den deutschen Großstädten war auf mehrfache An- und Abmeldungen derselben Personen zurückzuführen.

Hochmobile städtische Zuwanderer

Die höchsten Mobilitätsraten lassen sich für die Altersgruppe der 15- bis 30-Jährigen belegen. Auf den Abschluss der Schulausbildung folgte häufig ein Ortswechsel vom Land in die Stadt oder zwischen städtischen Zentren wegen der Aufnahme einer Beschäftigung, des Eintritts in ein Ausbildungsverhältnis, des Übergangs in eine höhere Schule bzw. Universität oder des Militärdienstes. Neben diese Arbeits- und Ausbildungswanderungen trat eine hohe Zahl von Heiratswanderungen, vor allem von Frauen von 20–30 Jahren. Nach dieser hochmobilen Phase interregionaler Arbeits- und Heiratswanderungen waren für den Großteil der 25- und 30-Jährigen Tendenzen der Sesshaftigkeit wesentlich stärker ausgeprägt. Zahlen zu Berlin für 1890 verdeutlichen das: 34 % aller Zuwanderer waren 20–25 Jahre alt, 19 % 25–30 sowie 17 % 15–

Mobilität der 15- bis 30-Jährigen

Sesshaftigkeit

20. Die 15- bis 30-Jährigen machten also 70 % aller Zuwanderer aus. Demgegenüber lag der Anteil der 30- bis 40-jährigen bei nur 13 % und jener der über 40-jährigen Zuwanderer bei 9 %. Kinder im Alter von unter 15 Jahren stellten 1890 rund 8 % aller Berliner Zuwanderer.

Bestimmend für die stark ausgeprägte räumliche Mobilität im Kontext der Urbanisierung war also eine fluktuierende Masse jugendlicher Zuwanderer und junger Familien auf der Suche nach Arbeit, höherem Verdienst, besseren und kostengünstigeren Unterkünften oder einem Heiratspartner. Hinzu kamen die vielen – zumeist ebenfalls jungen – Saisonwanderer z. B. im Baugewerbe oder, bei Frauen, im Gastgewerbe bzw. im Bereich der haushaltsnahen Dienstleistungen (Dienstmädchen). Der Segmentation der städtischen Bevölkerung mit ihrer größeren Zahl sesshafter Bewohner und einer kleineren Zahl hochmobiler junger Menschen entsprach die Beschäftigtenstruktur in vielen Industriebetrieben, z. B. in der Metallindustrie und in den Bergwerken: Der größeren Stammbelegschaft stand eine kleinere fluktuierende Gruppe von kurzzeitig oder saisonal beschäftigten Arbeitskräften gegenüber, die zumeist jung und ledig waren. Damit ergab sich insgesamt zugleich eine enge Wechselwirkung von Heirat, Aufnahme einer dauerhafteren Beschäftigung, Einzug in eine abgeschlossene Wohnung und ein deutlich höheres Maß an Sesshaftigkeit.

„Stockungen und Aufschwünge der städtischen Wanderungsbewegungen folgten den Konjunkturzyklen". Die Wanderungsgewinne waren vor 1914 „in Depressionszeiten geringer [...] als in Phasen des Aufschwungs" (D. Langewiesche). Urbanisierung war als Ergebnis interregionaler Arbeitswanderungen ein „Konjunktursymptom" (R. Heberle/F. Meyer). Die Konjunkturabhängigkeit ergab sich vornehmlich daraus, dass räumliche Bewegungen Ausgleichsfunktionen auf Arbeitsmärkten wahrnahmen sowie Umfang und Zusammensetzung der lokalen, regionalen bzw. nationalen Erwerbsbevölkerung und deren Verteilung auf Beschäftigungsbereiche, Segmente und Sektoren bestimmten.

Migration und Konjunktur

Aufschwünge und Krisen trafen einzelne Segmente, Sektoren und Beschäftigungsbereiche, aber auch Regionen und Gemeinden unterschiedlich. Das hatte Folgen für die Zielrichtung der interregionalen Arbeitswanderungen und für die jeweilige Wachstumsdynamik verschiedener Städtetypen und Städte. Industriestädte, deren Ökonomien in erster Linie durch rasch expandierende Leitsektoren der Industrialisierung bestimmt wurden (zunächst Textilindustrie, dann vor allem Bergbau und Schwerindustrie, später Chemie- und Elektroindustrie), verzeichneten das stärkste Bevölkerungswachstum. Andere Städte, de-

Wachstum unterschiedlicher Städtetypen

ren ökonomische Struktur wesentlich stärker diversifiziert war, weil sie z. B. zugleich Industrieansiedlung, Handels- und Dienstleistungsstandort, Verwaltungssitz und Universitätsstadt waren, wuchsen langsamer und gemäßigter. Der Vielfalt der Städte mit ihrer je spezifischen ökonomischen Struktur entspricht die Vielfalt der Muster im Prozess des Städtewachstums.

Zu den städtischen Neuzuwanderern zählte nicht nur die große Zahl der Angehörigen unterbürgerlicher Schichten. Auch Umfang und regionale Herkunft der städtischen Mittel- und Oberschichten wandelten sich im Zuge der Urbanisierung gravierend. In diesen Kontext gehört auch der als Verbürgerlichung beschriebene tiefgreifende Prozess des sozialen Aufstiegs der deutschen Juden im 19. Jahrhundert, die rund 1 % der Bevölkerung ausmachten. Als Ergebnis der Vertreibung der Juden aus Städten bzw. deutschen Territorien im Übergang vom Mittelalter zur Frühen Neuzeit lebten um 1800 wahrscheinlich 75 % aller Juden in Deutschland in ländlichen Distrikten mit Schwerpunkten in hessischen, badischen und bayerischen Gebieten sowie vor allem in Posen und Westpreußen.

Verstädterung der Juden

In Preußen zeigte sich die Tendenz der Abwanderung der Juden vom Lande bereits in der ersten Hälfte des 19. Jahrhunderts, nachdem einige der zahlreichen antijüdischen Bestimmungen, die auch die Freizügigkeit betrafen, im Zuge der Reformgesetzgebung zu Beginn des Jahrhunderts aufgehoben oder gelockert worden waren. Obwohl die Zahl der Juden in Deutschland 1816–48 stärker wuchs als die Bevölkerung insgesamt, verloren traditionsreiche jüdische Siedlungszentren in Westpreußen, Posen und in einzelnen Gebieten Schlesiens erhebliche Teile der Einwohnerschaft. Glogau in Niederschlesien z. B. zählte um 1800 unter seinen ca. 10 000 Einwohnern rund 15 % Juden, um 1850 nur noch 6,5 %.

Demgegenüber wuchs der jüdische Bevölkerungsanteil in dieser ersten Phase der Urbanisierung in Deutschland in den regionalen Wirtschaftszentren im preußischen Osten wie z. B. Breslau: Hier stieg er von 5 auf 6,7 % bei einer Verdreifachung der jüdischen Bevölkerung 1800–48. Das galt auch für das rasant wachsende Berlin, wo die Zahl der Juden von 3 300 auf 9 600 und deren Bevölkerungsanteil von 1,9 auf 2,3 % stieg. In der zweiten Phase der Urbanisierung im dritten Viertel des 19. Jahrhunderts wuchs ihre Zahl im Zuge der Emanzipation auch in jenen süd- und südwestdeutschen Städten, in denen Juden das Wohnrecht über Jahrhunderte verweigert worden war. In Nürnberg, wo 1499–1850 keine Juden wohnen durften, stieg sie z. B. von 74 (1852) bis auf 1 813 (1871). In Stuttgart wuchs ihre Zahl von 234 (1846) auf über 2 000 (1871).

Zugleich setzte sich die Abwanderung aus den preußischen Provinzen mit relativ starken jüdischen Bevölkerungsanteilen fort, während die älteren Zentren der jüdischen Zuwanderung in Preußen weiter wuchsen. Breslaus Judenheit verdoppelte sich von rund 7 500 um 1850 auf ca. 14 000 im Jahr 1871. Breslau bildete auch eine wichtige Durchgangsstation auf dem Weg vieler Juden nach Berlin. Mitte des Jahrhunderts lebten in der preußischen Hauptstadt noch weniger als 10 000 Juden, 1871 aber bereits 36 000. In der folgenden dritten Phase der Urbanisierung gewann dieser Prozess noch an Fahrt: 1871 lebten 11 % aller preußischen Juden in Berlin, 1910 waren es mit 144 000 bereits 35 %, die hier 4,3 % der Bevölkerung stellten. Zeitgleich sank die Zahl der Juden in Westpreußen und Posen trotz anhaltend hoher Geburten- und niedriger Sterberaten immer stärker ab: Die Provinz Posen hatte 1871 rund 62 000 Juden gezählt, 1910 dann nur mehr ca. 27 000. Neue städtische Zentren der Juden in Preußen

Die Verstädterung der jüdischen Bevölkerung entwickelte sich entlang der für die Gesamtbevölkerung auszumachenden Muster und blieb doch eine Ausnahme: Das gilt zum einen, weil im 19. Jahrhundert viele Regionen und Städte, wie gezeigt, vor dem Hintergrund der Emanzipation nun erst von Juden besiedelt werden konnten, zum anderen, weil sich deren Verstädterung mit wesentlich höherer Geschwindigkeit vollzog: Um 1800 spiegelte der Anteil der Städter unter den Juden das Niveau der Stadt-Land-Verteilung in der Gesamtbevölkerung. 1871 lebten dann bereits fast 15 % aller Juden in Deutschland in Städten mit über 100 000 Einwohnern, die zu diesem Zeitpunkt aber erst 5 % der Gesamtbevölkerung beherbergten. 1910 wohnten 53 % aller Juden in Großstädten, aber nur 21 % der Gesamtbevölkerung. Ausnahmecharakter der Verstädterung der Juden

Ein Element der vor allem in der dritten Phase der Urbanisierung weit verbreiteten Ost-West-Fernwanderungen aus ländlich geprägten Distrikten in die dynamischen Wirtschaftszentren des Reiches bildete die Bewegung preußischer Staatsangehöriger polnischer Sprache aus Posen, Ost- und Westpreußen sowie Schlesien nach Westen. Das Ruhrgebiet wurde zum wichtigsten Ziel, aber auch Berlin, Hamburg und Bremen sowie das mitteldeutsche Industriegebiet nahmen viele polnischsprachige Zuwanderer auf. Die Zuwanderung der „Ruhrpolen" setzte Anfang der 1870er Jahre mit der Anwerbung einiger Hundert oberschlesischer Bergarbeiter nach Bottrop ein. Diese Anwerbungen waren typisch für die erste Phase der Zuwanderung: Neu erschlossene Bergwerke im ländlich geprägten nördlichen Ruhrgebiet rekrutier- Polnische Ost-West-Wanderer

„Ruhrpolen"

ten Arbeitskräfte auch aus weiter entfernten Gebieten des Reiches, zunächst vornehmlich Fachkräfte aus Oberschlesien, später immer häufiger unqualifizierte Arbeiter aus landwirtschaftlichen Regionen Ost-, Westpreußens und Posens.

Die Pioniermigranten erschlossen Pfade für die über Kettenwanderungen rasch ansteigende Zahl weiterer Zuwanderer. Die Dynamik dieses Prozesses verdeutlicht die Entwicklung der Zahl der „Ruhrpolen": 1914, rund 40 Jahre nach dem Beginn der Zuwanderung, erreichte der Umfang der polnischsprachigen Bevölkerung an der Ruhr etwa 400 000. Anfänglich handelte es sich überwiegend um Männer, aber viele der Pioniermigranten, die wegen höherer Verdienstmöglichkeiten gekommen waren und zunächst nur einen befristeten Aufenthalt geplant hatten, holten bald ihre Familien nach. Als in den 1890er Jahren die Zahl der „Ruhrpolen" rapide stieg, wuchs auch der Anteil der Frauen; er lag dennoch unmittelbar vor dem Ersten Weltkrieg weiterhin leicht unter dem der Männer.

Sozio-kulturelles Milieu

Die „Ruhrpolen" blieben lange ein relativ eng geschlossenes Herkunftskollektiv. Dazu trugen mehrere Faktoren bei: Die Gruppe war sehr groß und sozial nur begrenzt ausdifferenziert – immerhin arbeiteten vor dem Ersten Weltkrieg wahrscheinlich rund 60 % der männlichen polnischen Erwerbstätigen im Bergbau, und bis auf wenige Ausnahmen gehörte auch der Rest der Industriearbeiterschaft an. Im Alltag trat sie aufgrund von Sprache und Namensformen sichtbar hervor. Zudem gab es vielfältige gesellschaftliche und staatliche Diskriminierungen, die das Herkunftskollektiv als Schutzraum weiter stärkten. Sein Kennzeichen war ein dynamisches, zunächst eng an die katholische Kirche gebundenes Vereinswesen mit mehr als 1 000 Vereinigungen und vielen eigenen Presseorganen. Die „Ruhrpolen" verfügten darüber hinaus mit der 1902 gegründeten ZZP (Zjednoczenie Zawodwe Polskie) über die drittstärkste Bergarbeitergewerkschaft an der Ruhr.

Teilhabechancen

Wie eng das ruhrpolnische Herkunftskollektiv geschlossen war, belegt die geringe Neigung und Möglichkeit, eine Ehe mit Mitgliedern anderer Gruppen zu schließen: Nicht mehr als 3,2 % der Männer und nur 2,2 % der Frauen heirateten 1912 außerhalb der Gruppe. Erst in der zweiten und dritten Generation zeigten sich verstärkte Teilhabechancen und Muster sozialer Differenzierung. Vor allem der rapide Schwund der Gruppe auf ca. 100 000 nach dem Ersten Weltkrieg – infolge der starken Rückwanderungen in das neue Polen bzw. der Weiterwanderungen in die expandierenden Bergbau- und Industriebezirke im Norden und Nordwesten Frankreichs – beschleunigte den Prozess der Integration. Der erhebliche Bedeutungsverlust ruhrpolnischer Vereinigungen aufgrund von Mitgliederschwund, fortschreitender sprachlicher Anpassung, starkem Anpassungsdruck (vor allem nach der NS-Machtübernahme) sowie beruflicher Diversifizierung bildeten Hintergründe und zugleich Kennzeichen dieser Integration, die ihren Abschluss erst nach dem Zweiten Weltkrieg fand.

„Massen von Migranten bewegten sich auf der Suche nach Arbeit in der Landwirtschaft, im Handel und in der Industrie innerhalb des Netzes kleinerer Gemeinden, ohne je einen Fuß in die großen Städte zu setzen" (S. Hochstadt). Diese Beobachtung für das 19. Jahrhundert trifft auch deshalb zu, weil die Agrarmodernisierung das Wanderungsgeschehen im ländlichen Raum tiefgreifend veränderte: Ältere Arbeitswanderungssysteme wurden überformt, weil der technologische Wandel oder die zunehmende Verbreitung marktfähiger Anbauprodukte Saisonalisierung oder De-Saisonalisierung der Agrarproduktion förderte und damit die Rahmenbedingungen im Wanderungsgeschehen veränderte bzw. weil sich neue regionale Agrarzentren entwickelten, die Saison- oder Dauerarbeitskräfte anzogen. Migration im ländlichen Raum

Verschiedene Beispiele dokumentieren diesen Wandel. Dazu zählt das seit dem frühen 17. Jahrhundert ausgeformte landwirtschaftliche Arbeitswanderungssystem der Hollandgängerei in Nordwestdeutschland, das wegen der Folgen der Agrarmodernisierung erheblich an Bedeutung verlor: Die Hollandgänger stammten vorwiegend aus einem Kerngebiet, das das nördliche Westfalen, das Osnabrücker Land, das Oldenburger Münsterland und das Emsland umschloss. Sie verdingten sich alljährlich für einige Wochen oder Monate in den Niederlanden und in Ostfriesland als Grasmäher und Heumacher in der intensiven Viehwirtschaft oder als Torfstecher, die die steigende Nachfrage nach Brennstoffen für die gewerbliche Produktion und für den privaten Bedarf befriedigten. Hollandgängerei

Während in den Niederlanden wegen des florierenden Handels und der starken gewerblichen Produktion kaum Arbeitskräfte für derartige saisonale Tätigkeiten zur Verfügung standen, gab es im nordwestdeutschen Abwanderungsraum mit seinen hohen Geburtenraten viele landwirtschaftliche Kleinstellenbesitzer und Pächter (Heuerlinge), die die Wochen, in denen sie in den auf Getreideproduktion ausgerichteten Betrieben entbehrlich waren, nutzten, um an der Nordseeküste Bargeld zu verdienen. Im 18. Jahrhundert lag die Zahl der Hollandgänger bei rund 30 000 pro Jahr. Ihr Verdienst hatte für die regionale Ökonomie eine hohe Bedeutung.

In einigen Herkunftsgemeinden erreichte der Anteil der Hollandgänger an der männlichen Erwerbsbevölkerung ein Viertel. Die napoleonischen Kriege führten zu einem Einbruch. Nach der Re-Etablierung des Systems blieb die Hollandgängerei bis über die Mitte des 19. Jahrhunderts hinaus stabil, wenn auch auf niedrigerem Niveau. Dann kam es zu einem deutlichen Rückgang vor dem Hintergrund der Konkurrenz attraktiver neuer industrieller und urbaner Ziele (Hamburg, Bremen, Ruhrgebiet) und der Zunahme der transatlantischen Auswanderung. Vor allem aber wirkte der steigende Bedarf an Arbeitskräften in einer Landwirtschaft, die seit den 1830er Jahren mit sehr hohem Handarbeitsaufwand immer größere Ödlandflächen kultivierte und die aufgrund der viehwirtschaftlichen Spezialisierung einem Prozess der De-Saisonalisierung unterlag. 1811 hatte z. B. die Landdrostei Osnabrück 8 000 Hollandgänger gezählt, 1871 waren es noch rund 3 500, an der Wende zum 20. Jahrhundert dann nur noch einige Hundert.

Niederländische „Deutschlandgänger"

Die De-Saisonalisierung der Agrarproduktion führte zugleich zur Umkehr der Wanderungsrichtungen: Ausgangsräume der Grasmäher, Heumacher und Torfstecher bildeten von Beginn an auch küstenferne ost- und südostniederländische Regionen. Immer mehr dieser landwirtschaftlichen Arbeitskräfte arbeiteten seit Ende des 19. Jahrhunderts in der modernisierten nordwestdeutschen Landwirtschaft, vornehmlich Knechte und Mägde in der klein- und mittelbetrieblich organisierten Viehwirtschaft, deren Bedarf an solchen Dauerarbeitskräften im 19. Jahrhundert stetig wuchs.

Diese Zuwanderung niederländischer Knechte und Mägde überschritt zwar staatliche Grenzen, blieb aber in aller Regel Nahwanderung, wie beinahe alle Migrationen von Dienstboten in der bäuerlichen Landwirtschaft. Sie gingen ein Dienstverhältnis für ein Jahr ein und wechselten im Anschluss zumeist die Arbeitsstelle. Der traditionelle Wechseltermin des Gesindes war regional verschieden, oft aber der 1. April oder Martini, also der 11. November. Da die Gesindewanderungen einen Großteil der ländlichen Migrationen ausmachten, bildeten diese Wechseltermine Zentralereignisse des ländlich-landwirtschaftlichen Wanderungsgeschehens. Diese Termine waren nicht willkürlich festgesetzt, sondern folgten wirtschaftlichen Bedürfnissen: Der Wechsel der Arbeitskräfte wurde zu Frühjahrsbeginn oder im Mittherbst wegen des Übergangs der Arbeitsprozesse von Hof- und Stall- zu Außenarbeiten bzw. umgekehrt abgewickelt. Auch über die Dienstboten hinaus wechselten Arbeitskräfte im ländlichen Raum, z. B. Lehrlinge oder Gesellen im Landhandwerk, traditionell zu diesen Terminen. Noch zu Beginn des 20. Jahrhundert lag z. B. der Anteil jener, die im landwirtschaftlich geprägten nordwestdeutschen Emsland

3. Intra- und interregionale Arbeitswanderungen

am 1. April eine neue Arbeit annahmen und die Gemeinde verließen, bei nicht weniger als 10 % der Gesamtbevölkerung.

Knechte und Mägde traten im 19. und frühen 20. Jahrhundert ihren Dienst zumeist im Alter von 13–15 Jahren an. Die Arbeit noch jüngerer Heranwachsender spielte in der Landwirtschaft zwar traditionell eine große Rolle, verband sich aber nur selten mit Wanderungen. Eine Ausnahme bildete das seit dem 17. Jahrhundert entwickelte, im 18. und frühen 19. Jahrhundert voll ausgeprägte und im frühen 20. Jahrhundert auslaufende Arbeitswanderungssystem der „Schwabenkinder": Tausende Kinder im Alter von 8–14 Jahren aus Vorarlberg, Tirol und Graubünden zogen den Sommer über nach Schwaben und Baden, um als Billigarbeitskräfte Vieh zu hüten oder Zugtiere beim Ackern zu lenken. Mädchen, die 20–30 % der „Schwabenkinder" stellten, wurden zumeist im Haushalt eingesetzt. Die Heranwachsenden entstammten für gewöhnlich kleinen Subsistenzwirtschaften, die auf das von den Kindern verdiente Bargeld zur Begleichung von Steuern, Schulden oder zum Anlegen von Wintervorräten angewiesen waren. Um 1800 soll die Zahl der „Schwabenkinder", die zwischen der zweiten Märzhälfte und Ende Oktober/Anfang November in Südwestdeutschland arbeiteten, bei 3 000 gelegen haben, um 1830 lag sie möglicherweise sogar noch höher und könnte rund 4 000 erreicht haben. Danach sank ihre Zahl, um 1900 waren es aber immer noch einige Hundert.

Kinderwanderungen

Während es in den Regionen mit viehwirtschaftlicher Spezialisierung zur De-Saisonalisierung von Produktion und Arbeitskräftebedarf kam, konnte die Einführung neuer Feldfrüchte oder die Umstellung auf Monokulturen zu einer verstärkten Saisonalisierung führen. Hohe Arbeitsspitzen in der Agrarproduktion wirkten wanderungsfördernd. Die saisonale Migration von Schnittern, also von im Akkord tätigen Arbeitskräften bei der Getreideernte, war dort weit verbreitet, wo die großbetriebliche Getreideproduktion nicht mit eigenen Arbeitskräften erledigt werden konnte. Schnitter aus dem Warthe- und Netzebruch z. B. fanden sich seit den 1820er Jahren auf allen größeren Gütern in Brandenburg und Pommern. Um 1890 sollen 145 000 Saisonarbeiter die Provinz Brandenburg Jahr um Jahr verlassen haben, Schlesien rund 26 000 und Posen 15 000.

Schnitter

Ein wichtiges Beispiel für die Wirkung der Agrarmodernisierung auf die Migrationsverhältnisse bietet die Umstellung auf den Anbau von Hackfrüchten, also Kartoffeln, vor allem aber Zuckerrüben. In den fruchtbaren Kernregionen des Rübenbaus in den preußischen Provinzen Sachsen, Schlesien und (nach der Annexion 1866) Hannover sowie in den Staaten Anhalt und Braunschweig (Magdeburger bzw.

Saisonarbeitskräfte im Hackfruchtbau

Hildesheimer Börde) führte die agrarwirtschaftliche Intensivierung und Spezialisierung seit den 1830er Jahren zu einem rapiden Umbau der regionalen Ökonomie. Mitte des 19. Jahrhunderts lag die Anbaufläche der Zuckerrüben bei rund 65 000 Hektar, sie stieg bis zum Ersten Weltkrieg auf mehr als 500 000 Hektar an. Die arbeitsintensive Zuckerrübenkultur ließ die Nachfrage nach Saisonarbeitskräften rapide steigen. Sie wuchs in den außenarbeitsreichen Monaten (Mai bis Oktober) auf das Vierfache der Monate mit geringem Arbeitsanfall (November bis April) und lag damit doppelt so hoch wie bei anderen Ackerbaukulturen. Die Gebiete mit intensiver Rübenkultur zogen anfänglich vor allem Arbeitskräfte aus dem Nahbereich an, relativ schnell aber kam es zur Entwicklung saisonaler Fernwanderungen, die zeitgenössisch unter dem Begriff „Sachsengängerei" firmierten, weil sächsische Gebiete im Zuckerrübenbau dominierten.

Beispiel Eichsfeld

Landwirtschaftliche Saisonarbeitskräfte aus dem nahegelegenen Obereichsfeld wanderten bereits im frühen 19. Jahrhundert in großer Zahl in die Zuckerrübengebiete der Magdeburger Börde, Untereichsfelder in die Hildesheimer Börde. Mitte des 19. Jahrhunderts lag Schätzungen zufolge die Zahl der Arbeitskräfte im Zuckerrübenanbau in Preußen bei rund 50 000, ca. 18 000 fanden Beschäftigung in den Zuckerfabriken, deren Produktion ebenfalls stark saisonalisiert war. Mit der raschen Ausweitung des Rübenbaus in der zweiten Hälfte des Jahrhunderts wurden vermehrt Arbeitskräfte aus entfernteren Gebieten beschäftigt, ermöglicht durch den steten Ausbau des Eisenbahnnetzes. Zunächst kamen sie aus dem Oder- und Warthebruch, dann aus Posen, Pommern, West- und Ostpreußen sowie Schlesien. Seit den 1880er Jahren wuchs dann die Zahl der Saisonkräfte aus dem Ausland (Österreich-Ungarn, Russland) rasch an. Kurz vor dem Ersten Weltkrieg soll ein Drittel aller landwirtschaftlichen Saisonarbeitskräfte aus dem Ausland gekommen sein.

4. Zuwanderungspolitik und Beschäftigung von Arbeitskräften aus dem Ausland im späten 19. und frühen 20. Jahrhundert

Preußen-Deutschland entwickelte sich in den zwei Jahrzehnten vor dem Ersten Weltkrieg weltweit zum zweitwichtigsten Zuwanderungsland nach den USA. In der Hochkonjunkturperiode seit den 1890er Jahren stieg die Zahl der in der deutschen Wirtschaft beschäftigten Auslän-

4. Zuwanderungspolitik und Ausländerbeschäftigung

der sehr stark an und erreichte am Vorabend des Ersten Weltkriegs rund 1,2 Mio. Die wichtigsten Gruppen stellten in Preußen die in der Landwirtschaft beschäftigten Polen sowie Italiener, die besonders in Ziegeleibetrieben und im Tiefbau, aber auch im Bergbau und in der industriellen Produktion Beschäftigung fanden.

Im letzten Jahrzehnt vor dem Ersten Weltkrieg nahm die Zahl der ausländischen Arbeitskräfte in Preußen von rund 605 000 auf 901 000 stark zu (um rund 50 % 1906–13), in der Landwirtschaft arbeiteten 40 %, in der Industrie 60 %. In Preußen kam ca. ein Drittel aus dem russischen bzw. österreichisch-ungarischen Teilungsgebiet Polens; sie dominierten vor allem im Agrarsektor: Drei Viertel der 365 000 Ausländer in der Landwirtschaft waren Polen. Frauen stellten knapp über die Hälfte von ihnen. Hauptzielgebiete waren die vier preußischen Provinzen Sachsen, Schlesien, Pommern und Brandenburg, deren Landwirtschaft beinahe zwei Drittel aller polnischen Arbeitskräfte in diesem Sektor auf sich vereinte.

Entwicklung der Ausländerzahl

Hauptherkunftsgebiete der polnischen Arbeitswanderer bildeten das grenznahe westliche Zentralpolen im russischen Teilungsgebiet sowie Westgalizien, das zur Habsburger Monarchie zählte – agrarisch geprägte Regionen mit einem im europäischen Vergleich extrem hohen Bevölkerungszuwachs, einer sehr großen Zahl von Landlosen bzw. auf Nebenerwerb angewiesenen Kleinbauern. Nebenerwerb bot zwar der ökonomisch dominierende Großgrundbesitz, im Vergleich zum preußischen Osten war das Lohnniveau für Landarbeitskräfte dort allerdings sehr niedrig.

Im ostelbischen Preußen lagen die wichtigsten landwirtschaftlichen Arbeitsbereiche der Polen im durch starke saisonale Arbeitsspitzen gekennzeichneten Hackfruchtbau. Beim Kartoffelanbau waren die ausländischen Arbeitskräfte insbesondere beim Setzen und bei der Ernte gesucht. Bei der Zuckerrübenproduktion ging es nicht nur um Aussaat und Ernte, sondern auch um die ständige Pflege (das Verziehen und Hacken) der Rüben. In allen Bereichen des Hackfruchtbaus dominierten weibliche Arbeitskräfte. Sie arbeiteten in der Regel in Kolonnen unter Führung eines männlichen, zumeist zweisprachigen Kolonnenführers. Daneben war die Getreideernte bis zur Einführung arbeitsparender Mäh- und Dreschmaschinen auch im preußischen Osten vor dem Ersten Weltkrieg ein weiterer – allerdings durchweg von Männern in „Schnitterkolonnen" übernommener – Beschäftigungsbereich.

Landwirtschaft

Ein seit den 1890er Jahren entwickeltes und bis zum Ersten Weltkrieg ausgebautes System der Kontrolle ausländischer Arbeitskräfte zielte auf die Beobachtung und Regulierung der polnischen

Antipolnische preußische „Abwehrpolitik"

Zuwanderung. Diese antipolnische preußische „Abwehrpolitik" strebte nicht nach einer Beschneidung der Zuwanderung; sie funktionierte auch unabhängig vom Wandel des Arbeitsmarkts. Ihr Hauptziel war es vielmehr, die Zuwanderung der Auslandspolen aus nationalitätenpolitischen Gründen nicht in eine Niederlassung münden zu lassen. Darum wurden auslandspolnische Arbeitswanderer nur saisonal zugelassen. Sie unterlagen dem „Rückkehrzwang" und hatten jährlich das Land in der winterlichen „Sperrfrist" wieder zu verlassen. Dem „Rückkehrzwang" unterlagen nur die auslandspolnischen Arbeitswanderer, andere Nationalitäten unter den ausländischen landwirtschaftlichen Arbeitskräften in Preußen hingegen durften in der Sperrfrist, auch „Karenzzeit" genannt, bleiben, auch wenn durchaus Bestrebungen erkennbar waren, ihre Anwesenheit im Inland ebenfalls auf saisonale Beschäftigungen zu beschränken.

Eine Niederlassung landwirtschaftlicher Arbeitskräfte in Preußen schien die zu den „Reichsfeinden" gezählte preußisch-polnische Minderheit stärken und damit die von der preußischen Staatsräson als Gefahr gesehene Wiederaufrichtung eines selbstständigen polnischen Staates befördern zu können. Im Visier stand nicht nur die polnische Minderheit im Osten, sondern auch die seit den 1880er Jahren stark angewachsene Gruppe der „Ruhrpolen". Um deren Verstärkung durch auslandspolnische Einwanderer zu verhindern, durften Polen aus Russland und Österreich-Ungarn außerhalb der östlichen preußischen Grenzprovinzen nur in der Landwirtschaft und in deren Nebenbetrieben, nicht aber in der Industrie beschäftigt werden.

Instrumente der Kontrolle

Die Instrumente der antipolnischen „Abwehrpolitik" waren vielgestaltig. 1905 wurde auf Initiative des preußischen Landwirtschaftsministeriums die „Deutsche Feldarbeiter-Centralstelle" gegründet. Ihre Aufgabe sollte es sein, die gesamte Anwerbung ausländischer landwirtschaftlicher Arbeitskräfte zu übernehmen und kommerzielle Vermittler zu verdrängen. 1909 wurde in Preußen der „Legitimationszwang" eingeführt. Seither bestand für alle ausländischen Arbeitskräfte die Verpflichtung, bei der 1911 in „Deutsche Arbeiterzentrale" umbenannten Vermittlungsstelle eine „Arbeiter-Legitimationskarte" zu beantragen, die in den 39 Grenzstellen der Arbeiterzentrale ausgefertigt wurde. Die Legitimationskarte stellte eine schnelle Identifikation aller ausländischen Arbeiterinnen und Arbeiter durch die Polizeibehörden sicher und markierte die Nationalität. Das diente wiederum der besonderen Kennzeichnung auslandspolnischer Arbeitskräfte. Sie verzeichnete außerdem den Namen des Arbeitgebers, an den die jeweiligen ausländischen Arbeitskräfte gebunden blieben.

4. Zuwanderungspolitik und Ausländerbeschäftigung 37

Auslandspolen, die sich in der „Karenzzeit" in Preußen aufhielten, konnten über ihre „rote Polenkarte" sofort identifiziert und abgeschoben werden. Ohne Karte aufgegriffene Auslandspolen galten als „kontraktbrüchig", wurden zum Arbeitgeber zurückgeführt oder abgeschoben. Ausländische Arbeitskräfte, die nicht der Rückkehrpflicht unterlagen, mussten die Legitimationskarte jährlich erneuern lassen. Insgesamt verfügte das preußische Kontrollsystem damit über ein Instrument, das die polizeiliche Überwachung erleichterte und eine Umsetzung der ethnonational geprägten Ausländerpolitik zuließ. Da es zudem gelang, das Kontrollsystem auf andere deutsche Staaten auszudehnen, erfasste es den größten Teil des Reichs.

„Kontraktbruch" und Abschiebung

Auch im Ersten Weltkrieg erfüllten ausländische Arbeitskräfte in Deutschland entscheidende Ersatzfunktionen. Der Mangel an Arbeitskräften bildete eines der Hauptprobleme der Kriegswirtschaftspolitik 1914–18. Vor allem in drei Bereichen stieg die Nachfrage: in der Rüstungsindustrie, im Bergbau und in der Landwirtschaft. Maßnahmen zur Deckung des Bedarfs scheiterten an den begrenzten Kapazitäten der inländischen Arbeitsmärkte. Deshalb forcierte der sich im Kriegsverlauf rapide verschärfende Mangel an (Fach-)Arbeitskräften schließlich die zwangsweise Rekrutierung immer stärkerer Kontingente ausländischer Arbeitskräfte.

Ausländerbeschäftigung im Ersten Weltkrieg

Zu den ausländischen Arbeitskräften zählten bei Kriegsende mindestens 2,5 Mio. Menschen und damit fast ein Zehntel aller Erwerbstätigen des Vorkriegsstandes bzw. rund ein Siebtel aller Erwerbstätigen im letzten Kriegsjahr. Unter ihnen gab es über 1,5 Mio. Kriegsgefangene. Die rund 1 Mio. zivilen ausländischen Arbeitskräfte wurden von den Zivil- und Militärbehörden, anders als die Kriegsgefangenen, nicht als einheitliche Kategorie behandelt, obgleich auch sie zum größten Teil zur Gruppe der „feindlichen Ausländer" zählten. Das galt besonders für die bei Kriegsende 1918 etwa 500 000–600 000 auslandspolnischen Arbeitskräfte. Die bereits in der Vorkriegszeit restriktive Politik gegenüber den Polen verschärfte sich mit Kriegsbeginn: Als „feindliche Ausländer" wurden die Polen aus Russland reichsweit unter ein Rückkehrverbot gestellt, durften weder in ihre Heimat zurückkehren noch Aufenthaltsort oder Arbeitgeber wechseln. Damit waren die Polen aus Russland zu Zwangsarbeitskräften geworden. Die rund 100 000 niederländischen Arbeitskräfte blieben zwar während des Kriegs eine für Landwirtschaft und Industrie ebenfalls wichtige Beschäftigtengruppe. Ihnen gegenüber aber änderte sich die Ausländerpolitik mit Kriegsbeginn kaum, die Freizügigkeit gravierend behindernde Regelungen blieben aus. Das galt auch für andere, weitaus kleinere Gruppen aus dem neutralen Ausland, wie etwa Schweizer und Dänen, Schweden und Norweger.

Italiener und Polen aus Österreich-Ungarn

Die Ausrichtung der deutschen Ausländerpolitik im Krieg bemaß sich aber nur bedingt daran, welcher Kriegskoalition der Heimatstaat der Ausländer angehörte. Im Reich verbliebene italienische Arbeitskräfte z. B. erfuhren trotz des Kriegseintritts Italiens auf Seiten der Entente 1915/16 kaum eine Verschlechterung ihrer Lebens- und Arbeitsbedingungen durch behördlichen Eingriff. Ihre Situation war damit de facto besser als die der Polen aus der mit dem Reich verbündeten österreichisch-ungarischen Monarchie: Ihre Zahl ging zwar nach Kriegsbeginn aufgrund der Mobilmachung in Österreich-Ungarn stark zurück. Sie unterlagen weiterhin einer restriktiven Überwachung, auch wenn wegen der Kriegskoalition kein Rückkehrverbot gegen sie ausgesprochen werden konnte. Trotz schärfster Proteste aus Wien wurde ihnen aber die Rückkehr anfangs erschwert, um den Übergang von der Friedens- in die Kriegswirtschaft auf dem landwirtschaftlichen Arbeitsmarkt abzusichern.

Rekrutierungspolitik

Die ständige Verschärfung der Arbeitskräftesituation im Reich seit 1915 rückte die Frage nach einer Rekrutierung von Arbeitskräften im Ausland in den Mittelpunkt. Die besetzten Gebiete in Polen und Belgien wurden zum Objekt der deutschen Arbeitskräftepolitik. Polen blieb in erster Linie Rekrutierungsraum für landwirtschaftliche Arbeitskräfte. In Belgien hingegen wurde vornehmlich für die Rüstungsindustrie angeworben. Weil die Zahl freiwilliger Meldungen aber weit unter dem für notwendig erachteten Niveau blieb, griffen die deutschen Behörden immer häufiger zu Zwangsmitteln: Die Verschlechterung der wirtschaftlichen Situation in den Besatzungsgebieten sollte weite Bevölkerungskreise dazu nötigen, für die Besatzungsmacht im Land direkt oder im Reich zu arbeiten. Diese Politik führte in Polen eher zum angestrebten Ziel als in Belgien; internationale Hilfsorganisationen sorgten hier dafür, dass die wirtschaftliche keine tiefgreifende soziale Not nach sich zog wie in Polen. Ende 1916 begannen dann Deportationen aus Belgien, die sich auch deshalb als Fehlschlag erwiesen, weil nur der kleinere Teil der Zwangsrekrutierten längerfristig beschäftigt werden konnte. Die Deportationen und freiwilligen Meldungen stabilisierten lediglich den Umfang der Ausländerbeschäftigung, brachten aber nicht die für notwendig gehaltene große Zahl neuer Arbeitskräfte in die deutsche Kriegswirtschaft.

Dennoch wuchs die Bedeutung der Arbeitskraft von Ausländern für die deutsche Kriegswirtschaft, denn 1914–18 erreichte die Beschäf-

4. Zuwanderungspolitik und Ausländerbeschäftigung

tigung von Kriegsgefangenen bis dahin nicht gekannte Dimensionen: Bis Oktober 1918 waren 2,5 Mio. Kriegsgefangene interniert worden, von denen mit über 1,4 Mio. (57 %) der größte Teil aus Russland stammte. Weitere 535 000 kamen aus Frankreich (21 %), 186 000 aus Großbritannien (7 %), 148 000 aus Rumänien (6 %) und 133 000 aus Italien (5 %). Bei diesen Angaben handelt es sich jeweils um die festgestellte Höchstzahl; die Zahl der gegen Kriegsende tatsächlich noch in deutschem Gewahrsam befindlichen Soldaten belief sich auf knapp über 2 Mio. Mitte 1916 waren von den 1,6 Mio. Kriegsgefangenen 90 % beschäftigt (1,45 Mio.). Knapp ein Viertel arbeitete für Militärbehörden oder in Kriegsgefangenenlagern, mehr als drei Viertel (1,1 Mio.) in Industrie (330 000) und Landwirtschaft (750 000). Bis September 1917 war die Zahl der Kriegsgefangenen in der Landwirtschaft, die zu drei Vierteln aus dem Zarenreich stammten, auf rund 860 000, diejenige in der Industrie auf etwas mehr als 390 000 gestiegen. Hier dominierte mit 170 000 der Bergbau als größter Einzelsektor. Zu diesem Zeitpunkt stellten die Kriegsgefangenen etwa 15 % aller abhängig Beschäftigten. Bei Kriegsende waren 1,9 Mio. Gefangene beschäftigt: ca. 1,5 Mio. wurden in Landwirtschaft und Industrie eingesetzt, darunter 936 000 im Agrarsektor.

Kriegsgefangene

Sektorale Verteilung

Ihre Situation blieb abhängig von den höchst unterschiedlichen Lebens- und Arbeitsverhältnissen am Einsatzort: Für die 170 000 in Kohle- und Salzbergwerken beschäftigten Kriegsgefangenen bedeutete der gefürchtete Einsatz in den Gruben schwere körperliche Arbeit und Internierung in werkseigenen Lagern bei schlechter Ernährung. Mangelversorgung und strenge Internierung waren in der Rüstungsindustrie ebenfalls an der Tagesordnung. Wie im Bergbau gab es permanent Konflikte aufgrund schlechter Behandlung durch deutsche Vorarbeiter. Etwas günstigere Lebens- und Arbeitsverhältnisse herrschten in der Regel in der Landwirtschaft. Das resultierte aus der besseren Versorgung mit Lebensmitteln, aber auch daraus, dass der größte Teil der Kriegsgefangenen einzeln, ohne Bewachung auf den Höfen untergebracht wurde – immerhin waren drei Viertel aller in der Landwirtschaft beschäftigten Gefangenen in bäuerlichen Betrieben tätig.

Auch insgesamt war die Beschäftigung von Kriegsgefangenen nicht primär von Großbetrieben mit umfangreichen Arbeitskommandos geprägt: Am Ende des Kriegs verteilten sich die rund 1,5 Mio. in Landwirtschaft und Industrie beschäftigten Gefangenen auf etwa 750 000 verschiedene Arbeitsstellen. Mithin blieb ihre Beschäftigung kein Randphänomen: Gefangene waren auf Arbeitsplätzen im ganzen Reich präsent, und der Kontakt zu ihnen gehörte seit 1915 zum

Kriegsgefangenenbeschäftigung als Massenphänomen

Alltag von Millionen Einheimischen. Der Krieg der Nationen führte mithin auch in Deutschland selbst zu einer bis dahin nie dagewesenen Intensität der Begegnung mit Menschen anderer Staatsangehörigkeit. Ohne die über die Vorkriegszeit hinausgehende Internationalisierung der Arbeitsmärkte hätte der Krieg von deutscher Seite nicht so lange fortgeführt werden können. Für die weitere Entwicklung von Ausländerbeschäftigung und -politik erwies sich der Erste Weltkrieg insofern als Schrittmacher, als er staatliche Eingriffe in das Wanderungsgeschehen erheblich forcierte; denn die während des Kriegs entwickelten Interventionskapazitäten des Staates in Wirtschaft und Gesellschaft ließen sich kaum mehr zurückdrängen. Der Krieg hatte zudem extremen Nationalismus, die Ausgrenzung von Minderheiten und die Verbreitung von Fremdenfeindlichkeit entscheidend gefördert.

Ausländerbeschäftigung in der Weimarer Republik

Für die Weimarer Republik blieb die nahezu bruchlos aus dem Kaiserreich übernommene ethno-national argumentierende antipolnische „Abwehrpolitik" konstitutiv. Sie verstand die Zuwanderung polnischer Arbeitskräfte weiterhin als Gefahr für innere und äußere Sicherheit, für Wirtschaft und Arbeitsmarkt, Gesellschaft und Kultur. Zugleich wuchs die Bedeutung der Arbeitsmarktpolitik für die Ausländerbeschäftigung. In der Weimarer Republik war der Auf- und Ausbau einer flächendeckenden Arbeitsverwaltung der wichtigste sozialpolitische Modernisierungsbereich, mit dem zugleich die Voraussetzungen für eine arbeitsmarktorientierte Ausländerpolitik geschaffen wurden.

„Schutz des nationalen Arbeitsmarkts"

Angesichts der angespannten Arbeitsmarktlage galt ein klarer „Inländervorrang"; ausländische Beschäftigte sollten nur Ersatz- oder Zusatzfunktionen wahrnehmen.

Das entsprach auch Forderungen der Arbeiterbewegung, die bereits in der Vorkriegszeit entwickelt worden waren und wegen der neuen politischen Macht von Gewerkschaften und Arbeiterparteien in der Anfangsphase der Weimarer Republik durchgesetzt werden konnten: So durften Ausländer z. B. nur zu den Bedingungen der für die einheimischen Arbeitskräfte gültigen Tarifverträge beschäftigt werden, um Lohndumping zu verhindern. Nach einer durch die Demobilmachung geprägten Übergangsphase wurde ab 1920 auf der Basis dieser Leitlinien die Ausländerbeschäftigung über ein immer komplexeres Instrumentarium geregelt und gesteuert.

Struktur der Ausländerbeschäftigung

Schwierige wirtschaftliche Rahmenbedingungen und protektionistische Zuwanderungssteuerung ließen die Ausländerbeschäftigung im Vergleich zur Vorkriegszeit stark zurückgehen. In den 1920er Jahren schwankte die Zahl der ausländischen Arbeitskräfte im Reich um 200 000–300 000 und sank in der Weltwirtschaftskrise der frühen

1930er Jahre auf rund 100 000. Während vor 1914 die industrielle Beschäftigung dominiert hatte, bildete in der Weimarer Republik der Agrarsektor den wichtigsten Bereich. 1926–29 z. B. schwankte die Ausländerzahl in der Landwirtschaft zwischen 135 000 und 146 000, in der Industrie nur zwischen 84 000 und 91 000. Größter industrieller Einzelsektor mit etwas mehr als 20 000 ausländischen Beschäftigten blieb der Bergbau, mit erheblichem Abstand gefolgt von der Textilindustrie, der metallverarbeitenden Industrie und dem Bausektor. In den 1920er Jahren dominierten unter den Ausländern mit drei Fünfteln bis zwei Dritteln Polen. Wie bereits in der Vorkriegszeit waren sie überwiegend in der Landwirtschaft tätig; in der zweiten Hälfte der 1920er Jahre kamen fast 90 % der ausländischen Landarbeiterinnen und Landarbeiter aus Polen. In der Industrie hingegen dominierten Tschechoslowaken und Niederländer.

Zentren der Ausländerbeschäftigung waren Mitteldeutschland und das Rheinland mit in der zweiten Hälfte der 1920er Jahre zusammen rund einem Drittel aller ausländischen Arbeitskräfte. In Mitteldeutschland konzentrierten sie sich zu 90 % auf die Landwirtschaft, im Rheinland zu mehr als 80 % auf die Industrie. Während bei den landwirtschaftlichen Arbeitskräften Ostdeutschland dominierte, war es in der Industrie umgekehrt. Westdeutschland trat hervor, allein Rheinland-Westfalen beschäftigte fast die Hälfte aller gewerblichen ausländischen Arbeitskräfte. In der Industrie dominierten Männer. In der Landwirtschaft stieg der Anteil der Frauen immer weiter an. Das resultierte aus einer politisch gewollten Beschränkung der Beschäftigung vor allem weiblicher ausländischer Arbeitskräfte auf den Hackfruchtbau. 1926 waren deshalb drei Viertel aller ausländischen Beschäftigten im Agrarsektor Frauen.

In der Weltwirtschaftskrise sank vor allem die Zahl der landwirtschaftlichen Arbeitskräfte aus dem Ausland stark ab, nicht zuletzt wegen einer Zuwanderungssperre 1932. In diesem Jahr entfielen bei einer Gesamtzahl von nur mehr 109 000 ausländischen Beschäftigten rund 65 000 auf die Industrie und 44 000 auf die Landwirtschaft. Das zunehmende Tempo der Wiederaufrüstung Deutschlands nach der NS-Machtübernahme 1933 ließ dann innerhalb weniger Jahre den Arbeitskräftemangel wieder zu einem zentralen Thema der Arbeitsmarktpolitik werden. Die Beschäftigung ausländischer Arbeitskräfte erreichte bis 1938/39 insgesamt 436 000. Damit überstieg sie zwar die Ausländerzahlen der 1920er Jahre deutlich, erreichte aber bei weitem nicht das Niveau des späten Kaiserreichs.

Absinken in der Weltwirtschaftskrise

Wirtschafts- und devisenpolitische sowie politisch-ideologische

NS-Ausländerbeschäftigungspolitik vor dem Krieg

Gründe ließen die Zuwanderungspolitik des NS-Regimes trotz des zunehmenden Arbeitskräftemangels restriktiv bleiben: Zum einen galt die Beschäftigung von ausländischen Arbeitskräften als außenwirtschaftspolitisches Problem, weil die Devisenlage aufgrund der Rüstungsanstrengungen sehr angespannt war. Zum anderen verband sich aus der Sicht der radikal ethno-nationalistischen und rassistischen NS-Weltanschauung mit der Ausländerbeschäftigung, zumal mit ihren herkömmlichen starken Anteilen aus dem östlichen Ausland, die Gefahr einer „Überfremdung" und die Gefährdung der „Blutreinheit" der deutschen Bevölkerung.

Zahl und sektorale Verteilung

Der Anteil der ausländischen Arbeitskräfte an der Gesamtzahl der abhängig Beschäftigten wuchs zwischen 1933/34 (176 000) und 1938/39 (436 000) von weniger als 1% auf 2,1%. Als überdurchschnittlich stark erwies sich der Anstieg in der Landwirtschaft, die in der Weltwirtschaftskrise einen erheblichen Abbau der Ausländerbeschäftigung erlebt hatte. 1933/34–38/39 wuchs hier die Ausländerzahl um das Vierfache auf 189 000, während es in der Gesamtwirtschaft bei einem Anstieg um den Faktor 2,5 blieb. Neben der Landwirtschaft verzeichneten mit Baugewerbe und Bergbau solche Branchen starke Zuwächse, die traditionell relativ hohe Ausländeranteile hatten. Auch bei den Herkunftsstaaten änderte sich wenig: Der Anteil der Polen blieb zwar in den späten 1930er Jahren hinter dem der Tschechoslowaken zurück, verzeichnete aber mit dem starken Anstieg der Ausländerbeschäftigung in der Landwirtschaft besonders hohe Zuwachsraten. Wichtige Herkunftsländer blieben weiterhin auch Österreich und die Niederlande. Der Beginn des Zweiten Weltkriegs aber sollte dann zu einem Bruch in der Geschichte der Ausländerbeschäftigung in Deutschland führen.

Auswanderung nach dem Ersten Weltkrieg

Deutschland war in der Zwischenkriegszeit nicht nur Zuwanderungsland: 1919–32 wanderten 603 000 Deutsche nach Übersee aus. 1921 waren es über 24 000 Menschen, 1922 dann fast 37 000. 1923 schnellten die Zahlen nach oben und erreichten mit 115 431 einen Jahreswert, wie er die letzte Hochphase der Auswanderung in den 1880er und frühen 1890er Jahren gekennzeichnet hatte. Mehrere Faktoren trieben die Auswanderung in die Höhe: Die Behinderung grenzüberschreitender Migration im Krieg und unmittelbar danach hatte für viele Auswanderungswillige bedeutet, dass sie ihren Entschluss zunächst aufschieben mussten und ihn erst Anfang der 1920er Jahre umsetzen konnten. Ein wesentlicher Teil der Auswanderer war darüber hinaus aus den abgetretenen Gebieten des Reiches oder aus den Kolonien bzw. den deutschen Siedlungsgebieten in Ost-, Ostmittel- und Südosteuropa gekommen. Sie sahen keine Perspektiven in Deutschland. Umfangreich war auch die Gruppe derer, die wegen der ökonomischen, sozialen und politischen Krise der frühen Weimarer Republik den Weg nach Übersee einschlugen. Parallel zur Auswanderung nahm die kontinentale Arbeitswanderung zu. Vor allem die während des Kriegs neutralen Niederlande wurden zum Ziel Zehntausender deutscher Zuwanderer, unter ihnen zahlreiche junge Frauen, die in erster Linie in privaten Haushalten Beschäftigung fanden.

Nach der Stabilisierung der Währung Ende 1923 und den US-amerikanischen Einwanderungsbeschränkungen 1924 sank die Zahl der deutschen Auswanderer bis Ende der 1920er Jahre auf etwa die Hälfte des Wertes von 1923 und schwenkte damit auf den Trend europaweit sinkender Auswandererzahlen ein. Sie blieben bis zum Ende der 1920er Jahre auf diesem Niveau, um dann in der Weltwirtschaftskrise der frühen 1930er Jahre auf 10 000–15 000 pro Jahr abzustürzen.

5. Gewaltmigration und Kriegsfolgewanderungen 1914–1949

Mit dem Ende des Ersten Weltkriegs und den Staatenbildungsprozessen in seiner Nachfolge gewannen politisch bedingte und politisch motivierte Migrationen erheblich an Bedeutung. Die politischen Veränderungen durch die Friedensverträge nötigten in Europa etwa 10 Mio. Menschen, staatliche Grenzen zu überschreiten. Auch Deutschland war davon betroffen. Bis Mitte der 1920er Jahre wanderten mehr als 1 Mio. Menschen aus den abgetretenen Gebieten zu. Dabei handelte es sich um die größte aller Zuwanderungsbewegungen, die die Weimarer Republik zu bewältigen hatte – und das innerhalb weniger, durch schwere wirtschaftliche, soziale und politische Krisen gekennzeichnete Nachkriegsjahre.

Dimensionen der Kriegsfolgewanderungen nach 1918

Allein aus Elsass-Lothringen kamen 150 000 Menschen, weitere 16 000 stammten aus den ehemaligen Kolonien. Weitaus umfangreicher war die Zuwanderung aus den nach dem Versailler Vertrag an Polen abgetretenen Ostgebieten. Bis 1925 wurden 850 000 deutsche „Grenzlandvertriebene" aus den polnischen Westgebieten gezählt. Hinzu kamen etwa 120 000 „Russlanddeutsche", die 1917–21/22 ins Reich gekommen waren, allerdings zu rund der Hälfte den Weg weiter nach Übersee suchten oder zu Tausenden wieder zurück nach Polen oder in die UdSSR zogen. Sie sind innerhalb der möglicherweise 1,5 Mio.

Kriegsfolgewanderungen mit dem Ziel Deutschland

vor Bürgerkrieg und Revolution aus dem ehemaligen Zarenreich Geflohenen nur schwer zu identifizieren. Die Weimarer Republik war zunächst eines der Hauptziele der Fluchtbewegung: 1922 und 1923 hielten sich, den zweifellos deutlich zu hoch liegenden zeitgenössischen Schätzungen zufolge, rund 600 000 russländische (also nicht nur russische, sondern den verschiedenen Nationalitäten des ehemaligen Zarenreichs entstammende) Flüchtlinge im Reichsgebiet auf, von denen 1923 ca. 360 000 allein in Berlin Schutz gefunden haben sollen.

Rasch setzten Weiterwanderungen ein. Nach 1923 sank die Zahl der russländischen Flüchtlinge im Exilland Deutschland ab bis auf 150 000 im Jahr 1925 und 100 000 im Jahr 1933. Berlin verlor seine Bedeutung als europäisches Zentrum des russländischen Exils mit wichtigen kulturellen und politischen Funktionen Mitte der 1920er Jahre an Paris. Frankreich entwickelte sich vor allem deshalb zum Hauptziel, weil die Regierung eine offensive Zuwanderungspolitik betrieb und die Wirtschaft Arbeitskräfte suchte. Spätestens mit dem Beginn des Zweiten Weltkriegs verlagerte sich das Zentrum des russländischen Exils endgültig nach Nordamerika und insbesondere nach New York. Nicht nur Probleme des Wohnungs- und Arbeitsmarkts waren Hintergrund für den Rückgang der Zahl russländischer Flüchtlinge in Deutschland, sondern auch eine restriktive deutsche Asylpolitik, die sich am Verbleib der Flüchtlinge nicht interessiert zeigte und ihnen weder rechtliche noch wirtschaftliche Integrationshilfen bot.

Jüdische Flüchtlinge aus dem Osten

Nicht weniger restriktiv war die Migrations- und Integrationspolitik der Weimarer Republik gegenüber ost- und ostmitteleuropäischen Juden. Nach dem Krieg war es in Ost- und Ostmitteleuropa vor dem Hintergrund tiefgreifender wirtschaftlicher, sozialer und politischer Krisen zu Pogromen gegen Juden gekommen. Viele von ihnen suchten, oft illegal, den Weg über die weithin verschlossenen Grenzen nach Westen. Nach Deutschland kamen bis 1921 rund 70 000 Asyl suchende Juden, denen in Preußen anfangs noch Asyl gewährt wurde. Aber auch in Deutschland verstärkten sich 1919–23 antisemitische Ausschreitungen, und die antijüdische Politik auf Reichs- und Länderebene verschärfte sich. In Bayern kulminierte der regierungsamtliche Antisemitismus 1923 in einer Internierungs- und Ausweisungspolitik gegenüber ausländischen Juden. Auch in Preußen wurde die 1919 noch großzügige Asylgewährung bald immer mehr eingeschränkt. Das alles forcierte Weiterwanderungen, die die im Ersten Weltkrieg und in der unmittelbaren Nachkriegszeit deutlich angestiegene Zahl ost- und ostmitteleuropäischer Juden rasch wieder sinken ließen.

Ähnliche Prozesse von Weiterwanderungen lassen sich bei der

Emigration aus NS-Deutschland beobachten. Sie betraf politische Gegner des Regimes und solche, die das Regime dafür hielt, vor allem aber all jene, die aufgrund der rassistischen NS-Ideologie geächtete Fremde wurden, allen voran die Juden. Die Emigration verlief schubweise. Die erste Hochphase ergab sich 1933 aus der Machtübernahme Hitlers und den frühen Maßnahmen zur Bekämpfung innenpolitischer Gegner sowie den ersten antisemitischen Gesetzen. Auf die rassistischen Nürnberger Gesetze 1935 folgte der nächste Emigrationsschub. Die letzte große Abwanderungsphase setzte mit der offenen Gewalt gegen Juden in der Reichspogromnacht 1938 ein. Sie endete mit dem Beginn des Zweiten Weltkriegs, der die Möglichkeiten der Emigration drastisch reduzierte und nach dem Abwanderungsverbot 1941 in den Völkermord an den deutschen und europäischen Juden mündete.

<small>Emigration aus Deutschland nach 1933</small>

Die genaue Zahl der Emigranten ist unbekannt. Die weitaus größte Gruppe stellten die Juden, von denen wohl 280 000–330 000 das Reich verließen. Nimmt man die jüdische Emigration aus Österreich nach dem „Anschluss" 1938 (150 000) und aus der Tschechoslowakei nach dem Münchner Abkommen im selben Jahr hinzu (33 000), beläuft sich allein die Zahl der jüdischen Abwanderer aus dem von Deutschland beherrschten Mitteleuropa insgesamt auf 450 000–600 000. Weltweit nahmen mehr als 80 Staaten Flüchtlinge aus Deutschland auf. Ziele waren für die meisten zunächst die europäischen Nachbarstaaten, denn noch dominierte der Gedanke an ein nur zeitweiliges Exil in der Hoffnung auf den baldigen Zusammenbruch des NS-Regimes. Die Hälfte aller jüdischen Flüchtlinge aber wanderte weiter. Mehr und mehr wuchs die Bedeutung der USA als endgültiges Exilland. Die Zahl der Flüchtlinge vor dem NS-Regime in den USA wurde 1941 auf insgesamt 100 000 geschätzt. Argentinien folgte mit 55 000 vor Großbritannien mit 40 000. Während des Zweiten Weltkriegs verschob sich das Gewicht noch weiter zugunsten der USA, die letztlich etwa die Hälfte aller Emigranten aufnahmen.

<small>Dimensionen der Emigration</small>

Im Vergleich zu der großen Zahl jüdischer Flüchtlinge aus Mitteleuropa blieb die Zahl derjenigen, die ihrer politischen Arbeit wegen Deutschland sowie Österreich und die besetzten Gebiete der Tschechoslowakei nach 1938 verließen, weitaus geringer. Sie umfasste bis 1939 etwa 25 000–30 000 Personen, überwiegend Sozialdemokraten und Kommunisten. Um die politische Arbeit vom Ausland aus weiterzutreiben, blieben die meisten geflüchteten Regimegegner in Europa. Frankreich, Spanien, Großbritannien und die Sowjetunion waren ihre wichtigsten Ziele. Der Zweite Weltkrieg verminderte die Möglichkeiten der politischen Einflussnahme aus dem Ausland gravierend und nötigte

<small>Politisches Exil</small>

viele Mitglieder des politischen Exils zur Fortsetzung der Flucht oder ließ sie am Ende doch in die Hände der Nationalsozialisten fallen. Ohnehin führte der Zweite Weltkrieg zu einer beispiellos hohen Zahl von Gewaltmigrationen. Sie resultierte ganz wesentlich aus der Expansion und dem Untergang des „Dritten Reiches".

NS-„Ausländer-Einsatz" im Zweiten Weltkrieg

Deutschland war nur deshalb in der Lage, den Zweiten Weltkrieg beinahe sechs Jahre lang zu führen, weil es den Krieg von vornherein als Raub- und Beutekrieg geplant hatte und durchführte. Im Oktober 1944 wurden fast 8 Mio. Arbeitskräfte aus dem Ausland in Deutschland gezählt, darunter fast 6 Mio. Zivilisten und knapp 2 Mio. Kriegsgefangene, die nur den kleineren Teil der insgesamt gefangen genommenen gegnerischen Soldaten ausmachten, weil Wehrmacht und Waffen-SS weit mehr als die Hälfte der sowjetischen Kriegsgefangenen verhungern ließen oder ermordeten. Die ausländischen Arbeitskräfte stammten aus 26 Ländern, darunter dominierte zu diesem Zeitpunkt die UdSSR mit einem Anteil von mehr als einem Drittel (2,8 Mio.). 1,7 Mio. Menschen kamen aus Polen und 1,2 Mio. aus Frankreich, jeweils mehrere Hunderttausend zudem aus Italien, den Niederlanden, Belgien, der Tschechoslowakei und Jugoslawien.

Sektorale Verteilung

Ausländische Zivilarbeitskräfte und Kriegsgefangene stellten Mitte 1944 etwa ein Viertel der Beschäftigten; es gab sie über das ganze Reich verteilt in Betrieben jeglicher Größe und Branche. Überdurchschnittlich stark vertreten waren sie vor allem in der Landwirtschaft, die 1944 einen Anteil von 46 % erreichte, und im Bergbau mit 34 %. In manchen Betrieben mit hohen Anteilen unqualifizierter Tätigkeit kamen vier Fünftel der Beschäftigten aus dem Ausland. Zwangsarbeitskräfte waren aber auch in spezialisierten und sicherheitsrelevanten Bereichen tätig, z. B. in der Rüstungsindustrie. Das Durchschnittsalter ausländischer Arbeitskräfte lag bei 20–24 Jahren, ein Drittel waren Frauen, ein Großteil war jünger als 20 Jahre. Schon 1941 hätte die Rüstungsproduktion ohne Ausländer ihre Planvorgaben nicht mehr erfüllen können, in der Landwirtschaft war dieser Zeitpunkt bereits 1940 erreicht. In der Form eines im großen Maßstab auf ausländischer Arbeitskraft basierenden Zwangsarbeitssystems blieb der NS-„Ausländer-Einsatz" in der neueren europäischen Geschichte ohne Parallele.

Vertreibungen und Deportationen in den besetzten Gebieten

Im neueroberten „Lebensraum" des Ostens strebte die NS-Politik nach dauerhafter Herrschaftssicherung und Etablierung einer nach rassistischen Kriterien ausgerichteten „deutschen" Ordnung, die Bevölkerungsgruppen und Nationalitäten hierarchisierte. Elemente waren Planung und weitreichende Umsetzung von Umsiedlungen und Vertreibungen ganzer Bevölkerungen zugunsten eines vorgeblich „arischen"

5. Gewaltmigration und Kriegsfolgewanderungen 47

„Volkes ohne Raum". Etwa 9 Mio. Menschen waren davon betroffen. 1939–44 wurden 1 Mio. Menschen deutscher Herkunft aus ihren außerhalb der Reichsgrenzen gelegenen Siedlungsgebieten in Südost-, Ostmittel- und Osteuropa „heim ins Reich" genötigt, vor allem, um sie in den annektierten Gebieten anzusiedeln.

Voraussetzung für die Ansiedlung dieser „Volksdeutschen" war die Deportation der ansässigen polnischen, tschechischen und jüdischen Bevölkerung, die 1939/40 in großem Maßstab eingeleitet worden war. 1940/41 etwa wurden ca. 1,2 Mio. Polen und Juden aus den ehemals polnischen, nunmehr dem Reich angegliederten „Reichsgauen" Wartheland und Danzig-Westpreußen zugunsten der neu anzusiedelnden „Volksdeutschen" vertrieben – was nicht selten zeitgleich geschah, sodass sich die Züge der Neuansiedler und der Deportierten auf den Bahnhöfen noch begegneten. Das sollte aber nur der Anfang sein; denn nach der Gesamtplanung galten von den mehr als 10 Mio. Menschen, die in diesem Gebiet lebten, nur 1,7 Mio. als „eindeutschungsfähig". 7,8 Mio. Polen und 700 000 Juden sollten vertrieben werden.

In der rassistischen NS-Hierarchie galten jüdische bzw. für jüdisch erklärte Menschen als Gruppe mit dem geringsten Anspruch auf „Lebensraum". Sie traf die deutsche Vernichtungspolitik am härtesten. Etwa 160 000 Juden lebten zum Zeitpunkt des Auswanderungsverbotes im Oktober 1941 noch im Reich. Nun ging die SS endgültig zur Deportation in Richtung Polen über, die für die meisten einer Gewaltmigration in den Tod gleichkam. In Polen selbst fielen von den fast 3 Mio. Juden 2,7 Mio. der NS-Mordpolitik zum Opfer. Das Schicksal der polnischen und deutschen Juden ereilte die jüdische Bevölkerung fast ganz Europas: 2,2 Mio. Menschen aus der UdSSR, 550 000 aus Ungarn, 200 000 aus Rumänien, 140 000 aus der Tschechoslowakei, 100 000 aus den Niederlanden, 76 000 aus Frankreich, 60 000 aus Jugoslawien, 60 000 aus Griechenland und 28 000 aus Belgien, um nur die größten Gruppen zu nennen.

Deportation der Juden

Die Überlebenden der NS-Arbeits-, Konzentrations- und Vernichtungslager stellten nach Kriegsende das Gros der 10–12 Mio. Displaced Persons (DPs) in Deutschland. Sie entstammten rund 20 Nationalitäten mit über 35 verschiedenen Sprachen und unterstanden der direkten Obhut der alliierten Besatzungsmächte sowie internationalen Hilfsorganisationen. Ursprünglich war es das Ziel, die DPs rasch zu sammeln und in ihre jeweiligen Heimatländer zurückzubringen. Das gelang allein in den ersten vier Monaten nach der deutschen Kapitulation im Mai 1945 bei über 5 Mio. DPs. Die Mehrzahl schloss sich freiwillig den zahllosen, für sie zusammengestellten alliierten Transporten an.

Displaced Persons im Nachkriegsdeutschland

Entsprechend einer Vereinbarung zwischen den Westalliierten und der UdSSR wurden DPs sowjetischer Staatsbürgerschaft auch zwangsweise repatriiert.

Seit Spätherbst 1945 verringerten sich die Abtransportziffern stetig. Ende 1945 zählten die drei Westzonen noch etwa 1,7 Mio. DPs. 1946 erreichten die Transportziffern nur mehr etwa 500 000. Hintergrund war die nachlassende Rückkehrbereitschaft der DPs. Dazu trugen die Errichtung kommunistischer Systeme in den Ländern Ostmittel- und Südosteuropas ebenso bei wie die dortigen territorialen Veränderungen und die schwierige wirtschaftliche Situation aufgrund der Kriegszerstörungen. Zahlreiche DPs hatten im Krieg sämtliche Angehörige verloren, ihre Heimatorte waren zerstört, ihre Gesundheit ruiniert. Anknüpfungspunkte für den Aufbau einer neuen Existenz in den Herkunftsgebieten gab es für viele nicht mehr. Die Auswanderungsprogramme der im Juni 1947 gegründeten International Refugee Organization (IRO) gaben einer großen Zahl von DPs eine neue Perspektive. Bis 1951 ermöglichten die Resettlement-Programme der IRO europaweit ca. 712 000 DPs die Auswanderung, vor allem in die USA (für 273 000 DPs), nach Australien (136 000) und Kanada (83 000) sowie nach Frankreich und Großbritannien (110 000).

„Heimatlose Ausländer"

Nur ein kleiner Teil der DPs blieb in Deutschland zurück, häufig jene, denen die Teilnahme an den Auswanderungsprogrammen verwehrt worden war, weil sie als zu alt, zu krank oder nicht arbeitsfähig galten. Als die Westalliierten 1950 die Verantwortung für die DPs an die Bundesregierung übergaben, dürften sich noch rund 150 000 von ihnen im Bundesgebiet aufgehalten haben. Mit dem „Gesetz über die Rechtsstellung heimatloser Ausländer" vom 25.4.1951 schuf die Bundesrepublik einen im Vergleich zum internationalen Flüchtlingsrecht großzügigen Rechtsstatus, der aber keine Gleichstellung mit deutschen Flüchtlingen und Vertriebenen oder eine erleichterte Einbürgerung vorsah. Entschädigungsansprüche regelte das Gesetz ebenfalls nicht. Das führte angesichts der restriktiven Wiedergutmachungspraxis deutscher Verwaltungen und Gerichte in der Folgezeit dazu, dass viele „heimatlose Ausländer" keine Entschädigung für das während der NS-Diktatur erlittene Unrecht erhielten.

Bombenkriegsevakuierte

Unter den großen Migrantengruppen im Deutschland der unmittelbaren Nachkriegszeit bildeten die DPs nur eine unter mehreren: Im Gebiet der späteren vier Besatzungszonen waren rund 10 Mio. Menschen vor den alliierten Flächenbombardements auf deutsche Städte in ländliche Regionen geflohen oder evakuiert worden. Die Evakuierten konnten oft erst nach Jahren ihre notdürftigen Quartiere verlassen und

5. Gewaltmigration und Kriegsfolgewanderungen 49

in ihre zerbombten Heimatorte zurückkehren; noch 1947 gab es in den vier Zonen an die 4 Mio. Evakuierte. In der Bundesrepublik wurde ihre Rückführung vor allem als Aufgabe der Kommunen bzw. Länder sowie als ein Problem der Wohnraumversorgung in den Städten behandelt. Damit galt es im Vergleich zur Aufnahme und Integration der deutschen Flüchtlinge und Vertriebenen als nachrangig.

Wesentlich mehr Anteil als am Schicksal der DPs und der Evakuierten nahm die deutsche Bevölkerung in der Nachkriegszeit am Los der deutschen Kriegsgefangenen. Umfragen der US-Militärbehörden zufolge zählte die Frage der Behandlung und der Rückkehr der deutschen Kriegsgefangenen für die Deutschen 1945–49 zu den drei „Hauptsorgen" neben den Problemen der Versorgung mit Lebensmitteln und Gütern des alltäglichen Bedarfs. Deutsche Kriegsgefangene

Die Geschichte der Kriegsgefangenschaft von Deutschen im und nach dem Zweiten Weltkrieg erstreckte sich über 17 Jahre – vom September 1939 bis zur Rückkehr der letzten „Spätestheimkehrer" aus sowjetischen Lagern Anfang 1956. Im Krieg waren rund 11 Mio. deutsche Soldaten in alliierte Gefangenschaft geraten, der größte Teil in den letzten Kriegsmonaten. 20 Staaten hatten sie in Gewahrsam genommen, darunter vor allem die USA (3,8 Mio.), Großbritannien (3,7 Mio.) und die UdSSR (3,2 Mio.). Die Gefangenen wurden oft für Wiederaufbauarbeiten rekrutiert. US-amerikanische und britische Militärbehörden übergaben zu diesem Zweck 700 000 deutsche Kriegsgefangene an Frankreich, weitere an die Niederlande und Belgien. Deutsche Gefangene leisteten 1941–56 rund zwei Mrd. Arbeitstage, der größte Teil in Ost-, Ostmittel- und Südosteuropa (1,4 Mrd.) und vor allem in der UdSSR. Katastrophale Lebensbedingungen mit zahllosen Todesfällen mussten sie in sowjetischer, aber auch in westalliierter Gefangenschaft erdulden, dort allerdings auf kürzere Zeiträume und wenige Brennpunkte begrenzt, während sie in der UdSSR die Regel waren.

Die Entlassung der deutschen Kriegsgefangenen begann unmittelbar nach der Kapitulation im Mai 1945, zunächst vor allem aus den US-Lagern. In den folgenden zwölf Monaten wurden rund 5 Mio. Gefangene aus den alliierten Lagern entlassen. Bis 1948 war die Repatriierung aus den westlichen Staaten abgeschlossen, und auch aus der UdSSR hatte der weitaus überwiegende Teil nach Deutschland zurückkehren können. 1949 lebten in sowjetischen Lagern noch rund 60 000 deutsche Kriegsgefangene, die zu Zwangsarbeit verurteilt worden waren. Erst nachdem im Herbst 1955 die Reise Bundeskanzler Konrad Adenauers nach Moskau zur Aufnahme diplomatischer Beziehungen zwi- Entlassung schen Bundesrepublik und UdSSR geführt hatte, trafen Anfang 1956 die letzten 30 000 Gefangenen im niedersächsischen Grenzdurchgangslager Friedland ein. Der Anteil von Kriegsverbrechern unter ihnen war nicht gering.

„Spätestheimkehrer" · Vor allem für die „Spätheimkehrer" 1949/50 und die „Spätestheimkehrer" der folgenden Jahre bis 1956 bedeutete die lange Gefangenschaft einen tiefen biographischen Bruch. Nicht selten trafen Heimkehrer auf eine völlig veränderte Familiensituation, in die sich die eigene Position angesichts über Jahre hinweg selbstständig agierender Ehefrauen und Kinder nicht mehr in die traditionelle Rolle des Familienvorstandes einfügen ließ. Die Rückkehr erforderte zugleich das Bemühen um die Integration in eine in vielerlei Hinsicht fremd gewordene Gesellschaft, Kultur und Arbeitswelt.

Deutsche Flüchtlinge und Vertriebene · Als eines der gewichtigsten und von vielen für unlösbar gehaltenen Probleme galt in den vier Besatzungszonen die Aufnahme und Versorgung der deutschen Flüchtlinge und Vertriebenen. Von 18 Mio. Reichsdeutschen in den Ostprovinzen des Reiches und „Volksdeutschen" in den außerhalb der Reichsgrenzen gelegenen weiträumigen deutschen Siedlungsgebieten in Ost-, Ostmittel- und Südosteuropa waren in der Endphase des Kriegs 14 Mio. in Richtung Westen geflüchtet bzw. nach Kriegsende vertrieben worden. Nach den Daten der Volkszählung von 1950 waren knapp 12,5 Mio. Flüchtlinge und Vertriebene aus den in polnischen und sowjetischen Besitz übergegangenen ehemaligen deutschen Ostgebieten und aus den Siedlungsgebieten der „Volksdeutschen" in die Bundesrepublik und in die DDR gelangt; weitere 500 000 lebten in Österreich und anderen Ländern.

Herkunftsgebiete · Mit rund 7 Mio. kam der größte Teil der Flüchtlinge und Vertriebenen aus dem ehemaligen Reichsgebiet östlich von Oder und Neiße. Als nächstgrößere Gruppe folgten ca. 3 Mio. aus der Tschechoslowakei, hinzu kamen 1,4 Mio. aus dem Polen der Vorkriegsgrenzen, 300 000 aus der bis 1939 unter Völkerbundsverwaltung stehenden Freien Stadt Danzig, knapp 300 000 aus Jugoslawien, 200 000 aus Ungarn und 130 000 aus Rumänien. Wohl 500 000 Deutsche hatten Flucht, Vertreibung oder Deportation nicht überlebt. Ursachen waren sinnlose Durchhalteparolen und verspätet einsetzende Evakuierungsmaßnahmen der NS-Behörden, katastrophale Fluchtbedingungen im Winter bei unzureichender Ausrüstung und Versorgung, Angriffe der Roten Armee auf die Flüchtlingstrecks, Plünderungen, Massenvergewaltigungen und Mord als Rachehandlungen an der Zivilbevölkerung.

Die Großoffensive der Roten Armee im Januar 1945 zwischen Ostseeküste und Karpaten ließ die deutsche Ostfront rasch zusammen-

5. Gewaltmigration und Kriegsfolgewanderungen

brechen. Der Vormarsch war begleitet von der Flucht von mehr als der Hälfte der an die 12 Mio. Menschen zählenden deutschen Bevölkerung in den Ostprovinzen des Reiches. Weil die Rote Armee nicht selten schneller vorankam als die schwerfälligen Flüchtlingstrecks, blieb für 1,5 Mio. Flüchtlinge nur der Transport über das Meer in Richtung Westen, während gleichzeitig die Maschinerie des NS-Massenmordes weiterlief: Die SS trieb die Insassen der Konzentrations- und Vernichtungslager in Todesmärschen westwärts und versenkte Häftlingsschiffe auf offener See.

Flucht vor der Roten Armee Anfang 1945

Im April 1945 hielten sich in den nun vollständig von der Roten Armee eroberten Ostgebieten noch über 4 Mio. Deutsche auf. In den folgenden drei Monaten kehrten über 1 Mio. Flüchtlinge in diese Gebiete zurück, häufig, weil die Rote Armee die Trecks überholt hatte, an ein Weiterkommen nicht zu denken war und nur die Rückkehr in die Ausgangsorte Schutz und Überleben versprach. Mit der Absperrung von Oder und Neiße durch sowjetische und polnische Truppen Ende Juni/Anfang Juli 1945 brach diese Rückwanderungsbewegung weitgehend ab. Den Sommer 1945 kennzeichneten brutale „wilde" Vertreibungen von bis zu 300 000 Deutschen entlang der neuen polnischen Westgrenze an Oder und Neiße und bis zu 800 000 Sudetendeutschen aus der Tschechoslowakei. Es waren keine politischen Alleingänge der Tschechoslowakei und Polens, vielmehr hatten die alliierten Großmächte auf den Konferenzen von Teheran 1943 und Jalta Anfang 1945 längst den Transfer der Deutschen aus dem Osten beschlossen: So sollten Minderheitenkonflikte und die politische Instrumentalisierung deutscher Minderheiten durch das Reich wie in der Zwischenkriegszeit künftig ausgeschlossen bleiben.

Auf der Potsdamer Konferenz (17.7.–2.8.1945) legten die Siegermächte nochmals das Ziel einer „ordnungsgemäßen und humanen Überführung deutscher Bevölkerungsteile" fest. Massentransporte unter katastrophalen Versorgungsbedingungen, brutaler Bewachung und ständigen Plünderungen aber führten zu zahllosen Todesopfern. Die Vertreibungen brachten 1946 weitere 2 Mio. und 1947 eine halbe Mio. Menschen aus den ehemaligen Reichsgebieten östlich von Oder und Neiße in die vier Besatzungszonen Restdeutschlands. Hinzu kamen 1946 rund 1,2 Mio. Menschen aus der Tschechoslowakei und 170 000 aus Ungarn.

Potsdamer Konferenz

In den vier Besatzungszonen verteilten sich die Flüchtlinge und Vertriebenen sehr ungleichmäßig. Ländlich geprägte Gebiete mussten weitaus mehr Menschen aufnehmen als die vor allem durch Luftangriffe häufig schwer zerstörten städtisch-industriellen Ballungsräume. Auf dem Land waren aus Sicht der zuständigen Stellen die Wohnungssituation und die Versorgung mit Lebensmitteln besser. Freier Wohnraum allerdings stand auch hier kaum zur Verfügung, weil bereits die Evakuierten wegen des Bombenkriegs über den deutschen Städten zeitweilig oder auf Dauer auf dem Land Schutz gesucht hatten. Der Osten Deutschlands war stärker betroffen als der Westen, und innerhalb der drei westlichen Besatzungszonen waren wiederum die östlichen Gebiete stärker belastet als die westlichen. Ende 1947 lag der Anteil der Flüchtlinge und Vertriebenen an der Gesamtbevölkerung in der sowjetischen Zone bei 24,3 %. Die US-Zone erreichte mit 17,7 % ebenso wenig diesen Wert wie die britische Zone mit 14,5 %. In der französischen Zone lag er wegen der anfänglichen Weigerung der Besatzungsbehörden, Flüchtlinge und Vertriebene aufzunehmen, bei nur rund 1 %.

Verhältnis zu den Einheimischen Spannungen und Konflikte zwischen Einheimischen und Flüchtlingen resultierten zunächst zumeist aus der Unterkunftsfrage: Gab es keine freiwillige Abgabe von Wohnraum, reagierten deutsche und alliierte Dienststellen immer öfter mit Zwangseinweisungen. Häufig wurden Dienstboten- oder Abstellkammern, Ställe oder andere Funktionsräume mit spartanischer Ausstattung provisorisch als Unterkünfte hergerichtet (Notwohnungen). Auseinandersetzungen wegen der damit einhergehenden unvermeidbaren Überschneidung von Lebenssphären in der Zwangsgemeinschaft von Einheimischen und Zuwanderern gab es allenthalben, ob es um die gemeinsame Nutzung der Küche ging oder um die Bereitstellung von Hausrat: Allein 1946 gingen z. B. in der Provinz Brandenburg bei der zuständigen Behörde mehr als 45 000 schriftliche Beschwerden von Flüchtlingen und Vertriebenen über alltägliche Konflikte mit Einheimischen ein. Zumeist ging es um Probleme der Wohnungsversorgung. Bei einer repräsentativen Umfrage in den Ländern der Bizone aus demselben Jahr galten Flüchtlinge und Vertriebene insgesamt 61 % der befragten Einheimischen als „Störenfriede".

Flüchtlingslager und Wohnsituation Vor allem mit dem Eintreffen der großen Vertriebenentransporte des Jahres 1946 wurde es immer schwieriger, die Zuwanderer in privaten Haushalten unterzubringen. Seither wuchs die Zahl der Lagerbewohner. Überall entstanden neben den bereits bestehenden Erstaufnahme-, Durchgangs- und Quarantänelagern nun auch Wohnlager für die längerfristige Unterbringung. Nicht selten handelte es sich dabei um ehemalige Kriegsgefangenen- und Zwangsarbeitskräftelager, Kasernen, Fabrikgebäude, Bunker oder sogar ehemalige NS-Konzentrationslager wie z. B. Dachau. Allein in Bayern gab es 1946 insgesamt 1 381 Flüchtlingslager mit 146 000 Bewohnern. Noch zehn Jahre nach Kriegsende lebten im Bundesgebiet 185 750 Flüchtlinge und Vertriebene in insgesamt 1 907 Lagern. 1950 verfügte nur ein Viertel der 2,6 Mio. Haushaltungen von Flüchtlingen und Vertriebenen über eine abgeschlossene Wohnung. Bei den einheimischen Haushalten lag dieser Wert mit zwei Dritteln wesentlich höher. Zu diesem Zeitpunkt lebten zwei Drittel aller Flüchtlingsfamilien zur Untermiete und ein Zehntel in Notwohnungen oder Lagern. Zwar wurden die letzten Lager in der Bundesrepublik erst Anfang der 1970er Jahre aufgelöst. Bis dahin aber hatte sich die wohnräumliche Integration wesentlich verbessert. Bis 1956 war der Anteil der Flüchtlinge und Vertriebenen mit abgeschlossenen Wohnungen im Vergleich zu 1950 auf das Dreifache gestiegen, und Anfang der 1960er Jahre galten die Wohnverhältnisse von einheimischer und zugewanderter Bevölkerung als weithin angeglichen.

Mit der vorrangigen Unterbringung der Flüchtlinge und Vertriebenen auf dem Land verbanden sich erhebliche Probleme der beruflichen Integration. Bis zur Währungsreform 1948 arbeiteten viele von ihnen häufig lediglich für Kost und Logis als Hilfskräfte in der Landwirtschaft. Erst die Währungsreform offenbarte 1948 die weithin verdeckte Erwerbslosigkeit. Die Zahl der Erwerbslosen wuchs bis Anfang 1950 auf fast 2 Mio. und lag unter den Zuwanderern dreimal so hoch wie unter den Einheimischen. Umfangreiche Weiterwanderungen der Flüchtlinge und Vertriebenen zu den Arbeitsplätzen in städtisch-industriellen Räumen vor allem nach dem Beginn der Hochkonjunkturphase Anfang der 1950er Jahre korrigierten diese Entwicklung: Abwanderungsgebiete waren im Westen die „Hauptflüchtlingsländer" Bayern, Schleswig-Holstein und Niedersachsen, Zuwanderungsgewinne verbuchten vornehmlich Nordrhein-Westfalen, Baden-Württemberg und Rheinland-Pfalz.

Zwischen 1949 und dem Ende der 1950er Jahre wurden auf der Basis von fünf Umsiedlungsprogrammen des Bundes rund 1 Mio. Flüchtlinge und Vertriebene in andere Bundesländer umverteilt, weitere 1,7 Mio. siedelten ohne staatliche Unterstützung um. Hinzu kamen millionenfache Umzüge innerhalb der Bundesländer, die zumeist wirtschaftlich motiviert waren oder der Familienzusammenführung dienten. Die Hochkonjunktur erleichterte die wirtschaftliche und soziale Integration der Flüchtlinge und Vertriebenen fundamental. Gleichzeitig bildeten sie ein qualifiziertes Arbeitskräftepotenzial, das den wirtschaftlichen Wiederaufstieg entscheidend mittrug. Dabei prägte sich allerdings das für viele Zuwanderergruppen typische

Umsiedlungsprogramme

Berufliche Integration: Unterschichtung

Unterschichtungsphänomen aus: Flüchtlinge und Vertriebene übernahmen hauptsächlich statusniedrige berufliche Positionen und verfügten dementsprechend auch lange über geringere Einkünfte. Aufstiegsmöglichkeiten gab es für viele von ihnen schließlich in den 1960er Jahren mit der Zuwanderung von ausländischen Arbeitskräften („Gastarbeitern"), die ihrerseits dann die niedrigsten Arbeitsmarktpositionen einnahmen.

Auswanderung aus Nachkriegsdeutschland

Der Zweite Weltkrieg hatte die Lebensgrundlagen von Millionen Menschen – darunter nicht zuletzt DPs, Flüchtlinge, Vertriebene, Kriegsgefangene und Ausgebombte – zerstört; Auswanderung erschien vielen als der einzige Weg aus den Trümmerlandschaften Europas. 1946–61 gingen 779 700 Deutsche auf Dauer oder für begrenzte Zeit nach Übersee. 384 700 hatten die USA als Ziel, 234 300 Menschen strebten nach Kanada und 80 500 nach Australien. Unmittelbar nach Kriegsende blieb die Möglichkeit der Auswanderung aufgrund restriktiver Regelungen der alliierten Besatzer zunächst beschränkt; sie stand vornehmlich Ehepartnern und Kindern ausländischer Staatsangehöriger bzw. anerkannten NS-Verfolgten offen. Erst mit der Gründung der Bundesrepublik wurde die Auswanderung wieder freigegeben. Die Bereitschaft der wichtigsten Zielländer USA, Kanada und Australien, die Einreise Deutscher zu akzeptieren, schuf die Voraussetzung für einen starken Anstieg der Auswandererzahlen Anfang der 1950er Jahre.

Anwerbung deutscher Arbeitskräfte

Bis dahin waren innereuropäische Wanderungsziele für Deutsche wesentlich wichtiger gewesen. 180 000 deutsche Zuwanderer zählten 1945–52 die westeuropäischen Staaten, darunter vor allem Frankreich (75 000) und Großbritannien (52 000). Zahlreiche Anwerbekommissionen aus diesen Ländern, später aber auch z. B. aus Australien und Kanada, waren in Westdeutschland tätig, um Arbeitskräfte gezielt entsprechend den Wünschen der jeweiligen Arbeitgeber anzuwerben. Sie sollten den Mangel an gut qualifizierten und hoch motivierten Arbeitskräften in einigen Arbeitsmarktsegmenten in den Anwerbeländern mindern helfen. Noch während die Bundesregierung Anfang der 1950er Jahre mit verschiedenen Aufnahmeländern über die finanzielle Unterstützung deutscher Auswanderer verhandelte, begannen Planungen und Vorbereitungen für die Anwerbung ausländischer Arbeitskräfte für die bundesdeutsche Wirtschaft. Erstes Ergebnis war der 1955 abgeschlossene Anwerbevertrag mit Italien. Er leitete die Phase der millionenfachen Zuwanderung und Beschäftigung ausländischer Arbeitsmigrantinnen und -migranten in der Bundesrepublik ein, die bis zum Anwerbestopp 1973 andauerte.

6. Migration und Niederlassung seit den 1950er Jahren

Die enorme Expansion des westdeutschen Arbeitsmarkts im Zeichen einer massiven Ausweitung des Außenhandels, die zugleich Ursache und Folge des „Wirtschaftswunders" war, bildete den Hintergrund für die Anwerbung von Millionen Arbeitswanderern („Gastarbeiter") beiderlei Geschlechts aus verschiedenen Anrainerstaaten des Mittelmeers. Der befristete Import von Arbeitskräften galt in der Bundesrepublik ebenso wie in anderen Staaten Mittel-, West- und Nordeuropas als Garant für die Erhöhung der Leistungsfähigkeit der Volkswirtschaften. Das bereits in der Vorkriegszeit entwickelte europäische System der zwischenstaatlichen Anwerbevereinbarungen wurde weiter verfeinert, es ermöglichte sowohl Herkunfts- als auch Zuwanderungsländern eine so weitreichende Kontrolle über Umfang und Zusammensetzung der Migration, wie es sie im „langen" 19. Jahrhundert nie gegeben hatte.

  Anwerbeabkommen bildeten unmittelbar nach dem Ende des Zweiten Weltkriegs ein zentrales migrationspolitisches Instrument in Europa und sie blieben es in den folgenden drei Jahrzehnten. Um ausländische Arbeitskräfte stetig und in der für nötig erachteten großen Zahl ins Land holen zu können, gab es von den späten 1940er bis zu den frühen 1970er Jahren faktisch nur den Weg über den Abschluss von Wanderungsverträgen; denn der Siegeszug des Instruments des bilateralen Vertrags zwischen einem Abwanderungs- und einem Ankunftsland bildete auch einen Ausdruck der enormen Konkurrenz zwischen den anwerbenden Ländern um neue Arbeitskräfte. In den mehr als fünf Jahrzehnten zwischen dem Ende des Ersten Weltkriegs und den Anwerbestoppmaßnahmen der europäischen Zuwanderungsländer Anfang der 1970er Jahre wurden rund 120 solcher bilateraler Anwerbeverträge geschlossen, die Mehrzahl davon nach dem Zweiten Weltkrieg. Die Wanderungsabkommen garantierten zum einen den anwerbenden Ländern den Zugang zum Arbeitsmarkt eines Herkunftslandes zu genau geregelten Konditionen und gaben zum anderen den Abwanderungsländern die Möglichkeit, Einfluss auf die Zusammensetzung der Abwanderung sowie auf die Arbeits- und Lebensbedingungen der Migranten im Zielland zu nehmen. Anwerbeverträge wahrten sowohl die Interessen des Herkunfts- als auch jene des Ziellandes.

  In der Bundesrepublik Deutschland begann die amtlich organisierte Anwerbung ausländischer Arbeitskräfte beiderlei Geschlechts Mitte der 1950er Jahre, als die Erschöpfung des einheimischen Arbeitskräfteangebots absehbar schien: Obgleich 1955 in der Bundesrepublik noch 1,07 Mio. Erwerbslose gezählt wurden, erwarteten bereits 25 % (1959 mehr als 50%) der befragten Unternehmen Produktionserschwernisse durch Arbeitskräftemangel. Bundesregierung, Bundesanstalt für Arbeit, Arbeitgeberverbände und bald auch Gewerkschaften betrachteten, bei allen Unterschieden in der Einschätzung der Herausforderungen, eine stärkere Ausländerbeschäftigung als geeigneten Ausweg. Zunächst hatte noch die starke Zuwanderung aus der DDR den wachsenden Bedarf des westdeutschen Arbeitsmarkts gedeckt; denn nach der Gründung der beiden deutschen Staaten 1949 waren 3,1 Mio. Deutsche von Ost- nach Westdeutschland (aber auch mehr als 500 000 in umgekehrte Richtung) gezogen. Mit dem Mauerbau 1961 endete diese Massenzuwanderung abrupt. Auf die 1955 mit Italien, 1960 mit Spanien und Griechenland abgeschlossenen ersten Anwerbevereinbarungen folgten entsprechende Abkommen mit der Türkei (1961) und Marokko (1963), Portugal (1964) und Tunesien (1965) sowie 1968 mit Jugoslawien. Von diesen Vereinbarungen blieben nur die Verträge mit den beiden nordafrikanischen Staaten weitgehend wirkungslos.

Von 1961 bis zum Anwerbestopp 1973 wuchs die ausländische Erwerbsbevölkerung von ca. 550 000 auf rund 2,6 Mio. an. Am stärksten vertreten waren zuerst Italiener, Spanier und Griechen. Ihre Anteile sanken in den 1970er Jahren, während seit Ende der 1960er Jahre jene der jugoslawischen und vor allem der türkischen Staatsangehörigen anstiegen. Der Anteil ausländischer Staatsangehöriger an der Bevölkerung wuchs in der Bundesrepublik von 1,2% 1960 über 4,9% 1970 auf 7,2% 1980 und blieb in den 1980er Jahren annähernd auf dieser Höhe. 1980 waren rund 33% der Ausländer türkische Staatsangehörige, gefolgt von jugoslawischen mit 14% und italienischen mit 13,9%. Der Ausländeranteil unter den abhängig Beschäftigten lag 1980 bei fast 10%, ging dann leicht zurück und stabilisierte sich bei knapp 8%.

Ausländeranteile

Im Spitzenjahr 1970 vermittelten die bundesdeutschen Anwerbekommissionen 322 600 Arbeitskräfte (darunter 70 800 Frauen) aus den Anwerbeländern. Das entsprach zwar einer Zahl von über 1 000 Arbeitskräften pro Arbeitstag, dennoch gelang es den Kommissionen nicht, der Nachfrage zu genügen. Die Klagen aus der Unternehmerschaft über zu lange Vermittlungszeiten sowie die zu geringen Anteile von Facharbeitskräften und Frauen rissen nie ab. Auch deshalb führte nicht nur das in den Anwerbeabkommen festgeschriebene Verfahren zur Rekrutierung über die Kommissionen – in der bundesdeutschen Terminologie der „erste Weg" – Arbeitskräfte in die Bundesrepublik. Der „zweite Weg" bezog sich auf die Möglichkeit, abseits der Anwerbestellen und ihrer (aufwändigen) Prozeduren mit einem Angebot eines

Tätigkeit der Anwerbekommissionen

Unternehmens im Zielland bei einem Konsulat oder einer Botschaft des Ziellandes vorstellig zu werden und dort ein Visum zu erhalten, das zur Arbeitsaufnahme berechtigte. Der „dritte Weg" verwies schließlich auf die ebenfalls gängige Praxis, mit einem Touristenvisum einzureisen und die Genehmigungen für Aufenthalt und Arbeit erst im Zielland einzuholen.

Aus Sicht der Arbeitsmigranten lag der Vorzug der Nutzung des „zweiten" oder „dritten Weges" darin, eine Migrationsentscheidung wesentlich schneller umzusetzen, als es das Anwerbeverfahren ermöglichte, das in der Regel vier bis sechs Monate dauerte, recht intransparent war und das keine Perspektiven bot, Ziel, Beschäftigungsbereich, Lohn- und Arbeitsbedingungen sowie Arbeitgeber selbst zu wählen. Die Umgehung der amtliche Anwerbestellen war zudem für all jene von Belang, die die Anforderungen der strikten Gesundheitsprüfungen nicht erfüllten. Die Wahl des „zweiten" oder „dritten Weges" konnte darüber hinaus auch aus dem Versuch resultieren, der politischen Kontrolle durch das autoritär regierte Herkunftsland zu entgehen, dessen Eingriff in die Freizügigkeit der (potenzielle) Migrant nicht akzeptieren wollte.

Dem Interesse etwa von Arbeitgebern und Unternehmerverbänden, Wege für frei einreisende ausländische Arbeitskräfte zu erschließen und freizuhalten, widersprachen Sicherheitsbedürfnisse und Steuerungsinteressen von Innenressort und Arbeitsverwaltung. Nie rissen die Diskussionen über die Gefahren der unkontrollierten Einreise für die Entwicklung des Arbeitsmarkts, der Löhne und Arbeitsbedingungen, aber auch für die öffentliche Sicherheit und die politische Stabilität ab.

Konflikte um die Anwerbung

Je intensiver sich die Migrationsbeziehungen zwischen Herkunfts- und Zielländern ausprägten, desto stärker wirkten verwandtschaftlich-bekanntschaftliche Netzwerke unter den Migranten, die für (potenzielle) Neuzuwanderer vertrauenswürdiges Wissen über Chancen der Arbeitsaufnahme im Zielland bereithielten und nach der Ankunft Hilfestellungen bei der Suche nach Arbeit und Unterkunft sowie zur Bewältigung des Alltags boten. Da diese Migrantennetzwerke häufig nicht nur verschiedene Unternehmen oder Orte in einem Zielland überspannten, sondern europaweit konstituiert sein konnten, konnten (potenziellen) Migranten für vertrauenswürdig erachtete Informationen über Arbeits-, Verdienst- und Lebenschancen für mehrere mögliche Zielländer zur Verfügung stehen. Die über die Anwerbeabkommen vorgesehene „begleitete Migration" durch amtliche Stellen verlor damit aus Sicht vieler Migranten immer weiter an Gewicht für ihre persönlichen Entscheidungen und für die Aufnahme spezifischer Pfade der Migration. Darüber hinaus erleichterte die Netzwerkbildung den Wechsel des Unternehmens, des Aufenthaltsortes oder des Aufenthaltslandes im Bestreben, die Arbeits-, Erwerbs- und Lebensbedingungen zu verbessern.

Beschäftigungsfelder — Ausländische Arbeitsmigranten übernahmen in der Regel un- und angelernte Tätigkeiten in der industriellen Produktion mit hoher körperlicher Beanspruchung, gesundheitlicher Belastung und Lohnbedingungen, die viele Einheimische nicht akzeptieren wollten. Männer unter den Arbeitswanderern arbeiteten vorwiegend in der Eisen- und Metallerzeugung und -verarbeitung (Maschinenbau und Autoindustrie) sowie im Baugewerbe. Frauen fanden sich insbesondere im Verarbeitenden Gewerbe (Textil- und Bekleidungsindustrie) sowie in der Nahrungs- und Genussmittelindustrie. Etwa ein Drittel fand im Dienstleistungsgewerbe Beschäftigung. Als Arbeitskräftepotenzial mit hohen Fluktuationsraten fiel den ausländischen Arbeitskräften, über die geschilderte Ersatzfunktion hinaus, eine *konjunkturelle Pufferfunktion* zu. Das zeigte sich bei der ersten Rezession 1966/67 ebenso wie beim Ölpreisschock von 1973: 1966/67 ging die Ausländerbeschäftigung in der Bundesrepublik um ca. 30 % von 1,3 Mio. auf 0,9 Mio. (Januar 1968) zurück. Sie stieg dann wieder an, um 1973–77 abermals um ca. 29 % zu schrumpfen – besonders augenfällig in stark konjunkturabhängigen Branchen, wie z. B. im Baugewerbe: Die Zahl einheimischer Bauarbeiter nahm von 1973–76 um 15 %, die der ausländischen aber um 41 % ab.

Ökonomischer Strukturwandel Anfang der 1970er Jahre — Die frühen 1970er Jahre brachten den Niedergang alter Industrien (Eisen- und Stahlindustrie, Textilindustrie, Bergbau), die viele un- und angelernte Arbeitskräfte sowie viele Arbeitsmigranten aus dem Ausland beschäftigt hatten. Der Stopp der Anwerbung ausländischer Arbeitskräfte in den europäischen Industriestaaten zwischen 1970 und 1974 steht sinnbildlich für den Strukturwandel am Arbeitsmarkt. Rationalisierung und Automatisierung der Produktion ließen in den 1970er und 1980er Jahren die Nachfrage nach unqualifizierten Beschäftigten beschleunigt absinken. Die digitale Revolution seit den 1980er Jahren, die alle Erwerbsbereiche betraf, forcierte diese Entwicklung.

Wie in allen anderen Zielländern der Arbeitsmigration wurden auch in der Bundesrepublik in der zweiten Hälfte der 1960er Jahre *Niederlassungsprozesse* beobachtet. Immer mehr Zuwanderer verließen z. B. die betriebseigenen Wohnheime zugunsten von Privatwohnungen, in denen schon 1968 74 % der aus den Anwerbeländern zugewanderten Frauen und 57 % der Männer lebten. Während auf kommunaler Ebene zunehmend intensiver über die Erfordernisse und Möglichkeiten der Förderung bzw. Begleitung der Integration diskutiert wurde, gewann auf der Bundesebene eine vordringlich vor allem vom Bundesinnenministerium vertretene Auffassung die Oberhand, die nach einer verstärkten Kontrolle, Steuerung bzw. Verminderung der Zuwanderung strebte. Die Verbindung zwischen beiden Elemente bildete die seit Anfang der 1970er Jahre zunehmend verbreitete Vorstellung, die Begrenzung des Zuzugs und die strikte Kontrolle der Migration sei eine unabdingbare Voraussetzung für die Integration der bereits im Lande lebenden Zuwanderer.

Das nun allenthalben diskutierte „Problem der ausländischen Arbeitnehmer" markierte vornehmlich die Kosten der grenzüberschreitenden Arbeitsmigration: Kosten für die Aufrechterhaltung des Anwerbeapparates, Kosten für die Entwicklung der (kommunalen) Infrastruktur, Kosten für die Sozialsysteme oder gesamtwirtschaftliche Kosten, weil Ausländerbeschäftigung Rationalisierungserfordernisse in der industriellen Produktion überdecke, die dauerhaft einen Wettbewerbsnachteil zur Folge haben müssten; gesellschaftliche Kosten aber auch insofern, als die Zunahme der Zahl der Zuwanderer den Homogenitätsvorstellungen in weiten Kreisen der Bevölkerungen zuwiderlief und ausländerfeindliche Einstellungen und rechtspopulistische bzw. -extreme politische Positionierungen zu verstärken schienen sowie Spannungen und Konflikte insbesondere zwischen zugewanderten und einheimischen Jugendlichen; schließlich Kosten für die Aufrechterhaltung der Sicherheit der Bevölkerung und der Stabilität des politischen Systems, weil sich vor allem aus der Sicht der Innenbehörden mit Zuwanderung und Ausländerbeschäftigung nicht nur die Gefahr der Unterwanderung durch kommunistische Aktivisten in Zeiten des Kalten Kriegs verband, sondern auch eine Zunahme der Aktivitäten international agierender Terroristen.

Der Stopp der Anwerbung in den verschiedenen europäischen Zuwanderungsländern Anfang der 1970er Jahre bildete ein zentrales Ergebnis der seit den späten 1960er Jahren laufenden Debatten um die Kosten der Integration lange als temporär vorgestellter Arbeitsmigrationen. Den Anfang einer erheblichen Beschränkung der Zuwanderung machte die Schweiz bereits 1970. 1972 folgten dann weitere Staaten: Schweden und Dänemark ließen nur noch Skandinavier zu. 1973 stoppte nicht nur die Bundesrepublik die Anwerbung ausländischer Arbeitskräfte, auch die Niederlande und Belgien ließen keine Zuwanderung von Arbeitskräften von außerhalb der EWG mehr zu. Den Abschluss bildete der französische Anwerbestopp im Sommer 1974.

Anwerbestopp

Die Anwerbestopps beruhten zwar auf nationalen Entscheidungen und resultierten aus einer je spezifischen nationalen Debatte um als

Probleme wahrgenommene Einwanderungsprozesse. Die Tatsache, dass die Anwerbestoppmaßnahmen in den west-, mittel- und nordeuropäischen Zielländern der Arbeitsmigration in relativ kurzer Frist aufeinanderfolgten, war aber auch einer fortschreitenden Europäisierung geschuldet. Politik, Administration und Medien blickten sehr bewusst auf die Debatten über Zuwanderung und Integration in anderen europäischen Ländern, darüber hinaus gab es auf verschiedenen Ebenen – zwischenstaatlichen und supranationalen, hier insbesondere über die EWG/EG – immer häufiger genutzte Möglichkeiten des politischen und administrativen Austauschs über Zuwanderung und Niederlassung. Die bei der Begründung auch des bundesdeutschen Anwerbestopps vom 23.11.1973 in den Vordergrund gehobene Ölpreiskrise und des Konjunktureinbruch bildete dabei nur einen Anlass, nicht aber einen Grund für die Maßnahmen: Das allenthalben für tragfähig erachtete Argument „Ölkrise" und die Betonung, die Anwerbung werde nur ausgesetzt, schloss einen Protest gegen das Ende der Anwerbepolitik aus – und zwar sowohl von Seiten der relevanten binnenstaatlichen Akteure als auch von Seiten der Staaten, mit denen Anwerbeabkommen geschlossen worden waren. Damit endete nach fast 30 Jahren das spezifische Arbeitsmigrationsregime in Europa, das ein Kennzeichen der Phase des starken Wirtschaftswachstums nach dem Zweiten Weltkrieg gewesen war.

Folgen des Anwerbestopps

Mit der Beendigung der Anwerbung aber ließ sich die Zuwanderung nicht aufhalten; in vielerlei Hinsicht erwiesen sich vielmehr die politischen und gesellschaftlichen Vorstellungen über die Steuerbarkeit von räumlichen Bevölkerungsbewegungen als Illusion: In den vorangegangenen zwei Jahrzehnten waren viele neue Migrationskanäle geöffnet worden, die sich durch einen Stopp der Anwerbung nicht schließen ließen. Das galt für den Familiennachzug und für die Asylzuwanderung, bezog sich aber auch auf die Zuwanderung von Hochqualifizierten und Arbeitskräften aus den EWG/EG-Staaten. Die Anwerbestoppmaßnahmen führten nicht zu der vielfach erwünschten Rückwanderung der Angeworbenen, vielmehr verfestigten sich deren Bleibeabsichten weiter, denn ausländische Staatsangehörige, die ihre Arbeitsverhältnisse beendeten, um für einige Zeit in ihre Heimat zurückzukehren, hatten meist keine Chance mehr, erneut als Arbeitswanderer zugelassen zu werden. Wollten sie nicht auf Dauer von ihren Familien im Herkunftsland getrennt leben, standen sie vor der Alternative einer endgültigen Rückkehr oder eines Familiennachzugs. Obgleich die Zahl der ausländischen Erwerbstätigen in der Bundesrepublik von 2,6 Mio. 1973 über ca. 1,8 Mio. 1977 und 1,6 Mio. 1989 sank, blieb die ausländische Wohnbevölkerung 1973 (3,97 Mio.) wie 1979 (4,14 Mio.) in etwa konstant und stieg bis 1989 auf knapp 4,9 Mio. (7,3 %) an. Im Schuljahr 1965/66 hatte es nur 35 135 ausländische Schüler gegeben; 1970/71 lag ihre Zahl bereits bei 159 007, 1975/76 dann schon bei 385 275. Unter den Geburten in der Bundesrepublik betrug der Anteil der Kinder mit nichtdeutscher Staatsangehörigkeit 1960 nur 1,2 %, 1973 waren es bereits 15,6 %. 1980 hielt sich ein Drittel der Migranten bereits zehn oder mehr Jahre in Deutschland auf, 1987 lag der Anteil schon bei 60 %.

Diese Entwicklung resultierte in erster Linie aus der Herausbildung starker aufenthalts- und sozialrechtlicher Bindungen der Zuwanderer in der Bundesrepublik: Je länger der Aufenthalt dauerte, desto gefestigter wurde der Aufenthaltsstatus. Mit der Aufenthaltsdauer wuchsen die Rechtsansprüche an den Wohlfahrtsstaat bzw. dessen Leistungsverpflichtung gegenüber der zugewanderten Bevölkerung. Vornehmlich Gerichte, nicht aber die Politik, setzten dabei Regeln für die Integration; denn die Bundesregierungen ignorierten nach dem Anwerbestopp die Niederlassungstendenzen. Die „Ausländerpolitik" wurde in den 1970er und 1980er Jahren vielmehr zusehends restriktiver, was sich in immer zahlreicheren und unübersichtlichen Verwaltungsanordnungen niederschlug. Normen des sozialen Rechtsstaats und Rücksichtnahmen auf die Herkunftsländer der „Gastarbeiter" verhinderten aber die Durchsetzung der in den 1960er Jahren noch diskutierten Blockade des Familiennachzugs und der vermehrten Einführung „aufenthaltsbeendender Maßnahmen". Noch Anfang der 1980er Jahre antwortete die Bundesregierung auf die Niederlassung mehr oder minder ergebnislos mit der „Förderung der Rückkehrbereitschaft", Prämien für die Rückkehr ins Ausland und Programmen für eine „soziale Integration auf Zeit". Dieser Programmatik folgte noch 1988 der gescheiterte Entwurf eines neuen Ausländergesetzes, der u. a. weiterhin eine Öffnung des Zugangs zur deutschen Staatsangehörigkeit ablehnte.

Aufenthaltsstatus

Rückkehrförderungspolitik

Erst die Reform des Ausländerrechts 1991 sollte den Prozess der Niederlassung der 1970er und 1980er Jahre in einem ersten legislativen Schritt nachvollziehen. Weitere einschneidende Reformen folgten mit der Wende vom 20. zum 21. Jahrhundert: Das neue Staatsangehörigkeitsrecht 2000 brachte erleichterte Regelungen der Einbürgerung, den Abschied von der ethno-nationalen Orientierung am Prinzip der Vererbung der Staatsangehörigkeit (ius sanguinis) und dessen Ergänzung um das Prinzip des Erwerbs der Staatsangehörigkeit durch Geburt im Land (ius soli). Integration wurde mit dem Zuwanderungsgesetz von 2005 erstmals zur gesetzlichen Aufgabe des Bundes, umfangreiche In-

Reform des Staatsangehörigkeitsrechts

tegrationsprogramme folgten. Das Gesetz führte darüber hinaus eine weit ausgreifende Migrations- und Integrationsverwaltung ein, die beim Bundesamt für Migration und Flüchtlinge (BAMF) in Nürnberg angesiedelt wurde. Außerdem nahm es die seit der Green-Card-Initiative aus dem Jahr 2000 breit diskutierten Erleichterungen der Zuwanderung von Hochqualifizierten auf. Ihre Wirkung blieb zwar zunächst sehr beschränkt, vor dem Hintergrund der Debatten um Fachkräftemangel und demographischen Wandel der bundesdeutschen Gesellschaft sind seither aber weitere migrationspolitische Öffnungen auszumachen: Bevorzugte Zuwanderung von Hochqualifizierten, Erleichterungen bei der Aufnahme einer Erwerbstätigkeit bei Hochschulabsolventen aus dem Ausland, die in Deutschland studiert haben, Programme zur Anwerbung von Arbeitskräften in Mangelberufen, Reform der Regelungen zur Anerkennung von im Ausland erworbenen Qualifikationen.

Trotz solcher Tendenzen der Öffnung offenbarte die migrationspolitische Debatte aber immer wieder einen Grundzug: Die Folgen von Zuwanderung werden vornehmlich als Gefahr für Sicherheit, Wohlstand sowie gesellschaftliche und kulturelle Homogenität verstanden. Migration erscheint damit weithin als Risiko, das dringend der restriktiven politischen Vor- und Nachsorge bedarf. Das gilt selbst für Thematisierungen der EU-Freizügigkeit, obgleich die freie Bewegung von Arbeitskräften bereits in den Römischen Verträgen von 1957 als Fernziel formuliert worden war. Eine Verordnung der EWG gab 1961 die Arbeitsaufnahme in einem anderen Mitgliedstaat grundsätzlich frei und hob die Visumpflicht auf. 1964 folgte die Aufhebung des „Inländervorrangs", also die Vorschrift, dass ausländische Arbeitskräfte erst dann eingestellt werden durften, wenn keine Inländer zur Verfügung standen. Seit 1968 schließlich war für Arbeitsmigranten innerhalb der EWG keine Arbeitserlaubnis mehr nötig.

Europäische Freizügigkeit

Darüber hinausgehend beschloss der Europäische Rat 1974 auf dem Pariser Gipfel die Gründung einer Passunion mit dem Ziel, die nationalen Grenzen weiter zu öffnen und einen Beitrag für die Förderung einer europäischen Identität zu leisten. Eine Verminderung oder gar Aufgabe der Grenzkontrollen ergab sich damit aber noch nicht: Sorge um die nationale Sicherheit und Angst vor einem Verlust migrationspolitischer Kontrolle verhinderten eine Umsetzung. Erst der zwischen Bundeskanzler Helmut Kohl und dem französischen Staatspräsidenten François Mitterand 1984 im Rahmen des „Saarbrücker Abkommens" vereinbarte sukzessive Abbau der Kontrollen an der beiderseitigen Grenze brachte eine Wende: Die Bundesrepublik, Frankreich und die Benelux-Staaten vereinbarten im Sommer 1985 im luxemburgischen

Grenzort Schengen die schrittweise Reduzierung der Grenzkontrollen. In den 1990er Jahren wurde das Abkommen umgesetzt, in das EU-Recht überführt und um weitere EU-Mitgliedstaaten ergänzt. Es bildete den Grundstein für die Freizügigkeit der Unionsbürger und führte zugleich zur Entwicklung von gemeinsamen Regeln für die Kontrollen an den Außengrenzen der EU, einschließlich einer gemeinsamen Visa-Politik, einer intensivierten Zusammenarbeit von Polizei und Justiz. „Schengen" erwies sich insgesamt als zentraler Ausgangspunkt für eine europäisierte Migrationspolitik.

Auch in der DDR hatte es, in geringem Umfang, seit den 1970er Jahren Ausländerbeschäftigung auf der Grundlage von Regierungsabkommen mit verschiedenen sozialistischen Staaten gegeben (Kuba 1978, Mosambik 1979, Vietnam 1980). In den 1980er Jahren stieg die Zahl der überwiegend jungen „ausländischen Werktätigen" deutlich an, die meist für vier oder fünf Jahre kamen. Anfang der 1980er Jahre lebten in der DDR durchschnittlich 6 000 Kubaner und 5 000 Mosambikaner, in der zweiten Hälfte der 1980er Jahre dann 11 000 Kubaner, 12 000 Mosambikaner und 34 000 Vietnamesen. Vor allem die Zahl der vietnamesischen Arbeitskräfte wuchs rasch. Von den 1989 ca. 190 000 Ausländern stellten die in DDR-Betrieben Beschäftigten die bei weitem stärkste Gruppe (93 600), von ihnen kamen ca. 59 000 aus Vietnam und ca. 15 000 aus Mosambik. Der Anteil der Männer dominierte, nur durchschnittlich 15 % der „ausländischen Werktätigen" waren Frauen.

<small>Ausländerbeschäftigung in der DDR</small>

Die ausländischen Arbeitskräfte arbeiteten in der DDR – wie die „Gastarbeiter" in der Bundesrepublik – zumeist in den von Einheimischen am wenigsten geschätzten Beschäftigungsfeldern in der Produktion, z. B. zu drei Vierteln im Schichtdienst. Wegen eines Rotationssystems mit strenger Befristung der Arbeitsverträge und in der Regel ausgeprägter Segregation durch Unterbringung in Wohnheimen gab es kaum Tendenzen der Integration der zumeist ledigen ausländischen Arbeitskräfte. Öffentliche Diskussionen über ihre Arbeits- und Lebensbedingungen wurden ebenso wenig zugelassen wie Interessenvertretungen oder politische Partizipation. Das letzte DDR-Kabinett Ministerpräsident Lothar de Maizières einigte sich 1990 mit den Vertragsstaaten auf einen sofortigen Stopp der Anwerbung.

Mit der Öffnung des Eisernen Vorhangs, dem Wandel der politischen Systeme im Osten Europas und dem Ende der DDR 1989/90 wandelten sich die europäischen und deutschen Migrationsverhältnisse grundlegend. Dass Deutschland erneut, wie schon vor dem Zweiten Weltkrieg, zu einem wesentlichen Ziel und zur zentralen Durchgangs-

<small>Zäsur 1989/90 in den europäischen Migrationsverhältnissen</small>

station für die Ost-West-Migration wurde, zeigte sich sowohl bei der Zuwanderung von Arbeitskräften, Aussiedlern und jüdischen Kontingentflüchtlingen, als auch bei Asylsuchenden.

Ein Großteil der neuen Ost-West-Arbeitsmigration nach 1989 war zunächst ausgerichtet auf die westlichen Nachbarstaaten jenseits des ehemaligen Eisernen Vorhangs: Italien oder Griechenland wurden vornehmlich zum Ziel südosteuropäischer Zuwanderung, bei der insbesondere die albanische Migration ein hohes Gewicht hatte. Die Zuwanderung nach Österreich speiste sich vor allem aus Bewegungen aus Jugoslawien bzw. dessen Nachfolgestaaten, während in der Bundesrepublik Deutschland vornehmlich polnische Arbeitsmigranten beschäftigt wurden. Ein guter Teil der grenzüberschreitenden Arbeitsmigration blieb in den Bahnen von Pendelbewegungen oder saisonalen Wanderungen, häufig ging es um witterungsabhängige Beschäftigungen im Baugewerbe oder in der Landwirtschaft sowie um Arbeit im Hotelgewerbe.

Saisonalisierung der polnischen Arbeitsmigration

Unter den Ost-West-Migrationen dominierten zunächst die Bewegungen von Polen. Die registrierten polnischen Arbeitswanderer arbeiteten in den 1990er Jahren zu drei Vierteln in Deutschland. Um dauerhafte Niederlassung zu verhindern, irreguläre Arbeitswanderung zu bekämpfen und die Zuwanderung in die Arbeitsmarktbereiche zu lenken, in denen der Bedarf besonders hoch zu sein schien, vereinbarte die Bundesrepublik mit einem Großteil der Staaten Ostmittel- und Südosteuropas Abkommen zur Regelung der Arbeitsmigration – von Bosnien-Herzegowina und Bulgarien über Kroatien, die Tschechische Republik, Slowakei, Serbien, Lettland, Mazedonien, Polen, Rumänien bis hin zu Slowenien und Ungarn. Zentrale Elemente waren dabei die Beschränkung einerseits des Umfangs der Zuwanderung auf der Basis von Bedarfsanalysen der bundesdeutschen Arbeitsverwaltung sowie andererseits auf saisonale bzw. kurzfristige Tätigkeiten (meist ein bis drei Monate). Auch andere west- und mitteleuropäische Staaten schlossen in den 1990er Jahre und zu Beginn des 21. Jahrhunderts solche bilateralen Verträge, wenngleich sie nie das Gewicht der bundesdeutschen Regelungen erreichten. Im Jahre 2003 wurden im Rahmen bilateraler Verträge insgesamt 320 000 polnische Arbeitsmigranten beschäftigt, 95 % davon in Deutschland.

Die restriktive Saisonalisierung der Arbeitsmigration durch die Bundesrepublik trug mit dazu bei, dass andere Ziele in West- und Mitteleuropa an Attraktivität für polnische Migranten gewannen. Seit Mitte der 1990er Jahre wuchs der Umfang der Bewegungen nach Spanien, Großbritannien, Belgien, Frankreich, Italien und schließlich auch nach Irland. Dass die Erwerbsbereiche in Deutschland, die besonders häufig polnische Arbeitskräfte nachfragten, seit Ende der 1990er Jahre zunehmend Beschäftigte in weiter entfernt liegenden Gebieten Osteuropas rekrutierten, resultierte allerdings auch aus dem wirtschaftlichen Wachstum in Polen: Der östliche Nachbarstaat Deutschlands entwickelte sich zum Zuwanderungsland, außerdem kehrten zahlreiche polnische Arbeitswanderer (darunter viele hochqualifizierte Kräfte) wegen der verbesserten Erwerbsmöglichkeiten in ihr Herkunftsland zurück. Das war schließlich ein Grund dafür, dass der vielfach erwartete starke Anstieg der Abwanderung aus Polen nach Mittel- und Westeuropa nach dem Beitritt Polens zur EU 2004 ausblieb.

Ende der 1980er und Anfang der 1990er Jahre stieg auch die Zahl der Aussiedler in der Bundesrepublik stark an. Die Bezeichnung „Aussiedler" stammt aus den frühen 1950er Jahren. Nach dem Ende von Flucht und Vertreibung nach dem Zweiten Weltkrieg lebten 1950 nach Angaben bundesdeutscher Stellen noch rund 4 Mio. Deutsche in Ost-, Ostmittel- und Südosteuropa. Ihnen sicherte das Grundgesetz in Artikel 116, Absatz 1 die Aufnahme als deutsche Staatsangehörige zu: „Deutscher im Sinne dieses Grundgesetzes ist vorbehaltlich anderweitiger gesetzlicher Regelung, wer die deutsche Staatsangehörigkeit besitzt oder als Flüchtling oder Vertriebener deutscher Volkszugehörigkeit oder als dessen Ehegatte oder Abkömmling in dem Gebiet des Deutschen Reiches nach dem Stande vom 31.12.1937 Aufnahme gefunden hat." Die Regelung, wonach auch „deutsche Volkszugehörige" ohne deutsche Staatsangehörigkeit aufgenommen werden konnten, resultierte aus der Situation unmittelbar nach Kriegsende, als Millionen Menschen durch Flucht und Vertreibung aus den Gebieten nach Westen gelangten, die als Angehörige deutscher Minderheiten anerkannt worden waren. Seither haben „deutsche Volkszugehörige" dann ein Recht auf die deutsche Staatsangehörigkeit, wenn sie ein „Vertreibungsschicksal" nachweisen konnten oder deutsche Stellen einen „Vertreibungsdruck" ausmachen können. Den Rahmen und die Bedingungen für ihre Aufnahme regelte seit 1953 das „Gesetz über die Angelegenheiten der Vertriebenen und Flüchtlinge" (kurz Bundesvertriebenengesetz, BVFG). Damit verband sich eine bis Ende der 1980er Jahre großzügige Aufnahmepraxis.

Die Aussiedlerzuwanderung kann als eine Art „Rückwanderung über Generationen hinweg" (K.J. Bade) verstanden werden, denn die Vorfahren der Aussiedler waren schon vor Jahrhunderten oder, wie im Falle der Siebenbürger Sachsen, sogar schon im Spätmittelalter aus dem deutschsprachigen Mitteleuropa abgewandert. Von den insgesamt rund

Aussiedler

Herkunftsstaaten der Aussiedler

4,5 Mio. Aussiedlern, die 1950–2015 in die Bundesrepublik einreisten, stammten mit 2,5 Mio. mehr als die Hälfte aus der UdSSR bzw. ihren Nachfolgestaaten. Aus Polen kamen 1,4 Mio. Aussiedler, aus Rumänien 430 000, aus der Tschechoslowakei 105 000 und aus Jugoslawien 90 000. Damit bildete die Zuwanderung der Aussiedler nach den Zuwanderungen der Flüchtlinge und Vertriebenen in der Nachkriegszeit sowie der ausländischen Arbeitsmigranten seit der Mitte der 1950er Jahre die drittstärkste Migrationsbewegung in der Geschichte der Bundesrepublik Deutschland.

1950–87 zogen rund 1,4 Mio. Aussiedler vornehmlich aus Polen und Rumänien in die Bundesrepublik. Mit Glasnost und Perestrojka in der UdSSR, vor allem aber mit der Öffnung des Eisernen Vorhangs 1989 stieg ihre Zahl sprunghaft an: 1988–2015 erreichten weitere 3 Mio. Deutschland, mehr als zwei Drittel kamen nun aus der Sowjetunion bzw. ihren Nachfolgestaaten. 1987 hatte die Aussiedlerzuwanderung noch bei knapp 79 000 gelegen; sie ging mit rund 200 000 im Jahre 1988 scharf in die Höhe und erreichte bis Ende 1989 sogar 377 000. Im Spitzenjahr 1990 zogen rund 397 000 Aussiedler zu. 1991–95 ging die jährliche Aussiedlerzuwanderung auf 220 000–230 000 zurück. Sie sank fortan weiter, erreichte 1997 ca. 134 000, lag 1998–2001 um die 100 000, um seither stark abzusinken (2002: 91 416; 2013: 2 734).

Rückgang des Aussiedlerzuzugs

Zum Rückgang trugen in erster Linie Maßnahmen zur Beschränkung der Zuwanderung nach Deutschland bei. Das galt für das „Kriegsfolgenbereinigungsgesetz" von 1993, das die Anerkennung als Spätaussiedler auf die bis 31.12.1992 Geborenen beschränkte. Nur Antragsteller aus den Nachfolgestaaten der Sowjetunion brauchten Benachteiligungen aufgrund einer deutschen Herkunft weiterhin nicht zu belegen. Hinzu kam seit Juli 1996 die Hürde der Sprachprüfungen. Sie betraf allerdings nur die Antragsteller, nicht aber die mitreisenden Familienangehörigen nicht-deutscher Herkunft, die seit Beginn des 21. Jahrhunderts 75–80 % dieser Zuwanderergruppe stellten. Indirekt einschränkend wirkte zunächst vor allem die 1992/93 festgeschriebene Höchstzahl der Aufnahmebescheide auf jährlich ca. 225 000. Seit 2000 war die Aussiedlerzuwanderung auf 100 000 Personen pro Jahr kontingentiert. Mit der fortschreitenden Reduzierung der staatlichen und kommunalen Integrationsleistungen seit den frühen 1990er Jahren näherte sich die soziale Stellung der Aussiedler tendenziell derjenigen anderer Migranten an. Dennoch blieben sie bis in die Gegenwart gegenüber allen anderen Zuwanderern privilegiert.

Die deutsche Migrationsgeschichte der 1990er Jahre kennzeich-

6. Migration und Niederlassung seit den 1950er Jahren

nete auch die Zuwanderung von Juden aus den Nachfolgestaaten der UdSSR. Sie begann in der Schlussphase der DDR. 1990 erklärte die DDR-Volkskammer, „verfolgten Juden in der DDR Asyl zu gewähren". Daraufhin beantragten bis Mitte April 1991 fast 5000 Juden aus der Sowjetunion ihre Aufnahme in das Staatsgebiet der ehemaligen DDR; seither umfasste die Zuwanderung von Juden in die Bundesrepublik, die wie Kontingentflüchtlinge aufgenommen wurden, mehr als 220 000 Personen. In Deutschland bildete sich die weltweit am schnellsten wachsende, gegenwärtig nach der französischen und britischen drittgrößte jüdische Gruppe Europas. Deutschland hat in den Jahren 2003–05 mehr Juden aufgenommen als Israel. Sie erhielten einen Status, der annähernd demjenigen anerkannter Asylberechtigter entsprach. Viele traten in die Ende 2003 wieder rund 100 000 Mitglieder umfassenden jüdischen Gemeinden.

Zuwanderung von Juden aus den Staaten der ehemaligen UdSSR

Seit dem Inkrafttreten des bundesdeutschen Zuwanderungsgesetzes 2005 regeln neue Bestimmungen die Aufnahme: Nachzuweisen ist nicht mehr nur eine jüdische Herkunft, sondern auch die Befähigung zur eigenständigen Sicherung des Lebensunterhalts in der Bundesrepublik sowie Grundkenntnisse der deutschen Sprache. Jüdische Stellen in Deutschland müssen zudem bestätigen, dass die Möglichkeit besteht, den Antragsteller in eine jüdische Gemeinde aufzunehmen. Seither ist die Zahl der jüdischen Neuzuwanderer stark zurückgegangen.

Zuwanderungsgesetz 2005 und jüdische Zuwanderer

Der 1948/49 geschaffene Artikel 16, Absatz 2, Satz 2 des Grundgesetzes bot mit der Formulierung „Politisch Verfolgte genießen Asylrecht" ein im internationalen Vergleich weitreichendes Grundrecht auf dauerhaften Schutz. Das in den Diskussionen des Parlamentarischen Rats 1948/49 entwickelte Asylgrundrecht bildete eine Reaktion auf die Vertreibungen aus dem „Dritten Reich" und markierte eine symbolische Distanzierung von der NS-Vergangenheit. Darüber hinaus demonstrierte es gegenüber den drei Besatzungsmächten die Anerkennung der Werte des Westens. Noch stärker bestimmend aber war ein weiterer Aspekt: Die Mitglieder des Parlamentarischen Rats gingen davon aus, dass der größte Teil derjenigen, die das Asylrecht in Anspruch nehmen könnten, Deutsche seien, die aus der Sowjetischen Besatzungszone kämen. Jede Präzisierung des Asylartikels aber hätte zu unerwünschten Beschränkungen der Aufnahme von dort kommender Zuwanderer geführt, die als Flüchtlinge verstanden wurden. Die Konkurrenz der Systeme in Ost und West zur Zeit des Kalten Kriegs und die bevorstehende Teilung Deutschlands bildeten mithin wesentliche Perspektiven für die Formulierung eines Grundrechts auf Asyl.

Asylgrundrecht

In den 1950er Jahren vertrat die Bundesregierung auch international die Auffassung, der junge westdeutsche Staat könne angesichts von Millionen deutscher Vertriebener aus dem Osten und der Massenzuwanderung aus der DDR nicht auch noch Flüchtlinge aus dem Ausland aufnehmen. Öffnungstendenzen ergaben sich erst mit dem „Volksaufstand" in Ungarn 1956. In der westdeutschen Zivilgesellschaft wurden die dortigen revolutionären Ereignisse mit Sympathie verfolgt. Nach der Niederschlagung durch die sowjetische Rote Armee wichen rund 225 000 Ungarn über die österreichische und zu einem kleineren Teil über die jugoslawische Grenze aus. In Westdeutschland gab es Solidaritätsbekundungen für die als Freiheitskämpfer verstandenen Ungarn und eine sehr wohlwollende Presseberichterstattung. Die Bundesregierung änderte vor diesem Hintergrund ihren anfänglich auf Abwehr ausgerichteten Kurs. Sie beschloss die Aufnahme von 10 000 Ungarn. Die asylpolitische Öffnung erstreckte sich darüber hinaus auf Hilfen zur Integration: Dazu zählte nicht nur die Unterstützung bei der Suche nach Wohnungen sowie Sprachkurse, sondern auch Kredite zur Existenzgründung und Leistungen für jene, die nicht erwerbsfähig waren. Dass Aufnahmebereitschaft und Hilfen großzügig ausfielen, lag auch an der günstigen Situation des westdeutschen Arbeitsmarkts, der eben Vollbeschäftigung erreicht hatte und auf zusätzliche Arbeitskräfte angewiesen war. Insgesamt übertraf die Zahl der aufgenommenen Ungarn die Ende November 1956 vom Bundeskabinett beschlossenen 10 000 und erreichte schließlich rund 16 000. Nach den USA (80 000), Kanada (37 000), Großbritannien (22 000) und Österreich (18 000) zählte die Bundesrepublik damit zu den wichtigsten Aufnahmestaaten.

Dennoch sollte das Gewicht der Bundesrepublik als Asylland nicht überschätzt werden. In den 20 Jahren seit der Staatsgründung 1949 beantragten nur knapp über 70 000 Menschen Asyl. In den ersten dreißig Jahren der Existenz der Bundesrepublik schwankten die Asylbewerberzahlen zwischen dem Minimum von rund 2 000 (1953) und dem Maximum von ca. 51 000 (1979).

Bis in die 1960er Jahre kamen Asylsuchende überwiegend aus Ost-, Ostmittel- und Südosteuropa: Neben der Aufnahme von Ungarn wurde nach dem „Prager Frühling" im Jahr 1968 rund 4 000 Menschen aus der Tschechoslowakei Asyl gewährt, was als Ausdruck der antikommunistisch motivierten Flüchtlingspolitik der Bundesrepublik verstanden werden kann. Deutlich kontroverser fielen die Debatten über die Aufnahme von Flüchtlingen nach dem Militärputsch in Griechenland 1967 und in Chile 1973 aus, die sich nicht in das Muster einer antikommunistisch konnotierten Flüchtlingsaufnahme fügen ließen. Dass schließlich trotz der heftigen Kritik weiter Kreise

6. Migration und Niederlassung seit den 1950er Jahren 69

linksgerichteten griechischen und chilenischen Flüchtlingen in der Bundesrepublik Schutz gewährt wurde, spricht für eine verbreitete Akzeptanz der Vorstellung, Asyl sei ein universales Menschenrecht und dürfe nicht entlang politischer Einstellungen verhandelt werden. Auch das Engagement zahlreicher Hilfsorganisationen und anderer zivilgesellschaftlicher Akteure trug dazu bei, dass die (beschränkte) Aufnahme von Griechen und Chilenen überhaupt möglich wurde. Erneut bildete die Frage der Passfähigkeit der Asylsuchenden für den Arbeitsmarkt eine Rolle in den Diskussionen um die Aufnahme.

Die asylrechtlichen Bestandteile des bundesdeutschen Ausländergesetzes von 1965 lösten zwar nicht das Problem der Definition dessen, was politische Verfolgung ausmachte, brachten aber eine Vereinheitlichung des Anerkennungsverfahrens: Das „Bundesamt für die Anerkennung ausländischer Flüchtlinge" in Nürnberg-Zirndorf war fortan als Zentralstelle zuständig, aus ihr entwickelte sich das heutige „Bundesamt für Migration und Flüchtlinge". Auch die Einführung der „Duldung" in den Fällen, in denen der Antrag von Asylbewerbern abgelehnt worden war, erwies sich für die Zukunft als bedeutsam. Mit der Duldung verbindet sich bis heute zwar nicht das Recht auf einen Aufenthalt, sie bietet aber einen zeitweiligen Schutz vor einer Abschiebung in das Herkunftsland aus politischen oder humanitären Erwägungen.

Asylrecht und Ausländergesetz 1965

Besondere Aufmerksamkeit erreichte Mitte der 1970er Jahre die Aufnahme vietnamesischer Flüchtlinge: Das Ende des Vietnam-Kriegs führte zur Abwanderung Hunderttausender, gut begründete Schätzungen sprechen von 1,5 Mio. Menschen. Vor allem die humanitäre Not auf den Booten derjenigen, die über das Südchinesische Meer flohen sowie die Situation in den völlig überfüllten Lagern in den Anrainerstaaten ließen viele Staaten Hilfe versprechen. Im Juli 1979 erklärten sich die Teilnehmer der Genfer Indochina-Konferenz bereit, 260 000 *boat people* aufzunehmen. Der größte Teil gelangte in die USA und nach Kanada, aber auch Frankreich, Australien und Großbritannien nahmen jeweils mehrere Zehntausend Vietnamesen auf. Die Zahl vietnamesischer Flüchtlinge sowie ihrer Nachkommen liegt in der Bundesrepublik heute bei rund 50 000. Von Beginn an wurde die Aufnahme der *boat people* in Deutschland von einer breiten Diskussion um die Förderung der Integration begleitet: Sprachkurse, Qualifikationsmaßnahmen, Hilfen bei der Suche nach Wohnung und Arbeit standen in großem Umfang zur Verfügung. Unterstützung kam dabei nicht nur von staatlichen und kommunalen Stellen, sondern insbesondere auch aus der Zivilgesellschaft. Die Spendenbereitschaft erwies sich als sehr hoch und viele

Vietnamesische boat people

Menschen waren bereit, den Flüchtlingen als Mentoren und Alltagshelfer zur Seite zu stehen.

Die vietnamesischen Flüchtlinge wurden zumeist nicht im Rahmen von individuellen Asylverfahren aufgenommen, sondern aufgrund von Übernahmeerklärungen des Bundesinnenministeriums, die ihnen im Rahmen des 1980 aus Anlass der Zuwanderung von *boat people* verabschiedeten „Kontingentflüchtlingsgesetzes" die Rechtsstellung als Flüchtlinge gewährten. Eine Regelung, Flüchtlinge nach einer vom Bund festgesetzten Quote aufzunehmen, spielte auch bei der Aufnahme von syrischen Flüchtlingen Mitte der 2010er Jahre eine Rolle: 2013 beschloss die Bundesregierung eine Quote für 5 000 Syrer, die Ende 2013 und Mitte 2014 erhöht wurde. Solche Quotenregelungen entsprechend der international weitverbreiteten Praxis (z. B. der USA, Kanadas oder Australiens), Flüchtlinge über „Resettlement"-Regelungen aufzunehmen, also kein Asylverfahren nach einer Zuwanderung im Zielland durchzuführen, sondern eine Auswahl in den Erstaufnahmeländern (wie im Falle der syrischen Flüchtlinge insbesondere die Türkei, der Libanon oder Jordanien) nach zuvor festgelegten Kriterien vorzunehmen und dann erst die Zuwanderung zu organisieren.

Die Aufnahme der *boat people* ist ein Beispiel für die zunehmende Bedeutung der Flüchtlingszuwanderung von außerhalb Europas. Seit Anfang der 1970er Jahre war die Zahl der nicht-europäischen Asylsuchenden in der Bundesrepublik deutlich angestiegen. 1980/81 kamen vor dem Hintergrund des Militärputsches in der Türkei, des Systemwechsels im Iran sowie der innenpolitischen Konflikte in Polen angesichts des Aufstiegs der Gewerkschaftsbewegung Solidarność neue umfangreiche Zuwanderungen hinzu. Im Jahr 1980 überschritt die Zahl der Asylsuchenden erstmals in der Geschichte der Bundesrepublik die Marke von 100 000. Anfang der 1980er Jahre ging zwar der Umfang der Asylzuwanderung wieder zurück, stieg aber nach der Mitte des Jahrzehnts wieder an. Hintergrund waren nun insbesondere die politischen und wirtschaftlichen Krisen in Ost-, Ostmittel- und Südosteuropa. Die Zahl der Asylantragssteller in der Bundesrepublik wuchs 1988 erneut auf über 100 000, erreichte 1990 rund 190 000 und 1992 schließlich den Höchststand von fast 440 000. Zugleich änderte sich die Zusammensetzung der Gruppe der Asylbewerberinnen und Asylbewerber grundlegend: 1986 waren noch rund 75 % aus der „Dritten Welt" gekommen. 1993 hingegen stammten 72 % aus Europa.

In West- und Mitteleuropa verschärfte sich die öffentliche Diskussion um mögliche Grenzen der Aufnahmebereitschaft und um

6. Migration und Niederlassung seit den 1950er Jahren

den vorgeblichen Missbrauch von Asylrechtsregelungen. Bald darauf folgten Einschränkungen des Grenzübertritts und des Zugangs zu den Asylverfahren. Diese Reaktionen auf den Anstieg der Asylantragszahlen entsprachen einem längerfristigen Trend; denn je häufiger seit den späten 1970er Jahren das bundesdeutsche Asylrecht in Anspruch genommen worden war, desto stärker wurde es mit Hilfe gesetzlicher Regelungen und Verordnungen eingeschränkt.

Diskussionen um „Missbrauch des Asylrechts"

Zu diesem Zeitpunkt galt die Bundesrepublik längst als ein anerkanntes Mitglied der westlichen Staatenwelt. Sie glaubte nun, anders als zum Zeitpunkt der Formulierung des Asylgrundrechts 1948/49, nicht mehr belegen zu müssen, menschenrechtliche Standards einhalten zu können. Die NS-Vergangenheit galt zudem als so weit bewältigt, dass kaum mehr Veranlassung bestand, mit einem offenen Asylrecht symbolische Distanzierung zu demonstrieren. Mit der deutschen Vereinigung 1990 verloren die genannten Hintergründe für die Schaffung eines weitreichenden Asylrechts endgültig ihre Bedeutung; der Weg zu der lange umstrittenen Grundgesetzänderung, die 1993 schließlich erfolgte, stand damit offen. Der Kalte Krieg war beendet – und Flüchtlingsaufnahme zählte nicht mehr als Erfolgsnachweis in der globalen Systemkonkurrenz, sondern erschien als Zusatzbelastung für den Sozialstaat, zumal Ende der 1980er und Anfang der 1990er Jahre mit der Öffnung des Eisernen Vorhangs die Zuwanderung ohnehin stark anstieg (Aussiedler, DDR-Bürger). Flüchtlinge aus dem Kontext der Jugoslawienkriege wurden z. B. gar nicht zum Asylverfahren zugelassen. Das betraf insbesondere Flüchtlinge aus Bosnien-Herzegowina, von denen 1997 340 000 in der Bundesrepublik lebten. Das Ende des Kriegs, ein prekärer Aufenthaltsstatus, Druck zur freiwilligen Rückkehr und Abschiebungen wirkten zusammen: Bis 2003 hatte sich ihre Zahl bis auf ein Zehntel des Wertes von 1997 verringert.

Die vor dem Hintergrund der immens hohen Kosten der deutschen Vereinigung und der Massenerwerbslosigkeit oft scharf polemisch geführte politische und mediale Debatte um die Reform des Asylrechts wurde seit Herbst 1991 begleitet von zunehmender Gewalt gegen „Fremde" durch vornehmlich jugendliche Täter und die Akzeptanz der Gewalt durch größere Teile der Gesellschaft, zunächst in den Neuen Bundesländern, dann auch im Westen der Republik. Opfer waren anfangs meist Flüchtlinge: In Hoyerswerda wurden im September 1991 Asylsuchende angegriffen, verletzt und schließlich aus ihren Unterkünften vertrieben, in Hünxe im Oktober 1991 zwei Flüchtlingskinder bei einem Brandanschlag schwer verletzt. In Rostock-Lichtenhagen wurden Asylbewerber im August 1992 in ihren schließlich brennenden

Grundgesetzänderung 1993

Unterkünften belagert und angegriffen. In Mölln im November 1992 und in Solingen im Mai 1993 verbrannten seit langem in Deutschland lebende bzw. hier geborene und aufgewachsene Mitglieder türkischer Familien in ihren Häusern nach Anschlägen.

Die Änderung des Grundrechts auf Asyl auf der Basis des im Dezember 1992 vereinbarten Asylkompromisses der Regierungskoalition von CDU/CSU und FDP mit der oppositionellen SPD wurde am 1.7.1993 rechtskräftig. Nach dem seither gültigen Artikel 16a des Grundgesetzes hat in aller Regel keine Chance mehr auf Asyl, wer aus „verfolgungsfreien" Ländern stammt oder über sogenannte sichere Drittstaaten einreist, mit denen Deutschland lückenlos umgeben ist. Die Asylrechtsreform und verschärfte Grenzkontrollen drückten die Zahl der Asylsuchenden 1993 auf ca. 320 000. 1998 unterschritt sie schließlich wieder die Schwelle von 100 000 und sank in der Folge weiter.

Einher ging dieser Prozess mit einer zunehmenden Abstimmung der Asylpolitik zwischen den EU-Staaten bis hin zur Vergemeinschaftung des Politikbereichs: Die Kooperation beschränkte sich allerdings ganz wesentlich auf die Entwicklung von restriktiven Regeln für eine gemeinsame Grenz- und Visapolitik sowie die Zusammenarbeit zur Begrenzung der Asylzuwanderung. Insbesondere die enormen Unterschiede in den Interessen der EU-Mitgliedsländer in der konfliktreichen Diskussion um die Entwicklung eines Mechanismus zur Verteilung von Flüchtlingen („europäische Lastenteilung") Mitte der 2010er Jahre lässt deutlich werden, warum sich ein einheitliches europäisches Asylsystem trotz einer gemeinsame Außengrenze nicht realisieren ließ.

Europäische Asylpolitik

Was „politische Verfolgung" ist und wem Asyl gewährt werden kann, war von Beginn der Geschichte der Bundesrepublik an umstritten. Dennoch ergaben sich – und zwar bis in die jüngste Vergangenheit – mehrfach politische und gesellschaftliche Konstellationen, in denen die Aufnahme einzelner Flüchtlingsbewegungen mit einem relativ breiten Konsens gefordert, begrüßt und mit einem hohen zivilgesellschaftlichen Engagement ermöglicht wurde. 2015 wurde die Bundesrepublik erstmals in ihrer Geschichte in erheblichem Umfang Teil des globalen Fluchtgeschehens. Vor diesem Hintergrund befindet sich die bundesdeutsche Gesellschaft erneut in einem tiefgreifenden und noch unabgeschlossenen Prozess der Aushandlung des Umgangs mit Schutzsuchenden.

II. Grundprobleme und Tendenzen der Forschung

Den großen räumlichen Bevölkerungsbewegungen im Deutschland des 19. und 20. Jahrhunderts wurde unmittelbare wissenschaftliche Aufmerksamkeit der Zeitgenossen zuteil, denn sie galten als politisch, wirtschaftlich, gesellschaftlich und kulturell relevante Phänomene und Herausforderungen. Das betrifft die transatlantische Massenauswanderung des 19. Jahrhunderts ebenso wie die starken interregionalen Arbeitswanderungen im Kontext von Industrialisierung, Urbanisierung und Agrarmodernisierung. Auch die rasche Zunahme der Beschäftigung aus dem Ausland zugewanderter Arbeitskräfte seit dem späten 19. Jahrhundert ist bereits zeitgenössisch in unterschiedlichen Disziplinen lebhaft diskutiert worden. Für das 20. Jahrhundert lässt sich Ähnliches beobachten: Flucht und Vertreibung der Deutschen nach dem Zweiten Weltkrieg bildeten z. B. bis in die späten 1950er Jahre einen zentralen Gegenstand sozial- und bevölkerungswissenschaftlicher sowie wirtschafts- und rechtswissenschaftlicher „Flüchtlingsforschung". Und auch die Beschäftigung ausländischer Arbeitsmigranten seit den frühen 1960er Jahren mündete in die Herausbildung einer zunächst stark sozial- und erziehungswissenschaftlich geprägten „Ausländerforschung".

Zeitgenössisches Interesse an Migrationsbewegungen

Die an den je aktuellen Entwicklungen orientierten empirischen Untersuchungen blieben in aller Regel einzelnen Phänomenen verpflichtet. Sie berücksichtigten selten zeitgleich auftretende andere Bewegungen und stellten zumeist keine Bezüge auf abgelaufene, historische Prozesse her. In gewisser Weise wurden damit grundlegende Muster, Formen und Effekte von Migration wissenschaftlich immer wieder neu entdeckt. Häufig verstanden die beteiligten Disziplinen die untersuchten Migrationsphänomene als mehr oder minder solitäre Erscheinungsformen sozio-ökonomischer bzw. politischer Probleme, oder sie galten selbst als Problem, zu dessen Lösung die jeweiligen Studien einen Beitrag zu leisten suchten.

Anders als diese anwendungsorientierten, je aktuellen Erfahrungen verpflichteten Forschungen zu einzelnen Migrationsphänomenen ist die interdisziplinär orientierte Historische Migrationsforschung eine

Interdisplinär orientierte Historische Migrationsforschung

junge Forschungsrichtung. Ein breit rezipiertes Konzept, das Gegenstand, Ausrichtung und Ziele programmatisch umschreibt, hat in den 1980er Jahren K.J. BADE entwickelt. Es versteht Migration als multidimensionalen und multikausalen Sozial- und Kulturprozess, als ein Phänomen mit unterschiedlichen Hintergründen, Erscheinungsformen und Bewegungsmustern [6: Sozialhistorische Migrationsforschung; 9: Historische Migrationsforschung]. Untersuchungsfelder sind das Wanderungsgeschehen und das Handeln im Migrationsprozess vor dem Hintergrund der Entwicklung von Bevölkerung, Wirtschaft, Gesellschaft, Politik und Kultur in den Ausgangs- und Zielräumen. Die Frage nach dem Wanderungsgeschehen zielt dabei auf Umfang, Verläufe und Strukturen, diejenige nach dem Handeln im Migrationsprozess auf Bestimmungskräfte, Motivationen, Mentalitäten und Netzwerkfunktionen. Die Historische Migrationsforschung widmet sich nach dem Konzept BADES vier Dimensionen: Sie fragt nach 1. den Hintergründen und Formen der Abwanderung; 2. den Mustern räumlicher Bewegung zwischen Herkunfts- und Zielgebieten; 3. den Formen und Folgen der Zuwanderung im Zielgebiet, die in einen Generationen übergreifenden Prozess der Integration münden kann sowie 4. den Wechselbeziehungen zwischen Ausgangs- und Zielräumen und den Rückwirkungen auf die Ausgangsräume.

Perspektiven des Konzepts

Dieses offene Konzept bietet nicht nur Perspektiven für die Untersuchung von interkontinentalen bzw. kontinentalen Fernwanderungen, sondern auch für die Vielfalt des interregionalen und kleinräumigen Wanderungsgeschehens. Es lässt sich sowohl auf Migrationsprozesse anwenden, die auf dauerhafte Niederlassung in einem Zielgebiet ausgerichtet waren (und entsprechender Vorbereitungen in den Herkunftsgebieten bedurften), als auch auf die zahlreichen Formen zeitlich befristeter Aufenthalte – von der Bewegung von Wochenpendlern zwischen Wohn- und Arbeitsort über saisonale oder zirkuläre Bewegungen sowie mehrjährige Arbeitsaufenthalte in der Ferne bis hin zu dem meist über einen begrenzten Zeitraum aufrechterhaltenen Umherziehen als ortloser Wanderarbeiter. Mit diesen Perspektiven ließ sich eine lange in der historischen Forschung dominierende Sicht überwinden, die Migration vorwiegend als einen linearen Prozess verstand, der von der Wanderungsentscheidung im Ausgangsraum über die Reise in das Zielgebiet bis zur dort vollzogenen dauerhaften Niederlassung reichte.

Migrationsentscheidungen

Für die Autopsie der Wanderungsentscheidungen differenziert D. HOERDER [30: Segmented Macro Systems] drei miteinander verschränkte Ebenen: Auf einer Mikroebene wirken individuelle und familiäre Situationen und (Über-)Lebensstrategien zusammen. Eingebunden sind sie auf einer Meso-Ebene in regionale kulturelle, soziale und ökonomische Strukturen und unterliegen auf einer Makro-Ebene politischen und rechtlichen Rahmungen innerhalb eines Territoriums sowie übergreifenden gesellschaftlichen Regeln und Normen im Verhältnis von Geschlechtern und Generationen, sozialen Gruppen und wirtschaftlichen Interessen.

Historische Migrationsforschung muss einen Rahmen bieten für die Untersuchung von Bewegungen in geographischen, sozialen und kulturellen Räumen unterschiedlicher Größenordnung auf verschiedenen sozialen Ebenen: Das gilt für die mit Hilfe von prozess-produzierten Massendaten in ihren Dimensionen, Formen und Strukturen erfassbaren überseeischen Massenwanderungen des 19. Jahrhunderts oder für die zwischen Land und Stadt bzw. den verschiedenen Städtetypen und -größen fluktuierenden intra- und interregionalen Arbeitswanderungen im Prozess der Urbanisierung. Es gilt auch für die Frage nach den Motiven und Bewegungen sowie Ansiedlungs- bzw. Integrationsstrategien einzelner Kollektive, Familien oder Individuen. Die Entwicklung von Wanderungssystemen mit jahrhundertelanger Tradition lässt sich hier ebenso einbinden wie die Momentaufnahme der gesamten Migrationssituation in einem Raum, bei der Wechselwirkungen zwischen unterschiedlichen Wanderungsformen in einer spezifischen sozio-ökonomischen, demographischen und politischen Konstellation ausgeleuchtet werden.

Untersuchungs-
ebenen

Zentrale Einblicke in theoretische und methodologische Diskussionen in der Historischen Migrationsforschung bieten einige wichtige Sammelwerke [44: W. McNeill/R. Adams (Hrsg.), Human Migration; 60: V. Yans-McLaughlin (Hrsg.), Immigration Reconsidered; 33: D. Hoerder/L. Page Moch (Hrsg.), European Migrants; 40: J. Lucassen/L. Lucassen (Hrsg.), Migration History]. Als Referenztitel für die Beschäftigung mit Paradigmen, Perspektiven und Perzeptionen der geschichtswissenschaftlichen Beschäftigung mit Migrationsphänomenen dient hier beinahe durchgängig der Aufsatz C. Tillys [57] über „Migration in Modern European History", dessen weitreichende Überlegungen dem Motto des Schlusssatzes folgen: „The history of European migration is the history of European social life".

Theoretische und
methodologische
Diskussionen

In die theoretischen und methodologischen Diskussionen eingebracht worden sind seit den späten 1980er Jahren u. a. Perspektiven der Abkehr von männerzentrierten Blickwinkeln [37: R. James Simon/ C.B. Brettell (Hrsg.), International Migration; 55: P. Sharpe (Hrsg.), Women; 22: S. Hahn, Frauen; 1: E. Aubele/G. Pieri (Hrsg.), Femina

Jüngere
Perspektiven

Migrans; 54: M. SCHROVER (Hrsg.), Gender; 32: D. HOERDER (Hrsg.), Mass Migrations; 35: D. HOERDER/E. VAN NEDERVEEN MEERKERK/S. NEUNSINGER (Hrsg.), Domestic Workers] sowie von der Vorstellung, erst in der Moderne oder mit der Industrialisierung habe ein tiefgreifender Mobilisierungsschub ein vormodernes Paradigma der Sesshaftigkeit abgelöst [38: G. JARITZ/A. MÜLLER (Hrsg.), Feudalgesellschaft; 16: N. CANNY (Hrsg.), Europeans]. Die in den Sozialwissenschaften breit diskutierten Ansätze zur Entschlüsselung transnationaler Strukturen und Identitäten von Migranten [u.v.a. 21: N. GLICK SCHILLER/L. BASCH/ C. SZANTON BLANC (Hrsg.), Transnational Perspective; 53: L. PRIES (Hrsg.), Transnationale Migration; 18: T. FAIST (Hrsg.), Transnationale Räume; Kritik: 12: M. BOMMES, Einbettung] haben demgegenüber in die Historische Migrationsforschung kaum Eingang gefunden. Das resultierte daraus, dass bei der Untersuchung historischer Bewegungen schon lange grenzüberschreitende Netzwerke und Identitäten im Mittelpunkt standen, die als Phasen des Übergangs im Prozess der Integration interpretiert wurden oder sich durch Rück- bzw. Weiterwanderung auflösten [45: E. MORAWSKA, Transmigrants; 42: L. LUCASSEN/ D. FELDMAN/J. OLTMER (Hrsg.), Paths]. Einen instruktiven Überblick über Ansätze und Perspektiven der Historischen Migrationsforschung bieten D. HOERDER/J. LUCASSEN/L. LUCASSEN [34: Terminologien und Konzepte].

Migrationsregime   Neuere Debatten der Historischen Migrationsforschung setzen sich einerseits mit dem Konzept der „Migrationsregime" auseinander und fragen andererseits nach dem Prozess der „Aushandlung von Migration". Überlegungen zu Migrationsregimen verweisen darauf [48: J. OLTMER, Migrationsregime; 51: DERS., Staat], dass individuelles und kollektives Handeln von (potenziellen) Migrantinnen und Migranten immer Kontroll-, Steuerungs- und Regulierungsanstrengungen unterschiedlicher institutioneller Akteure unterlag. Sie beschränkten oder erweiterten die Handlungsmacht (die Agency) von Individuen oder Kollektiven, mit Hilfe von Bewegungen zwischen geographischen und sozialen Räumen Arbeits-, Erwerbs- oder Siedlungsmöglichkeiten, Bildungs- oder Ausbildungschancen zu verbessern bzw. sich neue Chancen zu erschließen. Die Versuche der Einflussnahme reagierten auch auf beobachtete Handlungsweisen von Migrantinnen und Migranten, auf konkurrierende Kontroll-, Steuerungs- und Regulierungsanstrengungen anderer institutioneller Akteure sowie auf durch Migrationsprozesse induzierten sozialen, wirtschaftlichen und kulturellen Wandel.

Migrationsbewegungen wurden mithin durch ein Geflecht von

Normen, Regeln, Konstruktionen, Wissensbeständen und Handlungen institutioneller Akteure mitgeprägt, das als Migrationsregime gefasst werden kann. Migrationsregime sind integrierte Gestaltungs- und Handlungsfelder institutioneller Akteure, die einen bestimmten Ausschnitt des Migrationsgeschehens fokussierten, Migrationsbewegungen kanalisierten und die (potenziellen) Migrantinnen und Migranten kategorisierten.

Institutionelle Akteure konnten staatliche (legislative, exekutive, judikative), suprastaatliche sowie internationale Instanzen sein oder kommunale Apparate, aber auch private Träger (Unternehmen, Vereine, Verbände). Ihre Interessen, Beobachtungsweisen, Normen und Praktiken brachten sehr unterschiedliche Kategorisierungen von Migrantinnen und Migranten hervor, die gesellschaftliche, ökonomische, politische oder kulturelle Teilhabe am Zielort beeinflussten. Hilfsorganisationen und Interessenverbände wiederum leisteten folgenreiche Beiträge zu der Frage, welche Menschen bzw. welche Kollektive in Bewegung mit welchen Erwartungen verbunden, in welche Erfahrungshorizonte gefügt und mit welchen Fremdbildern und Stereotypen bedacht wurden. Auch die modernen Massenmedien gehören in diesen Kontext, bestimmten sie doch die Sichtbarkeit von Migrationsprozessen in erheblichem Maße mit und nahmen durch Wirklichkeitskonstruktionen Einfluss auf deren Wahrnehmung und Deutung.

<small>Akteure in Migrationsregimen</small>

Die Analyse von Migrationsregimen kann einen Beitrag zur Autopsie von Bedingungen, Formen und Folgen von Migration leisten, in dem sie Antworten gibt auf die grundlegende Frage, welche institutionellen Akteure aus welchen Gründen, in welcher Weise und mit welchen Konsequenzen Migration beobachteten und beeinflussten. Sie zielt darauf, der Vielzahl der beteiligten Akteure klare Konturen zu geben und ein möglichst differenziertes Bild einerseits der beteiligten Akteure und Akteursgruppen zu bieten sowie andererseits die je spezifischen Akteurskonstellationen herauszuarbeiten. Als zentral erweist sich dabei die Untersuchung von Relationen und damit von Machthierarchien: Migrationsregime bildeten Arenen von Konflikt und Kooperation institutioneller Akteure, deren Handlungsinteresse und Handlungsmacht stets im Wandel begriffen waren. Zu berücksichtigen gilt es dabei, dass institutionelle Akteure, die häufig pauschalisiert werden („der Staat", „die Administration", „die Unternehmer", „die Kommune", „die Presse"), in sich wiederum als sehr heterogen zu beschreiben sind und über zahlreiche Einzel- und Kollektivakteure verfügten, deren Interessen,

Normen und Handlungen aufeinandertrafen oder zusammenwirkten.

Migranten in Migrationsregimen

Für Migrationsregime waren Migranten Objekte von Aufgaben sowie Anlässe für Problematisierungen und Maßnahmen, bildeten aber auch Konkurrenten in Konflikten oder Umworbene: (Potenzielle) Migranten reagierten auf restriktive Interventionen (z. B. Ab- oder Zuwanderungsverbote), auf Zwangsmaßnahmen (z. B. Ausweisung, Vertreibung) oder auf attrahierende Angebote (z. B. Anwerbung durch Unternehmen, Zuwanderungspolitik zur Gewerbeförderung, Gewinnung von Hochqualifizierten). Migranten forderten mithin das Migrationsregime individuell oder kollektiv heraus. Sie entwickelten Strategien, um in einem durch Herrschaftspraktiken und Identitätszuschreibungen strukturierten Feld eigene räumliche Bewegungen durchzusetzen und aufrechtzuerhalten, Aspirationen geltend zu machen, Gründe vorzubringen sowie Lebensläufe zu präsentieren und anzupassen.

Migranten agierten als Individuen beziehungsweise in Netzwerken oder Kollektiven (unter anderem Familien) mit unterschiedlichen Autonomiegraden vor dem Hintergrund verschiedener Erfahrungshorizonte im Gefüge von gesellschaftlichen Erwartungen und Präferenzen, Selbst- und Fremdbildern, Normen, Regeln und Gesetzen. Sie verfolgten dabei ihre eigenen Interessen und Ziele, verfügten über eine jeweils unterschiedliche Ausstattung mit ökonomischem, kulturellem, sozialem, juridischem und symbolischem Kapital mit der Folge je verschieden ausgeformter Handlungsspielräume gegenüber dem Migrationsregime. Migrantische Infrastrukturen und Interessenmanager entwickelten unter anderem Selbstbilder, die Vergemeinschaftungsprozesse von Migrantinnen und Migranten identitätspolitisch steuerten.

Aushandlung von Migration

Beobachten lassen sich unterschiedliche Reichweiten und Wirkungsgrade im Wechselverhältnis von einerseits Normen, Strategien und Maßnahmen institutioneller Akteure des Migrationsregimes und andererseits Taktiken, Aktivitäten und Handlungen (potenzieller) Migranten. Auf diese Weise prägten, formten, produzierten institutionelle und individuelle Akteure in Konflikt und Kooperation Migration. Mit einer solchen Perspektive kann auch der Versuch unternommen werden, der Tendenz geschichtswissenschaftlichen Arbeitens entgegenzuwirken, isolierte Einzelperspektiven zu entwickeln, die keinen erheblichen Wert darauf legen, Relationen, Hierarchien und Wechselverhältnisse offenzulegen, also das Handeln Einzelner oder das Gewicht von Mikrostrukturen in Meso- und Makrokontexte und -strukturen zu fügen.

II. Grundprobleme und Tendenzen der Forschung 79

Die Fokussierung auf einen bestimmten Ausschnitt des Migrationsgeschehens als integriertes Handlungsfeld von Akteuren mit ihren je spezifischen Freiheitsgraden und Relationen reduziert auf eine bestimmte Weise Komplexität, bietet damit einen komplexitätserschließenden Ansatz und hat von daher auch eine erkenntnistheoretische Funktion: Migrationsregime und Aushandlungsprozesse bezeichnen Forschungsobjekte, sie bilden Ergebnisse der Beobachtung und Beschreibung historisch arbeitender Migrationsforscher. Diese wissen, dass die beteiligten Akteure im Kontext der Herstellung und Aushandlung von Migration aufgrund von „routinierten alltäglichen Handlungsvollzügen das allermeiste der sie umgebenden Umwelt als fraglos gegeben" (L. Pries) annahmen, also auf der Basis von Handlungsdispositionen und aufgrund von internalisierten Erfahrungen formierten standardisiert-spontanen Situationsdeutungen agierten. Die Grenzen des Migrationsregimes und der Arena der Aushandlung mit, gegen oder über Migrantinnen und Migranten definieren Forscher vor dem Hintergrund einer problemorientierten Fragestellung. Diese legt offen, auf welche Weise, mit welchem Ziel und mit welchen Instrumenten Komplexität reduziert wird, Vorgänge erklärt und auf diese Weise Muster, Modelle und Ansätze entwickelt werden. Die problemorientierte Fokussierung auf die Erschließung von Interessen, Zielen und Handlungen als Ko-Produktion von Migration konstituiert den Forschungsgegenstand.

Das vergangene Migrationsregime und die vielfältigen Aushandlungsprozesse auf unterschiedlichen Ebenen sind allerdings eben nicht bloße Konstruktionen der historisch arbeitenden Migrationsforschung. Sie bilden vielmehr eine fokussierende Rekonstruktion historischer Strukturen; denn nur diese Strukturen haben Überreste und Spuren hinterlassen. Informationen über das Handeln von Einzelnen, von Kollektiven und von Institutionen, deren Motive und Praktiken, sind in unterschiedlicher Form dokumentiert worden, weil sie den jeweiligen Zeitgenossen als berichtenswert galten und deshalb Gegenstand von zeitgenössischer Wissensproduktion wurden, auf die die Historische Migrationsforschung heute zurückgreifen kann (und muss). Die Überlieferungssituation des Materials ist dabei höchst selektiv, nicht nur weil die Lagerung immer mit Risiken behaftet war, sondern vor allem auch deshalb, weil in der Regel nur das Material aufbewahrt wurde, das insbesondere vor dem Hintergrund der Reproduktion von Herrschafts- und Machtstrukturen erhaltenswert schien. Daraus ergab sich eine dreifache Reduktion von Komplexität: 1. Zeitgenössische Wissensproduzenten waren weder motiviert noch in der Lage, ihre

Zeitgenössische Wissensproduktion

Gegenwart vollständig abzubilden. 2. Die Produzenten entstammten in der Regel höheren gesellschaftlichen Segmenten und nahmen vor dem Hintergrund ihrer gesellschaftlichen oder beruflichen Position (nicht selten als „Macht-haber") eine spezifische und damit eingeschränkte Sicht ein. 3. Überliefert wurde vornehmlich das Material, das rechtlich oder geschäftlich relevant war und aus der Sicht von Obrigkeiten oder staatlichen Institutionen als überlieferungswürdig galt. Dieser Kontext verweist noch einmal auf die Bedeutung akteurszentrierter und handlungsorientierter Ansätze, die die Positionierungen und Handlungen der einzelnen Akteure auch deshalb zu erschließen suchen, um die Formen der je spezifischen Wissensproduktion zu verstehen, die fundamentale Folgen für Erzeugung und Überlieferung des Materials hatte, auf die die Untersuchung der Aushandlung von Migration in der Vergangenheit aufruhen kann.

Interdisziplinarität

Die Historische Migrationsforschung ist nicht eine bloße Rezipientin der Ergebnisse und Ansätze anderer Disziplinen, sondern vielmehr selbstverständlicher und aktiver Teil der interdisziplinären Diskussion [15: C.B. BRETTELL/J.F. HOLLIFIELD (Hrsg.), Migration Theory; 14: M. BOMMES/E. MORAWSKA (Hrsg.), Migration Research; 13: M. BOMMES, Migration; 19: F. FAURI (Hrsg.), History; 59: C. VARGAS-SILVA (Hrsg.), Handbook]. Dass die Ansätze und Ergebnisse der Historischen Migrationsforschung in Deutschland von anderen Disziplinen und Forschungsrichtungen zur Kenntnis genommen werden, resultiert auch aus einer frühen interdisziplinären Vernetzung, wie sie – internationalen Vorbildern entsprechend – mit dem 1990/91 gegründeten Institut für Migrationsforschung und Interkulturelle Studien (IMIS) der Universität Osnabrück erstmals institutionalisiert werden konnte. Innerhalb der Geschichtswissenschaften ist mit der ebenfalls von Osnabrück ausgegangenen Gründung der Gesellschaft für Historische Migrationsforschung (GHM) 1992 ein bundesweites Forum für die expandierende Forschungsrichtung geschaffen worden.

Öffentliches Interesse an Ergebnissen der Migrationsforschung

Die Vielzahl von Wechselausstellungen zu Aspekten der Geschichte der Migration in deutschen Museen, der Aufbau mehrerer Museen, die sich explizit der Migrationsgeschichte widmen und die breite Diskussion um die Einrichtung eines zentralen „Migrationsmuseums" in der Bundesrepublik dokumentieren u. a. das seit den 1990er Jahren wachsende öffentliche Interesse am Thema. Die

Publikationsorgane

Gründung mehrerer Schriftenreihen zeugt von dem steten Ausbau der Forschungsrichtung [Studien zur Historischen Migrationsforschung (SHM), hrsg.v. J. OLTMER, seit 1995 33 Bde.; Migration in Geschichte und Gegenwart, hrsg.v. GHM-Vorstand, seit 2004

8 Bde.; Transkulturelle Perspektiven, hrsg.v. S. HAHN/D. HOERDER, seit 2004 13 Bde.]. Mehrere übergreifende Einführungen und Lehrbücher für die Historische Migrationsforschung sind in den vergangenen Jahren vorgelegt worden. Eine von H. KLEINSCHMIDT [39: Menschen in Bewegung] verfasste Publikation konzentriert sich auf Einzelaspekte der räumlichen Mobilität in Mittelalter und Früher Neuzeit, die gesamte Neuzeit überblicken kompetent die Einführungen von S. HAHN [23: Historische Migrationsforschung] sowie C. HARZIG/D. HOERDER [24: What is Migration History?].

Breit angelegte Gesamtdarstellungen zur Migrationsgeschichte vom späten 18. Jahrhundert bis zur Gegenwart gibt es für den Beobachtungsraum Deutschland bislang nicht. Den Zugriff erleichtert die knappe Synthese von D. HOERDER [31: Geschichte], die sie in den Wandel der Migrationsverhältnisse im deutschsprachigen Raum seit dem Mittelalter einordnet. Zwei von K.J. BADE herausgegebene Sammelwerke [4: Auswanderer; 7: Deutsche im Ausland] überblicken zentrale Entwicklungslinien. Die Beeinflussung räumlicher Bevölkerungsbewegungen durch staatliche Akteure in einer langen Perspektive thematisiert das umfangreiche „Handbuch Staat und Migration in Deutschland seit dem 17. Jahrhundert" [50: J. OLTMER (Hrsg.)]. Perspektivenreiche Überblicke über die europäische Migrationsgeschichte vermitteln L. PAGE MOCH [52: Moving Europeans] seit dem späten 17. und K.J. BADE seit dem späten 18. Jahrhundert [8: Europa]. Einblicke in die Vielfalt der europäischen Migrationsverhältnisse gibt die umfangreiche „Enzyklopädie Migration in Europa" mit ihren Länder- und Gruppenartikeln [11: K.J. BADE/P.C. EMMER/L. LUCASSEN/J. OLTMER (Hrsg.)]. Eine Einordnung der deutschen und europäischen Migrationsverhältnisse in den globalen Kontext erstreben die umfängliche Weltgeschichte der Migration seit dem Hochmittelalter von D. HOERDER [29: Cultures in Contact] sowie die knappen Aufrisse von P. MANNING [43: Migration], J. OLTMER [49: Globale Migration] und M.H. FISHER [20: Migration], die von der Urgeschichte des Menschen bis in die Gegenwart hinaufreichen. Ebenfalls der gesamten Menschheitsgeschichte als Migrationsgeschichte gilt die fünfbändige „Encylopedia of Global Human Migration" [46: I. NESS (Hrsg.)].

Der folgende Überblick über die Entwicklung der Erforschung auf Deutschland bezogener historischer Migrationsphänomene verfolgt die wissenschaftliche Diskussion in den unterschiedlichen Forschungsfeldern und -landschaften, die sich zumeist aus der Konzentration auf spezifische Erscheinungsformen ergeben haben.

Gesamtdarstellungen

1. Überseeische Auswanderung

Nationalökonomisch-statistische Auswanderungsforschung

Frühe Untersuchungen zur überseeischen Auswanderung lassen sich vor allem der Nationalökonomie zuordnen. Sie rekonstruierten mit Hilfe statistischer Übersichten den Verlauf der Massenbewegung und boten Überblicke über die wirtschaftliche und soziale Situation in wichtigen Herkunftsgebieten. Einen Schwerpunkt bildete darüber hinaus die Rekonstruktion der politischen und publizistischen Diskussionen um die transatlantische Auswanderung sowie der staatlichen Maßnahmen gegenüber einer Bewegung, die zumeist als ökonomischer, machtpolitischer und kultureller „Verlust" oder „Aderlass" verstanden wurde. Vor allem die Gesamtdarstellung von W. MÖNCKMEIER [147: Überseeische Auswanderung] und das vom Verein für Socialpolitik veröffentlichte Sammelwerk E. VON PHILIPPOVICHS [155: Auswanderung] repräsentieren um die Wende zum 20. Jahrhundert diese Tradition. In diese Linie gehört auch die z. T. noch immer nützliche statistische Zusammenschau F. BURGDÖRFERS [83: Wanderungen].

Heimatgeschichtliche Auswanderungsforschung

Daneben gab es einen großen Bestand genealogisch-heimatgeschichtlicher Literatur, die z. T. in familienhistorischer Absicht Schicksale und Leistungen einzelner Auswanderer und Auswanderergruppen thematisierte, ausführliche Namenslisten publizierte und die Geschichte von Siedlungsunternehmungen rekonstruierte. Nicht zuletzt aufgrund der Einflussnahme des 1917 gegründeten Deutschen Auslands-Instituts in Stuttgart geriet diese Richtung nach dem Ersten Weltkrieg immer stärker in den Sog völkischer Ansätze. Sie verstand sich als Beitrag zur „Festigung des deutschen Volkstums im Ausland" und war deshalb nach dem Ende des „Dritten Reiches" desavouiert. Aus diesem Grund gab es Forschung zur transatlantischen Migration im Nachkriegsdeutschland bis in die 1970er Jahre kaum mehr. Deshalb blieb auch die methodisch innovative Arbeit von J. SCHEBEN [163: Wanderungsforschung] lange Zeit unbeachtet: SCHEBEN hatte Ende der 1930er Jahre personenbezogene Angaben aus US-Volkszählungsurlisten mit Daten aus deutschen Archiven abgeglichen und damit den Gesamtprozess der Bewegungen zwischen einer deutschen Abwanderungs- und einer US-amerikanischen Zuwanderungsregion nachvollziehen können.

In den USA waren bereits in der zweiten Hälfte des 19. Jahrhunderts unzählige Studien über die deutschen Einwanderer erarbeitet worden. Verfasser waren häufig Vertreter der vor allem nach der gescheiterten Revolution von 1848/49 in die USA eingewanderten deutschen Bildungselite. Ihnen ging es vornehmlich um die Dokumentation der kulturellen und wirtschaftlichen Leistungen ihrer Einwanderergruppe (und vor allem ihrer Elite) sowie deren Beitrag zum Aufbau von Politik, Wirtschaft, Gesellschaft und Kultur der USA. Derartige Perspektiven wurden gebündelt bei A.B. FAUST [96: German Element]. Die Studien boten wichtiges Material für die ersten Ansätze einer sozialhistorisch orientierten Migrationsforschung in den USA der Zwischenkriegszeit [Wegmarke: 112: M.L. HANSEN, Atlantic Migration], die nach 1945 erheblich an Bedeutung gewann [Bibliographien: 159: H.A. POCHMANN/A.R. SCHULTZ, German Culture; 167: A.R. SCHULTZ, German-American Relations]. In diesen Kontext gehört auch eine von M. WALKER [188: Germany] 1964 vorgelegte zuverlässige und für die weitere Forschung zur deutschen transatlantischen Migration wegweisende sozialgeschichtliche Gesamtdarstellung.

Sozialhistorische Auswanderungsforschung in den USA

Trotz dieser fruchtbaren Ansätze und wichtigen Pionierstudien blieb die Forschungsbilanz lange negativ. 1972 kam der Migrationsforscher R.J. VECOLI zu der Einschätzung: „Although the Germans figured as the largest element in the nineteenth century immigration, the historical literature dealing with them is quite slim" [184: European Americans, 420]. Kaum anders lautete noch 1980 das Urteil G. MOLTMANNS [145: Deutsche Auswanderung]. Die wissenschaftliche Beschäftigung mit der europäischen Massenauswanderung blieb weiterhin in zwei kaum aufeinander bezogene Forschungslandschaften getrennt: Zum einen gab es eine weit verästelte US-Einwanderungsforschung, die Aspekte der Integration einzelner Gruppen zumeist im lokalen und regionalen Kontext untersuchte, häufig methodisch innovativ (z. B. bei der Entwicklung quantitativer Verfahren) war, aber kaum Kenntnisse über den europäischen Hintergrund der Zuwanderer hatte. Zum anderen bot eine deutlich weniger intensive europäische Forschung Informationen über wirtschaftliche, religiöse und soziale Hintergründe der weiterhin zumeist als „Verlust" verstandenen überseeischen Auswanderung. Kenntnisse über die Ansiedlung in den Zielgebieten und über die ausgeprägte transatlantische Kommunikation vermittelte sie kaum.

Forschungsbilanzen der 1970er Jahre

Deshalb forderte der britische Nordamerikahistoriker F. THISTLETHWAITE [179: Überseewanderung] auf dem Internationalen Historikertag in Stockholm 1960, endlich den „Salzwasservorhang" zu durchdringen, der es den US-Amerikanern erschwere, ihre „vielfältigen Formen europäischer Herkunft zu verstehen" und zugleich die Europäer vermuten lasse, die Auswanderer hätten mit dem Verlassen des Kontinents ihre Wurzeln verloren. Die Forschung müsse, so führte THISTLETHWAITE in seinem breit rezipierten Aufsatz aus, Aus- und Einwanderung als Gesamtzusammenhang interpretieren und den Wanderungsprozess selbst als eine „geschlossene Folge von Erfahrungen"

84   II. Grundprobleme und Tendenzen der Forschung

und als Ergebnis der konkurrierenden Wirkung unterschiedlicher Wanderungstraditionen verstehen. Großen methodischen Einfluss auf die Forschung zur räumlichen und sozialen Mobilität und zu Aspekten der Integration übte darüber hinaus S. THERNSTROMS Mikrostudie von 1964 über Newberryport, Massachusetts, aus, die bereits in der 9. Auflage vorliegt [177: Poverty and Progress]. Ihr folgte knapp ein Jahrzehnt später seine ebenfalls viel zitierte Studie über „The Other Bostonians" [178].

Sozialhistorische Auswanderungsforschung in Deutschland

In Deutschland zielte 1973 die bevölkerungswissenschaftliche Dissertation P. MARSCHALCKS auf eine Typologisierung der transatlantischen Auswanderung [139: Überseewanderung]. Aspekten der zeitgenössischen publizistischen und politischen Diskussion um die Überseemigration im 19. Jahrhundert galt 1976 ein von G. MOLTMANN herausgegebener Sammelband [142: Amerikaauswanderung], der am Anfang einer von ihm initiierten sozialgeschichtlichen Studienreihe zur Amerikaauswanderung stand [Von Deutschland nach Amerika, Wiesbaden/Stuttgart 1980–1994, 8 Bde.]. Die 1978 abgeschlossene Dissertation W.D. KAMPHOEFNERS [Neuausgabe: 127: Westfalen] zur Geschichte der westfälischen transatlantischen Migration nach Missouri bildete für die Untersuchung der deutschen Überseemigration die erste Reaktion auf die Forderungen THISTLETHWAITES. Die quantitative Pionierstudie in der Tradition THERNSTROMS verknüpfte mit der EDV-gestützten „tracing"-Methode personenbezogene Daten aus Auswandererlisten und US-Volkszählungsurlisten. Sie demonstrierte eindrucksvoll die Dynamik der transatlantischen Netzwerke, die Intensität und Zielrichtung der deutschen Massenauswanderung bestimmten. Damit gelang es KAMPHOEFNER zugleich, die verbreitete, insbesondere von dem US-Migrationshistoriker O. HANDLIN [111: The Uprooted] vertretene These von der „Entwurzelung" der Einwanderer zu widerlegen und die Bedeutung der Kettenwanderungen zu dokumentieren, die buchstäblich ganze Dörfer nach Amerika verpflanzten.

Mit seiner Arbeit löste KAMPHOEFNER auch die von THISTLETHWAITE geforderte Konzentration auf transatlantische Regionalstudien ein, die die „eigentliche Anatomie der Wanderung" [179: Überseewanderung, 335] ermöglichten. Nur auf diese Weise seien die intensiven Verflechtungen von Herkunfts- und Zielräumen sowie die weitreichenden Wechselwirkungen der Prozesse von Abwanderung und Ansiedlung zu erfassen, deren Bedeutung auch K.J. BADE [2: Massenwanderung] vordem in konzeptionellen Überlegungen und empirischen Arbeiten betont hatte. J. KREBBER [132: Württemberger] nahm jüngst eine kritische Haltung gegenüber der Studie KAMPHOEFNERS ein, weil er die Kettenwanderungen für erheblich weniger bedeutsam einordnet, als sie KAMPHOEFNER ermittelte.

Weitere Studien zur transatlantischen Verflechtung ländlicher Siedlungsräume galten in der Regel US-Bundesstaaten mit hohem deutschen Bevölkerungsanteil, wie z. B. Missouri, Minnesota, Ohio und Wisconsin [61: A. AENGENVOORT, Migration; 164: H. SCHMAHL, Verpflanzt; 82: H. BUNGERT/C. LEE KLUGE/R.C. OSTERGREN (Hrsg.), Wisconsin]. K.N. CONZEN [89: Making] bündelte zahlreiche Einzelergebnisse und erweiterte die Kenntnisse über die Generationen übergreifende Integration der ländlichen Siedler, blickte auf Familienstrukturen und verwandtschaftliche Verflechtungen, auf die Veränderung religiöser Praktiken sowie die Entwicklung des Landbesitzes und verglich die Daten mit Ergebnissen zu schwedischen und irischen Siedlern. Weitere Untersuchungen arbeiteten seit den frühen 1990er Jahren heraus, dass die für das 19. Jahrhundert rekonstruierten spezifischen Abwanderungs- und Ansiedlungsmuster in ländlichen Räumen bereits weithin für das 18. Jahrhundert galten [überblickend: 134: H. LEHMANN/H. WELLENREUTHER/R. WILSON (Hrsg.), Search; Einzelstudien: 110: M. HÄBERLEIN, Oberrhein; 76: A. BRINCK, Auswanderungswelle; 100: A. FOGLEMAN, Hopeful Journeys; 98: G. FERTIG, Lokales Leben; 116: S. HEERWART/C. SCHNURMANN (Hrsg.), Atlantic Migrations].

Ländliche Siedler

Unter den Arbeiten zu den städtischen Zielräumen deutscher Zuwanderer ragt die Pionierstudie K.N. CONZENS zu Milwaukee hervor [87: Immigrant Milwaukee]. A. BRETTING [75: Soziale Probleme] und S. NADEL [149: Little Germany] untersuchten die Sozialgeschichte deutscher Zuwanderer in New York City. Das Interesse des Chicago-Projekts des Amerika-Instituts der LMU München galt der Integration deutscher Industriearbeitskräfte im späten 19. Jahrhundert in der Millionenstadt an den Großen Seen. Es blickte darüber hinaus auf den deutschen Anteil an der Entwicklung der US-Arbeiterbewegung [130: H. KEIL, Einwandererviertel]. Aspekte der Arbeiter(bewegungs)geschichte im urbanen Raum wurden aber auch für kleinere Städte in den USA untersucht, wie z. B. für Holyoke und Lawrence (Massachusetts) sowie Manchester (New Hampshire), die durch eine ausgesprochen hohe Konzentration deutscher Zuwanderer und eine homogene Berufsstruktur (Textilarbeiter) geprägt waren [190: G. WIESINGER, Einwandererkolonie; 140: R.P. MCCAFFERY, Islands]. Während sich der größte Teil der Studien zu Deutschen in den Städten der USA auf den Norden konzentrierte, nahm A. MEHRLÄNDER [141: Germans] in ihrer vergleichenden Untersuchung mit Charleston,

Städtische Zuwanderer

Richmond und New Orleans Metropolen der Südstaaten vor, während und unmittelbar nach dem Bürgerkrieg in den Blick. Ihre Arbeit gilt nicht nur politischen Debatten unter den Deutschen über Sezession, Sklaverei und Folgen der Kriegsniederlage, sondern auch den Rekrutierungen für den Bürgerkrieg, der Arbeit der Wohltätigkeitsvereine im Krieg sowie der sozialen Lage vor dem Hintergrund von Blockade und Beschränkungen der wirtschaftlichen Aktivitäten durch den Krieg.

Gebündelt wurden 1986 Erkenntnisse der Forschung anlässlich des 300-jährigen Jubiläums der Ankunft der ersten deutschen Gruppe in den USA [182: F. TROMMLER (Hrsg.), Amerika; 146: G. MOLTMANN (Hrsg.), Germans to America]. Editionen von Auswandererbriefen dokumentieren die große Bedeutung der persönlichen Kontakte zwischen Herkunftsgebieten und Zielregionen [117: W. HELBICH (Hrsg.), „Freies Land"; 120: DERS./W.D. KAMPHOEFNER/U. SOMMER (Hrsg.), Briefe aus Amerika; 119: W. HELBICH/W.D. KAMPHOEFNER (Hrsg.), Deutsche im Amerikanischen Bürgerkrieg]. Ihr hoher Wert für die historische Forschung ist inzwischen anerkannt [94: B.S. ELLIOTT/ D. A. GERBER/S.M. SINKE (Hrsg.), Letters]. In den 1990er Jahren wuchs in der Historischen Migrationsforschung das Interesse an Geschlechterverhältnissen und damit die Zahl der Untersuchungen zu zugewanderten Frauen und zur Entwicklung der Geschlechterrollen im Prozess der Integration in ländlichen Distrikten [156: L.S. PICKLE, Strangers; 85: C.K. COBURN, Four Corners] sowie in den Städten, auf die sich für die deutschen Einwanderer vor allem C. HARZIG konzentrierte [113: Familie; 114: DIES. (Hrsg.), Peasant Maids; 72: M. BLASCHKE/C. HARZIG (Hrsg.), Frauen wandern aus; 189: S. WEHNER-FRANCO, Dienstmädchen; 153: A. ORTLEPP, Frauenvereine]. Auch die Perspektive des Vergleichs von Einwanderergruppen erwies sich als fruchtbar [93: R.R. DOERRIES, Iren und Deutsche]. Eine wichtige Position nahmen zudem Untersuchungen über die Geschichte der hoch entwickelten deutschsprachigen Presse ein [Pionier: 192: C. WITTKE, German Language Press; 115: C. HARZIG/D. HOERDER (Hrsg.), Press; 71: M. BLASCHKE, Weibliches Publikum].

Diverse Studien zu deutschen Herkunftsregionen bestätigten die Ergebnisse KAMPHOEFNERS über die Sozialstruktur der deutschen transatlantischen Auswanderung, die sich vor allem aus den unterbäuerlichen Schichten speiste. Dazu zählte auch die frühe, wegweisende demographisch-sozialhistorische Arbeit von W. VON HIPPEL über Württemberg [121: Auswanderung]. Detaillierte Einblicke in die ostelbischen Regionen boten in den späten 1990er Jahren zwei mustergültige Untersuchungen zur starken Auswanderung ländlicher Unterschichten aus Mecklenburg [135: A. LUBINSKI, Entlassen] und Brandenburg [160: U. REICH, Cottbus].

Die deutsche Übersee-Migration war keine einheitliche Bewegung. Sie zerfiel in unterschiedliche regionale, soziale und konfessionelle Herkünfte, die zudem nach Auswanderungsphasen und -motivationen zu differenzieren sind und häufig, besonders im ländlichen Raum, lange in nach Herkunftskollektiven gesonderten „Little Germanies" zusammenblieben, die sich nicht zuletzt durch Heiratsverbindungen reproduzierten [104: R. FUCHS, Heirat in der Fremde]. Das hatte insofern Rückwirkungen, als es im Gegensatz zu den Zuschreibungen der angloamerikanischen Aufnahmegesellschaft keine gemeinsame Identität als Deutsche gab. Vornehmlich in den Städten trug das ausgebaute deutsche Vereinswesen allerdings dazu bei, dennoch eine die regionalen Herkunftskollektive überbrückende deutsche Identität zu bilden. Weniger an einem Territorium Deutschland orientiert, bezog sie sich auf einen Kulturraum, dem sich auch die Deutschen in Amerika zugehörig fühlten, verlor aber im späten 19. und frühen 20. Jahrhundert zugunsten einer deutsch-amerikanischen Identität an Bedeutung. Nicht zuletzt eine ausgeprägte deutsch-amerikanische Festkultur trug dazu bei [88: K.N. CONZEN, Ethnicity], wie jüngst insbesondere H. BUNGERT [81: Festkultur] detailreich durch die Untersuchung der Festkultur als „ethnisches Gedächtnis" belegt hat. A. CLARK EFFORD [84: German] machte zudem überzeugend deutlich, wie eine deutsch-amerikanische Identität stets vor dem Hintergrund einer intensiven Rezeption politischer Debatten in Deutschland neu ausgehandelt wurde, mithin explizit transnational geprägt war.

Kein homogenes Herkunftskollektiv der Deutschen

Die lange hervorgehobene Bedeutung des Ersten Weltkriegs [136: F.C. LUEBKE, Bonds; 193: K. WÜSTENBECKER, Deutsch-Amerikaner] für den Verfall der deutsch-amerikanischen Identität ist mit guten Gründen relativiert worden: Die Orientierung am Herkunftsland war bereits vor dem Ersten Weltkrieg stark rückläufig, weil seit Anfang der 1890er Jahre kaum mehr Neuzuwanderer die deutsch-amerikanische Bevölkerung ergänzten. Außerdem bestanden auch über den Ersten Weltkrieg hinaus spezifische deutsch-amerikanische (regionale) Identitäten weiter, die vor allem im ländlichen Raum bis nach dem Zweiten Weltkrieg große Prägekraft hatten [129: R.A. KAZAL, Old Stock; 127: W.D. KAMPHOEFNER, Westfalen, 195–227]. Das belegen auch neuere Regionalstudien zu Missouri und Texas von P. DEWITT [92: Degrees] und M.D. TIPPENS [181: Texans].

Verfall der deutsch-amerikanischen Identität

Spezifische Pfade, Perspektiven und Probleme der Identitätskonstruktion, aber auch insgesamt von Migration und Integration ergaben

Deutsche Juden in den USA sich für deutsche Juden in den USA, deren Abwanderung in den 1990er Jahren durch die Studien von A. BARKAI [67: Branching Out] und C. ÖSTREICH [154: Auswanderung Posener Juden] erschlossen worden ist. Mindestens 100 000 Juden verließen die deutschen Staaten 1815–80 [zur Geschichte der Migration von Juden in, aus und nach Deutschland: 79: T. BRINKMANN, Transnationalität]. Die Geschichte der Integration, des wirtschaftlichen, sozialen, identitären und religiösen Wandels nimmt T. BRINKMANN [77: Jüdische Einwanderer] für die große deutsch-jüdische Community in Chicago in den Blick. Deutsche Juden stellten dort einen wichtigen Teil der Elite. Sie hatten für den Ausbau des deutsch-amerikanischen Vereinswesens eine zentrale Bedeutung und trieben zugleich die Gründung und Entwicklung jüdischer religiöser Gemeinden und Vereine voran. Dabei erwies sich vor allem die Aufrechterhaltung intensiver transatlantischer theologischer Kontakte als Kern des religiösen Lebens. Die starke Zuwanderung osteuropäischer Juden seit den 1880er Jahren verschärfte nicht nur die Diskussion um die Identität der etablierten deutsch-amerikanischen Juden, sondern setzte auch das gesamte Herkunftskollektiv unter erheblichen Handlungsdruck.

Auswanderungslenkung
Politische Vorgaben und Vorstellungen bildeten für die Auswanderung ein konstitutives Element. Innerhalb der deutschen Kolonialbewegung gab es Überlegungen, die Überseemigration dorthin zu lenken, wo koloniale Interessen umsetzbar zu sein schienen. In der ersten Hälfte des 19. Jahrhunderts zielten sie auch auf die Erschließung geschlossener deutscher Siedlungsräume in Nordamerika [169: S. VON SENGER UND ETTERLIN, Neu-Deutschland]. Zwar gelang es privaten Kolonisationsvereinen, Überfahrt und Ansiedlung kleinerer Gruppen zu organisieren; gemessen am Gesamtumfang der Auswanderung blieben diese Versuche aber peripher, zumal sich die Vorstellungen von der Einrichtung umfänglicher kolonialer Siedlungsgebiete nicht einmal im Ansatz verwirklichen ließen. S. MANZ [138: German Diaspora] ordnet diesen Aspekt innovativ in den Kontext einer intensiven Debatte unter zahlreichen Akteuren in Deutschland sowie in den Zielgebieten deutscher Auswanderung über das „Auslandsdeutschtum" und deren Funktion für das Herkunftsland und dessen Politik, Wirtschaft und Kultur ein. Die nach 1884/85 etablierten deutschen Kolonien zogen nur einige Tausend deutsche Zuwanderer an [172: P. SÖLDENWAGNER, Spaces]. Von gender-spezifischen Arbeiten abgesehen [170: K. SMIDT, Germania; 191: L. WILDENTHAL, German Woman], ist dazu aber bislang wenig bekannt.

Ausnahmefälle blieben staatlich organisierte Ansiedlungsvorhaben. Dazu zählte die vom Königreich Hannover betriebene und finanzierte Abwanderung von Bergleuten aus dem Oberharzer Krisengebiet nach Südaustralien und in die beiden Amerikas Mitte des 19. Jahrhunderts [185: R. VOLLMER, Auswanderungspolitik]. Über Dimensionen und Formen der Auswanderungsförderung durch deutsche Staaten und über kommunale Strategien der Armutsbekämpfung durch Finanzierung von Passagen nach Übersee im Zeitalter des Pauperismus geben bislang vornehmlich Einzelbeispiele Auskunft [143: G. MOLTMANN, Transportation; 161: H. RÖSSLER, „Unnütze Subjekte"]. Eine erste systematische Einordnung nimmt U. PLASS vor [158: Überseeische Massenmigration].

Staatliche Auswanderungsprojekte

Auch die Genese der Auswanderungspolitik der deutschen Staaten ist erst sporadisch untersucht: Zwar sind die gesetzlichen Bestimmungen und politischen Diskussionen recht gut dokumentiert [97: H. FENSKE, Deutsche Auswanderung; 171: G. SMOLKA, Auswanderung; 174: A. VON DER STRATEN, Rechtsordnung]. Das gilt vor allem für die Staaten Hamburg und Bremen [95: R. ENGELSING, Bremen; 105: B. GELBERG, Auswanderung; 148: M. MUSSACKER, Auswandererfürsorge], weil die Fürsorge für die Überseemigranten nicht zuletzt als Standortvorteil für die dortigen, in scharfer globaler Konkurrenz stehenden Schifffahrtsgesellschaften verstanden wurde [124: M. JUST, Schiffahrtsgesellschaften; zur Konkurrenz: 99: T. FEYS, Battle; zu den Bedingungen der Überfahrt: 109: M. GÜNTHER, Atlantiküberquerung]. Ob und inwieweit aber die staatlichen Vorgaben dazu beitrugen, Pfade, Zusammensetzung und Formen der Überseewanderung zu gestalten, lässt sich bislang kaum erfassen. Von den gesamtstaatlichen Vorgaben z. T. erheblich abweichende Maßnahmen wurden offenbar vor allem in der regionalen und lokalen Verwaltung wichtiger Auswanderungsregionen entwickelt. Kaum besser sind die Kenntnisse über die Werbung um potenzielle deutsche Migranten durch US-amerikanische Behörden [166: I. SCHÖBERL, Einwandererwerbung].

Auswanderungspolitik

Neuere Gesamtdarstellungen ordnen den Prozess der deutschen und europäischen Auswanderung in die USA in ihren Dimensionen, Formen und Folgen in die europäisch-atlantischen Migrationsverhältnisse ein [52: L. PAGE MOCH, Moving Europeans, 147–160; 65: D. BAINES, Emigration; 8: K.J. BADE, Europa, 121–168; 151: W. NUGENT, Crossings; 108: H.-J. GRABBE, Flut; 86: R.L. COHN, Sail]. Zuverlässige Überblicke über die deutsche transatlantische Migration liegen in Aufsatzform vor [64: K.J. BADE, Massenauswanderung; 118: W. HELBICH, Menschen, 17–60; 7: K.J. BADE (Hrsg.), Deutsche im Ausland, 135–185; 126: W.D. KAMPHOEFNER, German Emigration Research].

Gesamtdarstellungen

Gegenüber der in der Forschung dominierenden Thematik der USA-Auswanderung des 19. Jahrhunderts fällt der Umfang der Literatur zu anderen Zielen zurück. Das gilt für Lateinamerika [Beispiele: 137: F.C. LUEBKE, Germans in Brazil; 162: A. SAINT SAUVEUR-HENN, Émigration; 180: K. TIETZE DE SOTO, Deutsche Einwanderung; 152: G.J. OJEDA-EBERT, Chilenische Nation; 90: J.L. DA CUNHA, Kolonisation; 187: R. WAGNER, Ersatz] ebenso wie für den südpazifischen Raum [Überblicke: 175: J. TAMPKE, Germans in Australia; 62: J.N. BADE (Hrsg.), Welt] und Kanada [Überblick: 186: J. WAGNER, Canada; 103: A. FREUND, Beyond the Nation?]. Beobachtet aber werden kann, dass insbesondere die Forschung zur Einwanderung in Argentinien und Brasilien im späten 19. und frühen 20. Jahrhundert zuletzt deutlichen Aufschwung genommen hat. Verwiesen sei hier vornehmlich auf Publikationen aus dem Lateinamerika-Institut der FU Berlin, die sich insbesondere identitäts- und erinnerungspolitischen Fragen widmen [70: F. BINDERNAGEL, Erinnerung; 168: F. SCHULZE, „Deutschsein"]. Eine andere Perspektive nimmt N. BARBIAN [66: Kulturpolitik] ein. Er fragt nach den frühen bundesdeutschen Bemühungen, Einfluss auf „Auslandsdeutsche" in Lateinamerika zu nehmen, dabei an ältere Perspektiven aus der ersten Hälfte des 20. Jahrhunderts anzuschließen und zugleich Einflussnahmen der DDR abzuwehren.

Viel breiter ist demgegenüber die Literatur zur Geschichte der Deutschen in Ost-, Ostmittel- und Südosteuropa, die hier nicht gesondert berücksichtigt wird, weil die Zuwanderung in diese Räume im Hochmittelalter begann und als Element frühneuzeitlicher Peuplierungsstrategien zumeist mit Beginn des 19. Jahrhunderts abgeschlossen war. Über die zahlreichen landwirtschaftlichen Siedlungen der Zuwanderer aus deutschsprachigen Gebieten sowie die vielen städtischen Handwerker und Kaufleute in diesem Raum liegt eine ausgesprochen reichhaltige Literatur vor [z. B. für die Russlanddeutschen zu erschließen über 74: D. BRANDES u. a., Bibliographie; einen breiten Gesamtüberblick bietet die zehnbändige Reihe: 73: H. BOOCKMANN u. a. (Hrsg), Deutsche Geschichte im Osten Europas; neuere Überblicke haben 133: V. KRIEGER, Kolonisten und 91: G. DALOS, Geschichte, vorgelegt]. Während bei der Untersuchung der Geschichte der deutschen transatlantischen Migration der von THISTLETHWAITE [179: Überseewanderung] konstatierte „Salzwasservorhang" längst zerrissen ist, lässt die Erforschung der Geschichte der Deutschen im Osten Europas häufig die Hintergründe der Auswanderung, die intensiven Verflechtungen von Herkunfts- und Zielräumen sowie die weitreichenden Wechselwirkungen der Prozesse von Auswanderung und Ansiedlung außer Acht.

Informationen über die nach dem Ende des deutschen transatlantischen Massenexodus Anfang der 1890er Jahre rasch ansteigende Transitmigration („Durchwanderung") ostmittel-, südost- und osteuropäischer Auswanderer in die USA, die meist über Hamburg und Bremerhaven lief, bot lange neben der weiterhin nützlichen Dissertation B. KARLSBERGS [128: Durchwandererkontrolle] vor allem die Arbeit M. JUSTS [123: Amerikawanderung]. Nunmehr bildet sich in diesem Feld ein neuer Forschungsschwerpunkt heraus, der sich unter Berücksichtigung vielfältiger internationaler Bezüge zum einen den Hintergründen und Dimensionen der Abwanderung widmet. Zum anderen geht es um spezifische transitpolitische Muster, die sich im Spannungsfeld sicherheitspolitischer Vorstellungen beteiligter Staaten, ökonomischer Interessen von Schifffahrtsgesellschaften und humanitären Interventionen von Hilfsvereinen etablierten [78: T. BRINKMANN, Ballin; 80: DERS. (Hrsg.), Points of Passage].

<small>Transitmigration und Durchwandererkontrolle</small>

Die transatlantische Rückwanderung, die für die europäischen Migranten in unterschiedlichen Phasen ein je verschiedenes Gewicht hatte [194: M. WYMAN, Round-trip; 107: J.D. GOULD, Emigration], ist in den 1980er und 1990er Jahren für die deutsche überseeische Migration näher in den Blick genommen worden [144: G. MOLTMANN, Return Migration; 125: W.D. KAMPHOEFNER, Rückwanderung], nachdem 1960 die Pionierstudie von A. VAGTS [183: Rückwanderung] erste Aufschlüsse geboten hatte. Hervorzuheben ist die Studie von K. SCHNIEDEWIND [165: Begrenzter Aufenthalt]. Dennoch ist das Thema noch nicht zureichend erschlossen: Arbeiten zu wirtschaftlichen, gesellschaftlichen und kulturellen Implikationen der Rückwanderung für die Zielregionen bleiben ein Desiderat. Die Vermutung, Rückwanderer könnten im Kontext von Industrialisierung, Agrarmodernisierung und zunehmender Handelsverflechtung in ihren Zielregionen Innovatoren gewesen sein, lässt sich weiterhin nicht verifizieren. Das gilt auch für den kaum diskutierten Kapitaltransfer von Auswanderern nach Deutschland. Überhaupt ist das Wissen um den Stellenwert der Auswanderung für Wirtschaft, Gesellschaft und Kultur in den Herkunftsregionen noch gering [106: A. GESTRICH/M. KRAUSS (Hrsg.), Zurückbleiben; 122: D. HOERDER (Hrsg.), Roots].

<small>Transatlantische Rückwanderung</small>

<small>Implikationen der Auswanderung für die Herkunftsräume</small>

Im Vergleich zur Massenauswanderung des 19. Jahrhunderts ist die quantitativ deutlich geringere überseeische Migration im 20. Jahrhundert wesentlich weniger intensiv untersucht. Zur Zwischenkriegszeit liegt eine Übersicht von H. BICKELMANN [68:

<small>Auswanderung im 20. Jahrhundert</small>

Überseeauswanderung] vor. Zeitgenössische Studien, insbesondere die Untersuchung K.C. THALHEIMS von 1926 [176: Auswanderungsproblem], bilden nach wie vor eine unabdingbare Orientierungshilfe. Besser untersucht ist die Hochphase der deutschen Amerikaauswanderung nach dem Zweiten Weltkrieg bis in die frühen 1960er Jahre. K. NERGER-FOCKE bietet einen Überblick über Dimensionen und Verlauf [150: Amerikaauswanderung], J.-D. STEINERT fragt nach zwischenstaatlicher Migrationspolitik [56: Migration und Politik], J. STERNBERG nach politischen und medialen Debatten um Auswanderung im Westdeutschland der späten 1940er und 1950er Jahre [173: Auswanderungsland]. A. FREUND [102: Aufbrüche] diskutiert in der bislang breitesten Untersuchung vor allem Hintergründe, Motivationen und Pfade der Bewegung. Lebensgeschichtliche Interviews mit Überseemigranten boten dabei einen wesentlichen Teil der Materialgrundlage. Zwar stellt die Forschung zur deutschen interkontinentalen Auswanderung nach dem Zweiten Weltkrieg wiederum Nordamerika in den Vordergrund; zuletzt sind aber auch andere Ziele, wie z. B. Australien [69: B. BIEDERMANN, Bezahlte Passage] oder Neuseeland [63: J.N. BADE (Hrsg.), Schatten], ins Blickfeld geraten.

A. FREUND [101: Phase] hat die Auswanderung in den ersten anderthalb Jahrzehnten nach dem Ende des Zweiten Weltkriegs als „letzte Phase des industriellen nordatlantischen Migrationssystems" eingeordnet. Er verweist damit auf Überlegungen K.J. BADES [2: Massenwanderung] und D. HOERDERS [28: Arbeitswanderung; 27: Labor Migration], die deutsche Transatlantikmigration des 19. Jahrhunderts als einen Teil eines durch regionale Disparitäten im Zeitalter von Industrialisierung, Agrarmodernisierung und fortschreitender wirtschaftlicher Verflechtung hervorgerufenen Wanderungsprozesses zu verstehen. Dieser hatte unterschiedliche Ausgangsgebiete und Zielräume und etablierte sich nicht nur als Überseeauswanderung, sondern auch als binneneuropäische Internationalisierung der Arbeitsmärkte sowie als interne intersektorale Arbeitswanderung, die den Prozess der Urbanisierung vorantrieb.

„Nordatlantisches Migrationssystem"

2. Intra- und interregionale Arbeitswanderungen

Der tiefgreifende Wandel der Siedlungsstruktur in Deutschland durch das Städtewachstum wurde in der zeitgenössischen wissenschaftlichen Diskussion zwar vielfach als Ausdruck von Modernität und Fortschritt verstanden. Dennoch überwogen, beginnend mit W.H. RIEHLS

„Naturgeschichte des Volkes" von 1854 und damit noch vor der Beschleunigung der Verstädterung, kulturpessimistische Einschätzungen. G. SCHMOLLER verwies 1890 auf die „hausierende Vagabundage der ganzen arbeitenden Bevölkerung" in Deutschland, „wie es selbst die Nomaden nicht kannten" [257: Unternehmungen, 397]. Und der Magdeburger Statistiker O. LACKNER formulierte den Grundkonsens der Eliten im Kaiserreich: „Je seßhafter eine Bevölkerung, desto besser ist sie" [zit. nach: 197: S. BLEEK, Mobilität, 5]. „Landflucht" schien die für den Agrarsektor katastrophale Kehrseite industriellen und urbanen Wachstums zu sein; eine Sicht, die K. BERGMANN [196: Agrarromantik] detailliert herausgearbeitet hat.

Die Nationalökonomie entwickelte innovative Ansätze des Zugangs zum Phänomen. Die ausgesprochen breite Literatur (u. a. W. Sombart, F. Syrup, R. Kuczynski, G. von Mayr), deren Reichweite der in die USA emigrierte Bevölkerungsforscher R. HEBERLE 1938 kommentierte [213: Rural-Urban Migration], blickte auf Umfang, Richtung, Hintergründe, Formen und Folgen der Verstädterung. Eine wesentliche Verbesserung der statistischen Basis der zeitgenössischen Forschung brachte die Veröffentlichung der Daten über Zu- und Abwanderungen der Städte mit mehr als 50 000 Einwohnern im Statistischen Jahrbuch Deutscher Städte 1881–1912 (dann wieder ab 1924). Allerdings verband sich damit zugleich ein Manko: Studien zu interregionalen Migrationen konzentrierten sich beinahe ausschließlich auf die größeren Städte und verstanden ihren Gegenstand als lineare, eindimensionale räumliche Bewegung vom Land in die Stadt.

Nationalökonomisch-statistische Verstädterungsforschung

Die Ergebnisse der nationalökonomisch-statistischen Forschung führten R. HEBERLE und F. MEYER 1937 in einer breit angelegten Studie zusammen [214: Großstädte], die bis heute Gültigkeit hat. Sie diskutierten die statistischen Grundlagen der Verstädterungsforschung und hoben die Vorteile der Arbeit mit meldestatistischen Angaben hervor, mit deren Hilfe jeder einzelne Wanderungsfall und damit die Gesamtwanderung in ihren Bruttowerten ermittelt werden kann. HEBERLE und MEYER trugen die verwertbaren Angaben der Meldeämter zusammen, entwickelten lange Reihen der Mobilitätskennziffern, entwarfen Städtetypologien und glichen die quantitativen Angaben über die städtische Zu- und Abwanderung mit Konjunkturdaten ab. So entdeckten sie das Ausmaß der pulsierenden Bewegungen zwischen den Großstädten, die hohe Relevanz der saisonalen Land-Stadt-Land-Migrationen und die starke innerstädtische Mobilität.

Frühe Arbeiten Heberles/Meyers

Dieser Beitrag zur Urbanisierungsforschung blieb in Deutschland lange singulär. Die (Selbst-)Marginalisierung der Demographie durch die Verstrickung in die NS-Bevölkerungs- und Rassenpolitik trug dazu bei [243: R. MACKENSEN/J. EHMER/J. REULECKE (Hrsg.), URSPRÜNGE; 157: A. PINWINKLER, Historische Bevölkerungsforschungen]. Eine Ausnahme blieben Untersuchungen W. KÖLLMANNS, die sich explizit mit Fragen der städtischen Bevölkerungsentwicklung auseinandersetzten und im Kontext eines für die Bevölkerungs- und Migrationsforschung wegweisenden Œuvres standen. Wichtige Ergebnisse wurden 1974 in einem Sammelband zusammengeführt [225: Bevölkerung]. Erst mit der verstärkten Hinwendung der westdeutschen Geschichtswissenschaft zu sozio-ökonomischen Phänomenen in den späten 1960er Jahren wuchs das Interesse an Problemen der interregionalen Mobilität. Bedeutend war der Einfluss der US-amerikanischen „New Urban History", die auch durch Qualifikationsarbeiten junger US-Historiker zu Aspekten der deutschen Migrationsgeschichte in die Diskussion in der Bundesrepublik getragen wurde.

Zwei Schwerpunkte in der westdeutschen Forschung der 1970er und 1980er Jahre lassen sich ausmachen: Arbeiten zu den Hintergründen, Formen und Effekten der Verstädterung vor dem Ersten Weltkrieg einerseits und Studien zur räumlichen Mobilität der Industriearbeiterschaft andererseits. Beide Richtungen nahmen zwar Bezug aufeinander, dennoch bewegten sich die Diskussionen zumeist in unterschiedlichen Kreisen. Für die neuere Forschung zur Verstädterung hatten die Perspektiven D. LANGEWIESCHES Pioniercharakter. LANGEWIESCHE entdeckte die Ansätze HEBERLES und MEYERS neu und nutzte die veröffentlichten An- und Abmeldedaten großer Städte [230: Wanderungsbewegungen]. Trotz der wegen der begrenzten Reichweite der Daten notwendigen Konzentration auf große Städte gelang es ihm, das intra- und interstädtische Wanderungsgeschehen in die intra- und interregionalen Migrationsverhältnisse einzuordnen. Wie schon HEBERLE und MEYER konstatierte LANGEWIESCHE die hohe Bedeutung von Saisonwanderung, Rückwanderung und zirkulärer Migration. Damit ergab sich ein facettenreiches Gesamtbild der Migrationsverhältnisse in der Phase der Hochindustrialisierung mit ihrer ausgesprochen hohen räumlichen Mobilität.

Untersuchungen zur geographischen Mobilität im Kontext der Entwicklung einzelner Industrieunternehmen bzw. -zweige verweisen auf den Aufstieg der Sozial- bzw. Arbeitergeschichtsschreibung seit den 1960er Jahren. Richtungweisende Studien über die räumliche Herkunft und Fluktuation von Arbeitskräften in der Industrie, aber auch über Qualifikationsstrukturen und soziale Mobilität boten H. SCHOMERUS [258: Esslingen], K. TENFELDE [264: Bergarbeiterschaft], P. BOR-

2. Intra- und interregionale Arbeitswanderungen 95

SCHEID [200: Textilarbeiterschaft] und H.-J. RUPIEPER [256: M.A.N.]. Eine Reihe weiterer Studien folgte, die zumeist auf die Entwicklung der Industriearbeiterschaft in einer Stadt oder Region blickten [Überblick: 255: G.A. RITTER/K. TENFELDE, Arbeiter, 18–30, 175–197]. Hinzu traten wichtige Städtestudien zu Bochum [206: D.F. CREW, Bochum], Berlin [267: I. THIENEL, Städtewachstum] oder Köln [219: K. JASPER, Urbanisierungsprozeß] sowie die breit angelegte Untersuchung H. MATZERATHS [245: Urbanisierung] über Preußen 1815–1914, die systematisch-vergleichend unterschiedliche Phasen des Städtewachstums herausarbeitete, nach politischen, demographischen, wirtschaftlichen und sozialen Einflüssen auf Umfang und Formen blickte sowie die Folgen für städtische Gesellschaft und kommunale Politik diskutierte.

Zusammengeführt wurden Ergebnisse der Forschung zur Verstädterung und zur räumlichen Mobilität der Industriearbeiterschaft Ende der 1970er und Anfang der 1980er Jahre in einigen wichtigen Sammelbänden [205: W. CONZE/U. ENGELHARDT (Hrsg.), Arbeiter; 259: W.H. SCHRÖDER (Hrsg.), Stadtgeschichte; 265: H.-J. TEUTEBERG (Hrsg.), Urbanisierung; 266: DERS. (Hrsg.), Städtewachstum; 244: H. MATZERATH (Hrsg.), Städtewachstum; 211: W. HARDTWIG/K. TENFELDE (Hrsg.), Soziale Räume]. Die weiterhin rezipierten knappen Überblicke von J. REULECKE [254: Urbanisierung] und W.R. KRABBE [226: Stadt], die u. a. die Funktion der Städte als Zuwanderungszentren einordneten, folgten binnen Kurzem. All diese Publikationen kennzeichnet eine klare Schwerpunktsetzung auf die Phase der Hochindustrialisierung vor dem Ersten Weltkrieg.

Forschungsbilanzen der 1970er und 1980er Jahre

Mitte der 1980er Jahre wuchs das Interesse an Fragen der städtischen Migrationsverhältnisse des frühen 19. sowie des „kurzen" 20. Jahrhunderts nach dem Ersten Weltkrieg, auch wenn die Forschung zu diesen Phasen bei Weitem nicht die Intensität jener zum Kaiserreich erreichte. F. LENGERS Arbeit zu Düsseldorf [234: Kleinbürgertum] konzentrierte sich auf die Jahrzehnte vor der Hochindustrialisierung, J.H. JACKSONS Studie zu Duisburg [218: Migration] setzte hier ebenfalls einen Schwerpunkt. Die beiden mustergültigen Arbeiten verdeutlichen auf breiter Datenbasis, dass die Mobilitätsraten bereits vor der Industrialisierung sehr hoch waren. Auch in diesem Feld zeigte sich mithin, dass die bereits diskutierte Vorstellung von einer schwach ausgeprägten räumlichen Mobilität in vorindustriellen Phasen ein Mythos war.

Die ausgesprochen hohen Mobilitätsraten ab den 1880er Jahren blieben allerdings unübertroffen. D. LANGEWIESCHE und F. LENGER [236: Räumliche Mobilität; 231: D. LANGEWIESCHE, Mobilität] nahmen an, dass das Ausmaß der interregionalen Migration mit dem

Ersten Weltkrieg sank. Sie verwiesen dabei auf 1. das geringere Wirtschaftswachstum nach 1918, 2. die Zunahme der Zahl der Tagespendler wegen der Verbesserung des öffentlichen Nahverkehrs, 3. (kriegsbedingte) demographische Veränderungen, die den Anteil junger lediger Männer – der mobilsten Gruppe – verminderten und in eine Verlangsamung des Bevölkerungswachstums mündeten, 4. städtische Wohnungsnot und Mietpreissteigerungen sowie 5. eine geringere Migrationsbereitschaft durch Arbeitslosenunterstützung und staatliche Arbeitsvermittlung.

S. HOCHSTADT, der den bislang ambitioniertesten datengesättigten Überblick zur intra- und interregionalen Migration in Deutschland im 19. und 20. Jahrhundert vorgelegt hat [216: Mobility], setzte das Ende der ausgesprochen hohen Mobilität in der Hochindustrialisierung früher an. Er verwies darauf, dass die von LENGER und LANGEWIESCHE vorgebrachten Argumente nicht für einen abrupten Wandel mit dem Ersten Weltkrieg sprechen, sondern für einen schleichenden Übergangsprozess, der spätestens um 1900 einsetze. Damit verlor der Prozess der Verstädterung an Dynamik: „Kennzeichnend für die europäische Stadt des 20. Jahrhunderts war", wie H. KAELBLE zusammenfasste, „das begrenzte Wachstum, begrenzter jedenfalls als in außereuropäischen Gesellschaften der industriellen wie der Dritten Welt" [220: Europäische Stadt, 36].

Schleichender Rückgang der Mobilität um 1900

Erweitert worden sind die Kenntnisse über den Prozess der Verstädterung im späten 19. und frühen 20. Jahrhundert durch die detaillierte Untersuchung innerstädtischer Mobilität und die spezifischen Muster der Umzugsmobilität zwischen einzelnen städtischen Quartieren, wie die Studie S. BLEEKS [198: Quartierbildung] über das Münchner Westend demonstrierte. Zudem liegt eine seinen Ansätzen folgende Fallstudie zur südlichen Vorstadt Bremens vor [237: M. LEOPOLD-RIEKS, Viertel].

Innerstädtische Mobilität

Die ausgeprägte Quantifizierung hat dazu beigetragen, dass vor allem der Prozess der Verstädterung in den Mittelpunkt der Forschung zur inter- und intraregionalen Mobilität rückte. Verstärkt wurde diese Tendenz durch das sozialhistorische Interesse an der Geschichte von Arbeiterschaft, Industrialisierung sowie gesellschaftlicher und (kommunal)politischer Modernisierung. Deutlich geringeres Interesse weckte demgegenüber die Frage nach der regionalen Herkunft städtischer Zuwanderer und den Hintergründen für ihre Abwanderung sowie nach dem Verbleib von Abwanderern aus der Stadt. Die von LANGEWIESCHE konstatierte Notwendigkeit, den Prozess der Verstädterung als ein Teilphänomen der inter- und intraregionalen Migration zu verstehen,

2. Intra- und interregionale Arbeitswanderungen

wurde selten aufgegriffen, insbesondere weil, wie HOCHSTADT betonte, keine an die städtischen Daten heranreichenden quantifizierbaren Angaben vorliegen.

Das Wanderungsvolumen im ländlichen Raum ist lange wegen der geringen Kenntnisse zum Thema unterschätzt worden. Ländlich-agrarische Wanderungsbewegungen hatte schon die 1935 erschienene Studie K. STEYERS dokumentiert, die auf der Meldestatistik für die Provinz Ostpreußen 1929–32 basierte [263: Ostpreußen]. Aufschluss bot auch die Untersuchung P. BORSCHEIDS zum münsterländischen Greven [201: Saison- und Etappenwanderung]. Um den Vergleich von Daten zu Großstädten und zu kleineren Gemeinden bemühte sich S. HOCHSTADT mit dem Ziel einer „synthetischen Beschreibung der städtischen Wanderungsbewegungen" [215: 584–596, Zitat 576]. HOCHSTADT kam zu dem Ergebnis, „daß die Grundmuster, die sich durch die Daten der großen Städte ergeben, auf umfassendere Migrationsmuster" hinweisen und konstatierte programmatisch: „Je stärker Mobilität als gesellschaftliches und nicht als städtisches Phänomen untersucht werden kann, desto mehr nähern wir uns einem realistischen demographischen Verständnis der modernen deutschen Geschichte an" [215: 594]. Zugleich verwies er aber darauf, dass ein solches Gesamtbild wegen fehlender Daten nicht erstellt werden könne.

Zentrale Aspekte inter- und intraregionalen Wanderungsgeschehens sind aber auch ohne Massendaten zu erforschen. W.D. KAMPHOEFNER [222: Strukturen] hat z. B. auf die Bedeutung der Kettenwanderungen für die Urbanisierung hingewiesen. Eine der wenigen Studien dazu bot W. KROMER [227: Propagandisten]. Er fragte nicht nach den Dimensionen der städtischen Zu- und Abwanderung, sondern nach der Kommunikation zwischen Stadt und Umland, um die Faktoren zu erschließen, die Einfluss auf die Entscheidung über eine Abwanderung, deren Richtung und Form nahmen. Deutlich wurde – wie bei der transatlantischen Auswanderung – die Intensität und Dichte der interregionalen Kommunikation: Migranten aus dem von KROMER untersuchten Hohenloher Land waren in aller Regel sehr gut über Arbeitsmarkt- und Lebensbedingungen in den städtischen Zielorten unterrichtet und konnten folglich ihre Chancen auf eine Verbesserung ihrer Lebenssituation abschätzen. Verwandte und Bekannte bereiteten die Zuwanderung von Neuankömmlingen vor, bildeten die erste Anlaufstation und halfen bei den ersten Schritten in der neuen Umgebung.

Wie im Kontext der transatlantischen Massenmigration erscheinen vor allem sowohl Zu- als auch Abwanderungsgebiete übergreifende

Mobilität im ländlichen Raum

Kettenwanderung und Verstädterung

Regionalstudien als geeignet, die konstatierten Desiderate zu überwinden. Es mag zwar nicht im Detail gelingen, Umfang und Verlauf der intra- und interregionalen Wanderungen nachzuvollziehen. Möglich aber wäre es, Verflechtungen zwischen Zu- und Abwanderungsregionen sowie Wanderungstraditionen und ihre Dynamik zu erforschen, um zu einem Gesamtbild der Migrationsverhältnisse auf dieser Ebene zu gelangen. Ein Ansatz dazu stammt aus den 1970er Jahren mit K.J. BADES Arbeit [10: Land, Kap. 8.6] über Hintergründe, Formen und Folgen des überseeischen, grenzüberschreitenden, intra- und interregionalen Wanderungsgeschehens im preußischen Nordosten im späten 19. und frühen 20. Jahrhundert. Dabei diskutierte er auch die Abwanderung von Polen und Masuren, deren Zahl in Rheinland-Westfalen innerhalb weniger Jahrzehnte bis auf eine halbe Million anstieg.

„Ruhrpolen"

Während BADE von den Ausgangsräumen aus auf die „Ruhrpolen" blickte, konzentrierten sich andere Studien vornehmlich auf die Zielgebiete und damit auf die Aufnahme und Integration dieser Zuwanderer. Die „Ruhrpolen" bilden das am besten untersuchte Beispiel für interregionale Fernwanderungen im Deutschland des 19. und frühen 20. Jahrhunderts. Von einzelnen älteren Studien abgesehen, unter denen vor allem das umstrittene, weil „völkisch" argumentierende Werk W. BREPOHLS [202: Aufbau des Ruhrvolkes] auch später noch rezipiert worden ist, boten die Untersuchungen H.-U. WEHLERS [271: Polen] und besonders das breit angelegte Standardwerk C. KLESSMANNS [224: Polnische Bergarbeiter] Einblicke in Umfang, Beschäftigungsfelder, Siedlungsstruktur und Vereinswesen der „Ruhrpolen". Einen Schwerpunkt dieses Werks bildete die restriktive preußische Politik gegenüber den polnischen „Reichsfeinden", die nicht nur als nationale Minderheit, sondern lange auch als Katholiken Diskriminierungen ausgesetzt waren. Weitere Untersuchungen zur Integration der „Ruhrpolen" folgten Ende der 1970er und in den 1980er Jahren [248: K. MURZYNOWSKA, Erwerbsauswanderer; 247: R.C. MURPHY, Gastarbeiter; 260: V.-M. STEFANSKI, Emanzipation; 251: R.K. OENNING, Polnische Farben]. Auf die ruhrpolnische Gewerkschaftsbewegung und deren Verhältnis zu den großen Gewerkschaften konzentrierte sich J.L. KULCZYCKI [228: Foreign Worker; 229: Polish Coal Miners Union].

Polen in anderen Regionen Deutschlands

Lange ist übersehen worden, dass Zuwanderer polnischer Sprache und Kultur im Zuge der starken innerdeutschen Ost-West-Wanderung im 19. und frühen 20. Jahrhundert auch in anderen industriell aufstrebenden Regionen präsent waren: Das galt für die Hansestädte Bremen und Hamburg bzw. ihr Umland [195: K.M. BARFUSS, „Gastarbeiter"; 212: E. HAUSCHILDT, Polnische Arbeitsmigranten], vor allem aber auch für den Großraum Berlin [262: O. STEINERT, Die Berliner Polen]. Während es sich bei den „Ruhrpolen" fast durchgängig um montanindustrielle Arbeitskräfte handelte, war, wie O. STEINERT ermittelte, die polnische Zuwandererbevölkerung in Berlin wesentlich stärker sozial differenziert. Mithin bildete sich in der Reichshauptstadt trotz einer beachtlichen polnischen Bevölkerung kein derart eng geschlossenes Sozialmilieu wie an der Ruhr.

Studien zu „Ruhrpolen" und preußisch-polnischen Zuwanderern in anderen Regionen enden zumeist mit dem Ersten Weltkrieg und verweisen sporadisch auf den starken Rückgang des polnischen Herkunftskollektivs durch Rückwanderung bzw. Weiterwanderung (nach Nordfrankreich, Belgien und die Niederlande) nach 1918. Aspekte der Generationen übergreifenden Integration der Gruppe von den 1880er bis zu den 1960er Jahren hat J. FRACKOWIAK [208: Wanderer] für das mitteldeutsche Industrierevier in den Blick genommen. Er verweist auf die Entwicklung hybrider Identitäten bis in die frühen 1930er Jahre und auf den schrittweisen Bedeutungsverlust einer polnischen Identität, der sich in der schwindenden Relevanz polnischer Organisationen und im politischen Engagement polnischer Zuwanderer in den etablierten Parteien der Weimarer Republik zeigte. Dennoch wuchs auch die dritte Generation der Polen im Bitterfelder Revier in ein funktionierendes Netz von Minderheitenvereinen hinein, in dem der polnischen Sprache weiterhin eine hohe Bedeutung zukam. Die Zerschlagung der polnischen Vereine und Verbände nach der NS-Machtübernahme führte, wie FRACKOWIAK hervorhebt, zu einer Rückbesinnung auf eine polnische Identität, die eine Voraussetzung war für die Rückwanderung vieler Angehöriger der zweiten oder dritten Generation in die polnischen Herkunftsgebiete der Vorfahren nach 1945.

Die Perspektiven FRACKOWIAKS zum Wandel nationaler Identitäten über tiefgreifende politische Zäsuren hinweg lassen das Potenzial der Untersuchung von Integration als Generationen übergreifendem Projekt deutlich werden. Weitere Erkenntnisse könnte der Vergleich der Ergebnisse zum Fall Bitterfeld mit Herkunftskollektiven polnischer Zuwanderer in anderen Teilen Deutschlands bieten. Als weiterführend erscheint dabei auch der noch nicht unternommene Versuch, die Entwicklung der nationalen Identitäten in den Ausgangsräumen im preußischen Osten vergleichend heranzuziehen, um Aufschluss darüber zu gewinnen, welche Bedeutung die Migrationssituation und die Existenz als zugewanderter Minderheit für die identitäre Entwicklung haben konnten. Nicht zuletzt böte sich hier der internationale Vergleich an, dessen Reichweite für einige Aspekte der Entwicklung großer

Perspektiven des Vergleichs polnischer Zuwanderungen

polnischer Herkunftskollektive bereits B. McCook verdeutlicht hat [246: Borders of Integration].

Geringe Berücksichtigung des ländlichen Wanderungsgeschehens

Gegenüber den polnischen interregionalen Arbeitswanderungen in städtisch-industrielle Räume können die Bewegungen landwirtschaftlicher Arbeitskräfte als weitaus weniger intensiv untersucht gelten. Erst jüngst haben für diesen Kontext die Arbeiten von K. Lehnert [232: Migrantisch] und L. Vogel [268: Aufnehmen] weiterführende neue Aufschlüsse geboten. Einen Hintergrund für die lange Vernachlässigung bildet zweifellos die Tatsache, dass sich die Aufmerksamkeit der historischen Forschung vornehmlich auf die Industriearbeiterschaft und den Industrialisierungs- und Urbanisierungsprozess sowie auf Probleme nationaler Minderheiten richtete. Im 19. und frühen 20. Jahrhundert hatte demgegenüber das ländlich-agrarische Wanderungsgeschehen großes Interesse auf sich gezogen, das zahlreiche Studien hervorbrachte [221: K. Kaerger, Sachsengängerei; 238: M. Lezius, Sachsengängerei].

Lippische Ziegler und Hollandgänger

Nach dem Zweiten Weltkrieg wurden diese Ansätze nur noch selten rezipiert. Zu den Ausnahmen zählten die neueren Forschungen zu den lippischen Zieglern [241: P. Lourens/J. Lucassen, Lippische Ziegler; regionale Perspektive: 239: H. Linderkamp, Ziegelei; 272: P. Wessels, Ems], zu den Bewegungen der Hollandgänger, die neben den Niederlanden zahlreiche innerdeutsche Ziele hatten [242: J. Lucassen, Kusten; Perspektive auf alle Anrainerstaaten der Nordsee: 240: J. van Lottum, North Sea; Regionalstudie: 199: F. Bölsker-Schlicht, Hollandgängerei; Quellenedition: 209: A. Gladen u. a. (Hrsg.), Hollandgang], und zu den westfälischen Wanderhändlern [249: H. Oberpenning, „Tödden-System"]. All diesen Bewegungen ist gemeinsam, dass sie im 19. Jahrhundert bereits auf lange Traditionen zurückblickten. Den Studien ging es um die Hintergründe für die Etablierung spezifischer Wanderungstraditionen und um die Funktionsweise der Wanderungssysteme über lange Zeiträume hinweg. Die Formen und Folgen des Niedergangs der Systeme bzw. deren Wandel im 19. Jahrhundert fanden demgegenüber weniger Interesse.

Handwerker- bzw. Gesellenwanderungen

Informationen zu vielen anderen, teils enorm umfangreichen Bewegungen, wie z. B. die strukturstabile intraregionale Massenwanderung der Knechte und Mägde oder die weit verbreitete Migration von Saisonarbeitskräften bei Getreideernte, Rübenpflege und -ernte, Hopfen- oder Weinernte finden sich nur verstreut und müssen weiterhin zumeist der zeitgenössischen Literatur entnommen werden [Einblicke: 270: I. Weber-Kellermann, Erntebrauch]. Weiterführende Perspektiven führten zwei Sammelwerke zusammen [250: H. Oberpenning/ A. Steidl (Hrsg.), Kleinräumige Wanderungen; 233: K. Lehnert/L.

2. Intra- und interregionale Arbeitswanderungen 101

VOGEL (Hrsg.), Transregionale Perspektiven]. Auch über das Landhandwerk und die umfänglichen Bewegungen von Arbeitskräften zwischen ländlichen Gewerbestandorten im 19. und frühen 20. Jahrhundert ist wenig bekannt; demgegenüber sind die Kenntnisse über städtische Arbeitsmärkte von Handwerkern deutlich umfangreicher. Hier kann vor allem auf die umfassende Forschung aus dem Umfeld von J. EHMER und R. REITH in Wien bzw. Salzburg verwiesen werden [Überblick: 207: J. EHMER, Journeymen; 253: R. REITH, Handwerksgesellen; 269: S. WADAUER, Tour der Gesellen; Fallstudie: 261: A. STEIDL, Wien].

Trotz der Forschungslücken ist die inter- und intraregionale Mobilität des 19. besser untersucht als jene des 20. Jahrhunderts; hier bleiben besonders die Jahrzehnte nach dem Zweiten Weltkrieg kaum berücksichtigt. Wichtige überblickende Einordnungen zu den europäischen Städten des 20. Jahrhunderts, die weiterhin zentrale Magneten im Binnenwanderungsgeschehen blieben, nahmen allerdings P.M. HOHENBERG/L. HOLLEN LEES [217: Urban Europe], P. CLARK [204: European Cities] sowie F. LENGER [235: Metropolen] vor. Ein gewisser Schwerpunkt der Forschung bildete sich außerdem bezogen auf die 1930er Jahre heraus: J. KAUFHOLD fragte nach den Effekten der Weltwirtschaftskrise für die inter- und intraregionalen Bewegungen [223: Weltwirtschaftskrise], mehrere Studien blickten auf die NS-Kriegsvorbereitungen, die u. a. zum massiven Ausbau oder zur Neugründung von Industriestandorten führten. Einige Perspektiven sind zusammengeführt bei J. OLTMER (Hrsg.) [252: „Volksgemeinschaft"]. Darüber hinaus sind Aspekte der räumlichen Mobilität und Verstädterung in Bezug auf die deutsch-deutsche Vereinigung 1990 und die starken Abwanderungen aus Ostdeutschland wieder verstärkt diskutiert worden, seit den frühen 2000er Jahren insbesondere unter dem Schlagwort des „demographischen Wandels" [Überblicke: 210: S. GRUNDMANN, Ostdeutschland; 203: I. CASSENS/M. LUY/R.D. SCHOLZ (Hrsg.), Bevölkerung]. Dennoch blieb das Ausmaß der Forschung zu diesen Bewegungen weit zurück hinter den wissenschaftlichen Debatten um die grenzüberschreitende Migration nach Deutschland, die seit dem späten 19. Jahrhundert das Wanderungsgeschehen immer stärker geprägt hatte und mit der Hochkonjunktur der 1950er und 1960er Jahre noch erheblich an Dynamik gewann.

Geringe Kenntnisse der inter- und intraregionalen Mobilität im 20. Jahrhundert

3. Grenzüberschreitende Arbeitsmigration

Im 19. und 20. Jahrhundert war Deutschland Ausgangsraum umfangreicher grenzüberschreitender Arbeitswanderungen vornehmlich ins benachbarte europäische Ausland. Teils fügten sie sich in Arbeitswanderungssysteme mit Zielen sowohl innerhalb als auch außerhalb Deutschlands. Der von J. LUCASSEN in die geschichtswissenschaftliche Diskussion eingeführte Begriff des „Wanderungssystems" verweist auf Migrationen zwischen zwei Regionen, die über einen langen Zeitraum hinweg auf hohem Niveau blieben. Hintergrund waren wirtschaftliche Disparitäten, ein steter Informationsaustausch hielt die Bewegung aufrecht und beeinflusste deren Umfang und Zusammensetzung.

„Wanderungssysteme"

Dieses Muster galt für die bereits im Zusammenhang interregionaler Migration diskutierten und von J. LUCASSEN im Rahmen einer Autopsie europäischer Arbeitswanderungssysteme zwischen dem 17. und dem 19. Jahrhundert untersuchten Hollandgänger. Die Hollandgängerei war Teil des „Nordsee-Systems" saisonaler Arbeitsmigration in die landwirtschaftlich und gewerblich höher entwickelten Küstenregionen von Nordfrankreich bis Bremen. Verschiedene Formen beruflicher Spezialisierung von Hollandgängern lassen sich ausmachen, die zur Etablierung je spezifischer Arbeitsmärkte führten: Das gilt auch für die oben erwähnten lippischen Ziegler, die über das „Nordsee-System" hinausgehende Zielgebiete erschlossen und sich immer stärker auf die Zentren von Industrialisierung und Urbanisierung ausrichteten. Eine andere Form der Spezialisierung innerhalb des „Nordsee-Systems" bildete die ebenfalls umfangreiche Beschäftigung in der niederländischen Handelsmarine [296: K. DAVIDS, Maritime Labour; 311: R. VAN GELDER, Avontuur] sowie in der Kolonialarmee [289: M. BOSSENBROEK, Volk]. Und auch die von H. OBERPENNING detailliert untersuchten Wanderhändler [249: „Tödden-System"] aus dem nördlichen Münsterland bildeten eine Form der Spezialisierung aus, die ebenfalls durch die rasche Erschließung neuer Märkte außerhalb der Kerngebiete des „Nordsee-Systems" gekennzeichnet war. All diese Migrationen blieben über viele Generationen hinweg als saisonale Bewegungen strukturstabil, sieht man von den besonderen Bedingungen in Handelsmarine und Kolonialarmee ab, die nicht saisonal anwarben, allerdings ebenfalls zeitlich befristete Arbeitsverhältnisse boten.

„Nordsee-System"

Das erhebliche Lohngefälle zwischen Nordwestdeutschland und

3. Grenzüberschreitende Arbeitsmigration 103

den Niederlanden förderte aber auch dauerhafte Ansiedlungen. Um 1800 waren 4 % aller Bewohner der Niederlande in Deutschland geboren. Seeleute und Kolonialsoldaten nahmen nach dem Ende der Dienstzeit ihren Wohnsitz in den Niederlanden, im 19. Jahrhundert eröffneten manche Wanderhändler städtische Ladengeschäfte. Hinzu kamen viele junge Frauen, die im 19. Jahrhundert, aber insbesondere in der Zwischenkriegszeit in den Niederlanden als Dienstmädchen arbeiteten und häufig nach einer Heirat dauerhaft blieben [322: B. HENKES, Heimat]. Andere Hollandgänger wandten sich von der Landwirtschaft ab, den florierenden Häfen zu und ließen sich dort nieder. Solche Ansiedlungsprozesse sind seit den 1990er Jahren auf einer breiten Quellenbasis für zahlreiche niederländische Städte und Regionen in der Amsterdamer bzw. Leidener Arbeitsgruppe um L. LUCASSEN untersucht worden. Bemerkenswert sind die detaillierten Ergebnisse über Generationen übergreifende Prozesse der Integration in den verschiedensten gesellschaftlichen Bereichen [u.v.a.: 343: L. LUCASSEN, Duitse; 342: DERS. (Hrsg.), Amsterdammer; 344: DERS., Heiratsverhalten; 383: M. SCHROVER, Kolonie].

<small>Niederlassung von Arbeitswanderern in den Niederlanden</small>

Für andere europäische Länder gibt es derart breite Informationen nicht. Seit den 1990er Jahren sind deutsche Zuwanderer in Großbritannien in den Blick der migrationshistorischen Forschung gerückt. Die „Werkstatt der Welt" bildete im 19. Jahrhundert für Handwerker, Kaufleute, Handlungsgehilfen, Ingenieure oder Bankiers ein attraktives Ziel. Die Vielfalt der deutschen Zuwanderung im 19. Jahrhundert überblickt P. PANAYI [358: German Immigrants], zwei Sammelbände erschließen zentrale Bewegungen in der gesamten Neuzeit [360: P. PANAYI (Hrsg.), Germans in Britain; 346: S. MANZ/M. SCHULTE BEERBÜHL/J.R. DAVIS (Hrsg.), Transfer]. Wichtige Fallstudien bieten S. MANZ zu Glasgow, dem industriellen und kommerziellen Zentrum Schottlands [345: Migranten] sowie M. SCHULTE BEERBÜHL zu den deutschen Kaufleuten in London [385]. Der Erste Weltkrieg führte zu einer krassen Einschränkung der deutschen Präsenz in Großbritannien: Wie P. PANAYI [359: Enemy] herausgearbeitet hat, verminderten Straßenkrawalle, Plünderung von Ladengeschäften, dann Internierung und z. T. Abschiebung die Zahl der Deutschen erheblich. Erst mit der Aufnahme von Flüchtlingen aus NS-Deutschland und mit der Anwerbung deutscher Arbeitskräfte unmittelbar nach dem Ende des Zweiten Weltkriegs stieg die deutsche Zuwanderung in Großbritannien wieder deutlich an [390: J.-D. STEINERT/I. WEBER-NEWTH, Labour].

<small>Deutsche in Großbritannien</small>

Für Frankreich hat ein von M. KÖNIG herausgegebener Sammelband [333: Paris] einzelne Aspekte der deutschen Arbeitsmigration in

<small>Deutsche in Frankreich</small>

das westliche Nachbarland untersucht, zugleich aber auch offenbart, wie gering die Kenntnisse im Vergleich zu Großbritannien und den Niederlanden sind. Ähnlich wie in Großbritannien bildete auch in Frankreich der Erste Weltkrieg einen Einschnitt, nachdem bereits der deutsch-französische Krieg 1870/71 die deutsche Präsenz zwischenzeitlich massiv vermindert hatte, dem dann erhebliche neue Zuwanderungen folgten.

Deutsche in der Schweiz

Obwohl die Schweiz im Ersten Weltkrieg neutral blieb, unterbrach der Krieg auch den Strom der deutschen Zuwanderer in das Nachbarland, weil viele von ihnen der Kriegsdienstpflicht im Reich nachkamen und nach 1918 wegen der restriktiven Zuwanderungspolitik nicht mehr in die Schweiz zurückkehren konnten. Der Ausländeranteil war in der Schweiz sehr hoch und erreichte einen europäischen Spitzenwert, was nicht nur auf die starke Zuwanderung, sondern auch auf das restriktive Einbürgerungsrecht zurückzuführen war. 1910 waren fast 15 % der Bevölkerung Ausländer. Deutsche bildeten darunter im 19. und frühen 20. Jahrhundert die größte Gruppe, stellten 1880 fast die Hälfte aller Ausländer und 1910 immer noch 37 %. Überblickende Studien liegen zwar vor, detaillierte Untersuchungen über Hintergründe, Formen und Folgen der deutschen Zuwanderung aber fehlen, selbst für die Zeit nach dem Zweiten Weltkrieg, als die Arbeitswanderung in das Nachbarland wieder an Bedeutung gewann [397: K. URNER, Deutsche; 398: M. VUILLEUMIER, Flüchtlinge; 278: G. ARLETTAZ/S. ARLETTAZ, La Suisse].

Anteile der deutschen Zuwanderer sinken

Über die genannten Zielländer hinaus blieb die deutsche Arbeitsmigration in Europa von geringerem Ausmaß. Konstatieren lässt sich, dass in den zwei Jahrzehnten vor dem Ersten Weltkrieg der Anteil der Deutschen an der Gesamtzuwanderung in den Niederlanden, Großbritannien, Frankreich und der Schweiz immer weiter abnahm, auch wenn die dortigen deutschen Herkunftskollektive stabil blieben. Im gleichen Zeitraum wuchs die Zuwanderung ausländischer Arbeitskräfte in das Reich immer weiter an.

Nationalökonomische Zuwanderungsforschung

Die grenzüberschreitende Arbeitsmigration nach Deutschland, die seit den 1880er Jahren rapide an Bedeutung gewann, bildet seit den 1980er Jahren einen Schwerpunkt der migrationshistorischen Literatur. Aspekte von Zuwanderung und Aufenthalt ausländischer Arbeitskräfte waren bereits zeitgenössisch aus nationalökonomischer und agrarwissenschaftlicher Perspektive breit diskutiert worden (z. B. M. Sering, T. von der Goltz, M. von Stojentin, A. Mytkowicz, O. Becker, W.A. Henatsch, G. Groß, F. Faaß, W. Radetzki). Die Untersuchungen blieben aber weithin statistisch-deskriptiv und boten keine Kontextualisierung der diskutierten Einzelfälle. Die Interessenkonstellationen bei der Formulierung zuwanderungs- und ausländerpolitischer Maßnahmen konnten ebenso wenig herausgearbeitet werden wie die Dimensionen der Ausländerbeschäftigung; denn die preußische Staatsregierung hielt die amtlichen Angaben über die jährliche grenzüberschreitende Arbeitskräftefluktuation geheim.

Die archivalische Überlieferung Preußens und des Reiches nutzte erstmals die Pionierstudie des Rostocker Historikers J. NICHTWEISS von 1959 über die Ausländerbeschäftigung in der Landwirtschaft 1890–1914 [351: Saisonarbeiter]. Sie bot einen Überblick über die Ausländerpolitik, blickte auf außen- und innenpolitische Konflikte um die Durchsetzung des staatlichen Anspruchs auf die Kontrolle über die Ausländerzulassung und fragte auch nach der Bedeutung des „Legitimationszwangs" für die soziale, wirtschaftliche und rechtliche Position ausländischer Arbeitsmigranten. Die Arbeit stieß zunächst nur in der DDR-Forschung auf Resonanz. Diese erste größere migrationshistorische Studie aus der DDR verstand sich bereits als ein Beitrag zur Erforschung der „Fremdarbeiterpolitik des Imperialismus". So lautete der Titel einer seit 1974 in Rostock herausgegebenen – 1989 in „Migrationsforschung" umbenannten – Zeitschrift, die als Organ der dort im gleichen Jahr unter Leitung von L. ELSNER etablierten Forschergruppe „Migration und Ausländerpolitik im Imperialismus" fungierte. Im Sinne politischer Geschichtsschreibung verstand dieser Historikerkreis die Geschichte der Ausländerbeschäftigung als die Entwicklung einer kaum nuancierten Repressionspolitik gegenüber Ausländern vom Kaiserreich über die Weimarer Republik und NS-Deutschland bis in die Bundesrepublik.

Deutlich stärker noch als bei NICHTWEISS trat die legitimatorische Funktion der DDR-Geschichtswissenschaft in der einseitigen Auswahl und Interpretation der Quellen in den Nachfolgestudien hervor. Das gilt bereits für die Dissertation von L. ELSNER von 1961 [301: Ausländische Arbeiter] über die Ausländerpolitik im Ersten Weltkrieg. Sie wurde zwar ebenso wenig veröffentlicht wie die überarbeitete Fassung 1975 [303: Polnische Arbeiter], zahlreiche Aufsätze präsentierten aber wichtige Ergebnisse [darunter: 302: Lage]. Aus der Forschergruppe um ELSNER gingen u. a. die solideren Studien von J. LEHMANN zum NS-Deutschland 1933–39 von 1985 [340: Ausländerbeschäftigung] und von W. HENNIES zur Weimarer Republik von 1988 [323: Ausländerpolitik] hervor. Angeregt hatte die Arbeit von NICHTWEISS zudem bereits die Dissertation von J. TESSARZ von 1962 [392: Rolle], die sich mit einer engen Perspektive ebenfalls der Weimarer Republik widmete. 1988 fassten L. ELSNER und J. LEHMANN [304: Ausländische Arbeiter] Erkenntnisse der Arbeitsgruppe zusammen.

Marginalia: DDR-Pionierstudie von J. Nichtweiss; DDR-Forschung

In der Bundesrepublik setzte die Beschäftigung mit der Geschichte der Arbeitsmigration von und nach Deutschland später ein, verfolgte andere Erkenntnisinteressen und war wesentlich stärker sozialhistorisch orientiert. Als Pionierstudie blickte die Erlanger Habilitationsschrift von K.J. BADE 1979 [10: Land] für die Nordostgebiete im Kaiserreich auf überseeische Massenabwanderung, grenzüberschreitende Zuwanderung und interne Arbeitswanderung und setzte sich zum Ziel, die Verflechtungen und Wechselwirkungen zwischen diesen verschiedenen Bewegungen zu verdeutlichen. Das Schwergewicht galt dabei dem Handeln im Migrationsprozess, dem Wechselverhältnis von Migration und Arbeitsmarkt sowie den politischen Konflikten um Kontrolle und Steuerung der Arbeitswanderung aus dem östlichen Ausland im Kontext der preußischen antipolnischen „Abwehrpolitik". Zahlreiche Aufsätze dokumentierten die Ergebnisse der erst später veröffentlichten Arbeit [darunter: 280: K.J. BADE, „Preußengänger"]. Dazu zählte auch die kommentierte Edition der im Kaiserreich unter Verschluss gehaltenen „Nachweisungen" der preußischen Landräte über den Umfang der Ausländerbeschäftigung [281: K.J. BADE (Hrsg.), Arbeiterstatistik].

BADE arbeitete auch heraus, dass die antipolnische „Abwehrpolitik" nicht nur auf Ausländerkontrolle zielte. Ein Element der Steuerung bildete der Versuch, die Zahl der polnischen Arbeitsmigranten durch die Förderung der Zuwanderung von Angehörigen anderer Nationalität zu vermindern, die als staats- und nationalitätenpolitisch weniger bedrohlich galten. BADE betonte dabei die Anstrengungen zur Gewinnung ukrainischer/ruthenischer Landarbeitskräfte aus dem österreichisch-ungarischen Ostgalizien. J. OLTMER wies 2005 [47: Migration und Politik, 139–217] darauf hin, dass ein Ziel dieser Politik darin bestand, landwirtschaftliche Siedler und Arbeitskräfte aus den umfangreichen deutschen Minderheiten in Ost-, Ostmittel- und Südosteuropa zu gewinnen, die seit den 1880er Jahren mit der Verbreitung eines alldeutsch-nationalistischen Verständnisses der deutschen Nation immer weiter ins Blickfeld expansionistischer „weltpolitischer" Konzepte und Bestrebungen gerückt waren.

Die antipolnische „Abwehrpolitik" war eng verknüpft mit Fragen des Staatsangehörigkeitsrechts, seit den 1890er Jahren fester Bestandteil innenpolitischer Debatten. Von einzelnen rechtshistorischen Studien abgesehen [316: R. GRAWERT, Staat], rückte dessen Geschichte erst Anfang der 1990er Jahre in das Blickfeld der historischen Forschung. Die Diskussion ging aus von R. BRUBAKER [290: Citizenship], der die unterschiedliche Höhe der Einbürgerungsraten in Frankreich und in der Bundesrepublik Ende des 20. Jahrhunderts vorwiegend auf

3. Grenzüberschreitende Arbeitsmigration 107

Diskrepanzen zwischen einem republikanischen und einem ethnonationalen Konzept der Nation zurückzuführen suchte. D. GOSEWINKEL [315: Einbürgern] bot dann 2001 eine umfassende Abhandlung über Begriff und rechtliche Institution der Staatsangehörigkeit im Deutschland des 19. und 20. Jahrhunderts in europäischer Perspektive. Dabei konzentrierte er sich auf dessen Wandel vor dem Hintergrund des Bedeutungsgewinns nationaler Integration und nationalistischer Vorstellungen, „reichischer" Orientierungen und Organisationsformen sowie wohlfahrtsstaatlicher Interventionen. Im Vordergrund stand das preußische Beispiel in der Epoche des Kaiserreichs.

Dieser Epoche und den innenpolitischen Auseinandersetzungen um die Einbürgerungspolitik widmete sich auch die Arbeit E. NATHANS' [350: Politics of Citizenship]. A. FAHRMEIR [305: German Citizenships; 306: Citizens] hingegen konzentrierte sich auf einer breiten Quellengrundlage auf die Entwicklungen vor der Reichsgründung und konnte nachweisen, dass sich die deutschen Staaten keineswegs von Beginn an, wie BRUBAKER postulierte, einem strikten Abstammungsprinzip verschrieben hatten, sondern sich dieses vielmehr erst nach der Mitte des 19. Jahrhunderts durchsetzte. 2007 hat FAHRMEIR [307: Citizenship] darüber hinaus die Genese des moderne Staatlichkeit kennzeichnenden Konzepts Staatsangehörigkeit in einer europäisch-atlantischen Perspektive seit dem späten 18. Jahrhundert vergleichend eingeordnet. Auch zu den Problemen der Einbürgerungspraxis in einzelnen deutschen Staaten bieten seine Arbeiten zentrale Einsichten. Für das Kaiserreich und die Weimarer Republik (mit einem Ausblick auf NS-Deutschland und die frühe Bundesrepublik) liegen die quellengesättigten Einschätzungen der 2006 erschienenen Arbeit von O. TREVISIOL [395: Einbürgerungspraxis] vor.

Staatsangehörigkeit vor 1871

In den 1990er Jahren wurden die Forschungen BADES, die sich vor allem auf die in der ostelbischen Landwirtschaft tätigen Polen aus Russland und Österreich-Ungarn als größter Gruppe konzentrierten, um weitere Studien zu anderen Zuwanderungen und Wirtschaftssektoren ergänzt. Die kleine Studie von K. ROLLER [375: Frauenmigration] nahm den hohen Anteil von Frauen unter den polnischen Arbeitskräften in den Blick. Die Dissertationen R. DEL FABBROS [297: Transalpini] und A. WENNEMANNS [400: Arbeit] galten der italienischen Arbeitsmigration nach Deutschland vor dem Ersten Weltkrieg, die nach der polnischen Zuwanderung die zweitstärkste Bewegung bildete [wichtiger älterer Aufsatz: 380: H. SCHÄFER, Italienische „Gastarbeiter"]. Sie erweiterten damit zugleich das Wissen über die Ausländerbeschäftigung in Industrie und Gewerbe, die bei den pol-

Polinnen

Italiener

nischen Arbeitswanderern wegen des Verbotes der Beschäftigung außerhalb der Landwirtschaft in den westlichen und mittleren preußischen Provinzen nur eine geringe Bedeutung hatte. Beide Arbeiten standen in der Tradition der von BADE entwickelten Ansätze und untersuchten sowohl die Herkunftsgebiete in Norditalien als auch die Zuwanderungsgebiete in Süd- und Südwestdeutschland (DEL FABBRO) sowie in Rheinland-Westfalen (WENNEMANN). Der Betreuung italienischer Zuwanderer durch katholische Einrichtungen widmete sich in vergleichender Perspektive die Arbeit von L. TRINCIA [396: Diaspora].

Niederländer Den Niederländern als drittstärkster Gruppe wurde demgegenüber deutlich weniger Aufmerksamkeit zuteil. Mit seiner Studie über die Anfänge der Internationalisierung des Arbeitsmarkts in den 1890er Jahren am Beispiel der Beschäftigung niederländischer Arbeitskräfte beim Bau des Dortmund-Ems-Kanals veranschaulichte M. KÖSTERS-KRAFT den starken Anstieg grenzüberschreitender Migration in der Hochindustrialisierungsperiode [334: Großbaustelle]. Dem Kanalbau galt auch die Untersuchung S. SCHUBERTS [384: Saisonarbeit] zum Mittellandkanal, bei dem nach langen Auseinandersetzungen um die untersagte Beschäftigung auslandspolnischer Arbeitskräfte im Westen Deutschlands außerhalb der Landwirtschaft schließlich doch mit Hilfe von Sondergenehmigungen vornehmlich Polen aus Russland und Österreich-Ungarn eingesetzt wurden.

Wie M. FORBERG [309: Ausländerbeschäftigung] herausgearbeitet hat, blieb der gewerkschaftliche Organisationsgrad der ausländischen Arbeitskräfte gering. Das war einer der Hintergründe dafür, *Internatio-* dass die Gewerkschaften im kaiserlichen Deutschland in der Inter-
nalisierung/ nationalisierung der Arbeitsmärkte vornehmlich eine Gefahr für die
Globalisierung erstrebte Verbesserung der Lohn- und Arbeitsverhältnisse sahen. Hinzu
der Arbeitsmärkte kam, dass Unternehmer ausländische Arbeitskräfte immer wieder als Streikbrecher einsetzten. Diese Internationalisierung beschränkte sich keineswegs auf europäische Arbeitskräfte, vielmehr gab es Ende des 19. Jahrhunderts erste Ansätze einer Globalisierung der Rekrutierung [293: S. CONRAD, Globalisierung, 168–173]. Bereits in den 1890er Jahren wurde über den Import chinesischer Landarbeitskräfte diskutiert und Möglichkeiten der Anwerbung sondiert, dann aber wegen der hohen Transportkosten davon Abstand genommen. Allerdings wuchs die Zahl chinesischer Arbeitswanderer in der deutschen (wie überhaupt in der europäischen) Schifffahrt. Sie hielten sich in der Regel zwar nur kurz in den deutschen Hafenstädten auf, nach 1900 aber stieg die Aufenthaltsdauer. Dass sie trotz ihrer relativ geringen Zahl

3. Grenzüberschreitende Arbeitsmigration

den Zeitgenossen als besonders präsent erschienen, lag an der hohen Fluktuation in den schon bald als „Chinesenvierteln" apostrophierten kleinen Siedlungszonen und der Tatsache, dass sie als ausgesprochen fremd empfunden wurden, wie L. AMENDA für Hamburg belegt hat [275: Fremde; vergleichend: 276: DERS., „Einfallstore"]. Zu den Arbeitsmigranten, die in gleichem Maße als fremd galten, zählten auch Afrikaner, die zumeist aus den deutschen Kolonien stammten. In den 1990er Jahren sind erste Studien zu dieser kleinen Gruppe entstanden: S. KÜTTNER [339: Seeleute] blickte auf asiatische und afrikanische Seeleute der deutschen Handelsflotte, andere Untersuchungen haben biographische Beispiele für unterschiedliche soziale Milieus erarbeitet [283: M. BECHHAUS-GERST/R. KLEIN-ARENDT (Hrsg.), Begegnung; 353: K. OGUNTOYE, Lebenssituation; 318: P. GROSSE, Kolonialmigration; 273: R. AITKEN/E. ROSENHAFT, Black Germany].

Insgesamt zählt das Kaiserreich im Blick auf die Zuwanderung ausländischer Arbeitskräfte zu den am besten untersuchten Epochen. Dennoch bleiben Desiderate: Weiterhin ist die Landwirtschaft besser untersucht als die Industrie. Vor allem fällt auf, dass die Arbeitsmigration bislang selten als eine unternehmensgeschichtliche Problemstellung erkannt worden ist. Dabei erscheinen sowohl vergleichende Studien als auch die Untersuchung der Formen und Folgen der Beschäftigung ausländischer Arbeitskräfte in einzelnen Unternehmen und Branchen über eine lange Dauer als lohnend. Sie könnten zudem die Fixierung auf die Arbeiterschaft durchbrechen, indem sie die Zuwanderung (Hoch-)Qualifizierter in den Blick nehmen. Für die Internationalisierung jener Bereiche, die hohe Qualifikationen erforderten, finden sich bislang nur sporadische Hinweise: Das gilt z. B. für skandinavische Ingenieure, die Kenntnisse moderner Produktionsverfahren und Managementmethoden erwerben wollten, um sie nach einer Rückwanderung in der heimischen Industrie anzuwenden [373: C.H. RIEGLER, Technologietransfer; 317: P.-O. GRÖNBERG, Learning]. Es steht zu vermuten, dass diverse deutsche Wirtschaftszweige mit Weltgeltung (Maschinenbau, Elektro-, Chemieindustrie) vor dem Ersten Weltkrieg ausländischen Spezialisten, über den skandinavischen Fall hinaus, gut dotierte Arbeitsplätze und attraktive Weiterbildungsmöglichkeiten boten.

Desiderate der Kaiserreich-Forschung

Eng verflochten ist dieses Feld mit der Zuwanderung von Wissenschaftlern bzw. in akademische Beschäftigungsfelder. Auch hier sind bislang nur wenige Aspekte herausgearbeitet worden. Einige Kenntnisse bietet die neuere Forschung über die Zuwanderung russländischer Studenten vor dem Ersten Weltkrieg [362: H.R. PETER (Hrsg.), Schnorrer; 363: DERS./N. TIKHONOV (Hrsg.), Universitäten; 399: C. WEILL,

Étudiantes russes]. Zur Zuwanderung von Wissenschaftlern, Künstlern und Schriftstellern finden sich zahlreiche Hinweise, aber keine systematischen Untersuchungen. Diese fehlen auch für einen anderen Bereich, der für die wirtschaftliche Entwicklung von großer Bedeutung war: die Zuwanderung von Kaufleuten und Handlungsgehilfen. Einblicke bieten hierzu allerdings nun vor allem Untersuchungen, die sich als Beitrag zur Verflechtungs- und Transferforschung verstehen. Auf unterschiedliche gesellschaftliche Bereiche verweist das Sammelwerk von S. MANZ/ M. SCHULTE BEERBÜHL/J.R. DAVIS zum britisch-deutschen Fall [346: Migration and Transfer], auf Erfahrungen deutscher Lehrerinnen blicken W. GIPPERT/E. KLEINAU [312: Bildungsreisende]. Die Vielfalt der Arbeitsmigrationen dokumentieren D. DAHLMANN/M. SCHULTE BEERBÜHL (Hrsg.) [295: Perspektiven].

Fehlende internationale Vergleiche

Internationale Vergleiche wurden bislang im Untersuchungsfeld kaum gewagt. So waren z. B. vor 1914 Deutschland und Frankreich die wichtigsten europäischen Aufnahmeländer für Arbeitsmigranten aus Süd-, Südost- und Osteuropa. In beiden Staaten forcierten interregionale und internationale Arbeitswanderungen den Aufstieg industrieller Zentren und waren gleichzeitig dessen Folge. Einen schwerindustriellen Wachstumskern bildete das geteilte Lothringen, das als Gegenstand einer grenzüberschreitenden Regionalstudie die unterschiedlich ausgerichtete nationale Ausländer- und Zuwanderungspolitik zu berücksichtigen hätte als Auftakt zu weiteren ähnlich gelagerten europäischen Vergleichsstudien [erster Ansatz: 341: S. LEINER, Urbanisierung].

Weimarer Republik

Untersuchungen zur Geschichte der grenzüberschreitenden Arbeitsmigration in der Weimarer Republik in den 1930er Jahren und in Deutschland nach dem Zweiten Weltkrieg standen lange im Schatten des zunächst dominierenden Untersuchungszeitraums von den 1880er Jahren bis zum Ersten Weltkrieg. K.J. BADE [279: Arbeitsmarkt] hatte für die Weimarer Republik bereits früh Aspekte des Wandels im Vergleich zur Vorkriegszeit verdeutlicht und den Bedeutungsgewinn der Arbeitsmarktpolitik hervorgehoben. Überlegungen von K. DOHSE [299: Ausländische Arbeiter] und später H. KAHRS [330: Verstaatlichung] traten hinzu. Ergänzt und verklammert wurden diese Perspektiven durch die Habilitationsschrift J. OLTMERS [47: Migration und Politik, 365–423], der die zentralen Elemente der Weimarer Zuwanderungs- und Ausländerpolitik analysierte, damit in der Migrationsforschung die Brücke zwischen Kaiserreich und NS-Deutschland schlug und als zentrales Ziel der Migrationspolitik in der Weimarer Republik den Abbau der Ausländerbeschäftigung herausarbeitete. OLTMER verwies ferner darauf, dass trotz des erheblichen Rückgangs der polnischen Minderheit im Reich weiterhin die antipolnische „Abwehrpolitik" praktiziert wurde. Deshalb sollte die polnische Zuwanderung auch wieder in die Bahnen der Saisonwanderung zurückgedrängt werden: Seit Kriegsbeginn 1914 ansässige Auslandspolen seien abzuschieben sowie Umfang und Zusammensetzung der Zuwanderung zu kontrollieren. Der Abschluss des deutsch-polnischen Wanderungsvertrags 1927 ermöglichte all das [354: J. OLTMER, Außenpolitik]. So gelang es, vor allem mit Hilfe migrationspolitischer Restriktionen, über beinahe ein halbes Jahrhundert hinweg, dauerhafte Ansiedlung und Integration auslandspolnischer Zuwanderer zu verhindern.

Die Forschung zur Geschichte der Arbeitsmigration sowie die Rahmung durch migrationspolitische Interventionen weist für die Weimarer Republik ähnliche, aber noch ausgeprägtere Defizite auf als für das Kaiserreich. Es mangelt an Regionalstudien zu Lebens-, Arbeitsverhältnissen und zur Integrationssituation der Arbeitsmigranten. Grenzüberblickende Arbeiten, die die Verflechtung von Ab- und Zuwanderungsregionen diskutieren, fehlen ebenso wie unternehmensgeschichtliche Studien. Kaum untersucht ist die Reichweite migrationspolitischer Maßnahmen vor Ort. Die vorliegenden Arbeiten, so auch die Kaiserreich und Weimarer Republik überblickende, sehr differenziert und weiterführend argumentierende Studie von C. REINECKE [371: Freizügigkeit], deuten an, dass Maßnahmen zur Beschränkung der Einreise, zur Verhinderung dauerhafter Ansiedlung oder zur Bindung an Betriebe bzw. Beschäftigungsbereiche häufig unterlaufen wurden – und zwar nicht nur von Zuwanderern [Einsichten für das späte Kaiserreich und die frühe Weimarer Republik: 294: S. CONSTANTINE, Migrant Labor], sondern gerade auch von Arbeitgebern, die betriebswirtschaftliche Vorteile durch die Beschäftigung von Arbeitsmigranten schwinden sahen, weil ausländerpolitische Maßnahmen die Gestehungskosten erhöhten (Gebühren für die Anwerbung, bürokratischer Aufwand für Anträge auf eine Beschäftigungsgenehmigung).

Desiderate der Forschung zur Weimarer Republik

Die geringe Präsenz der Polizei besonders in ländlichen Distrikten und der Kontrollorgane an den Grenzen lässt vermuten, dass grenzüberschreitende Bewegung und der zumindest zeitweilige Aufenthalt von Arbeitsmigranten häufig amtlich (und damit statistisch) nicht erfasst worden ist. Das gilt nach dem Ersten Weltkrieg auch deshalb, weil mit den Gebietsabtretungen die mit erheblichen politischen und geographischen Unsicherheiten verbundene Demarkation neuer Grenzen Zugangskontrollen lange unmöglich machten. Der aus Demilitarisierung und Strukturreformen resultierende Umbau der

Sicherheitsarchitektur trug zumindest zeitweilig zum migrationspolitischen Kontrollverlust bei. Dieser Zusammenhang verweist auch auf die fehlende Historisierung der aktuell diskutierten irregulären Zuwanderung bzw. aufenthaltsrechtlichen Illegalität, die meist als Ergebnis der Herausbildung einer „Festung Europa" seit den 1990er Jahren verstanden wird, nicht aber als im 19. und 20. Jahrhundert immer zu beobachtendes Ergebnis migrationspolitischer Entscheidungen und ausländerrechtlicher Regelungen.

Für die bislang ebenfalls kaum diskutierte Wechselwirkung von Migrations- und Außenpolitik [grundsätzliche Überlegungen dazu bei: 310: D.R. GABACCIA, Foreign Relations] bietet die Habilitationsschrift von C. RASS [370: Institutionalisierungsprozesse] sehr wichtige Aufschlüsse. RASS geht es um das außerordentlich umfangreiche Geflecht vertraglich manifestierter migrationspolitischer Beziehungen in Europa. Er konzentriert sich dabei auf die arbeitsmarktpolitische

Anwerbeverträge Bedeutung der Anwerbeverträge, daneben aber sollten zukünftig andere Dimensionen der Vertragspolitik ebenfalls beleuchtet werden. Das gilt z. B. für die nationalitätenpolitischen Interessen, die besonders die deutschen Anwerbeverträge vor 1945 prägen. Noch ist das Geflecht der außen- und innenpolitischen, wirtschafts- und sicherheitspolitischen Ziele, die sich mit der Aufnahme formeller Migrationsbeziehungen verbanden, nicht zureichend erschlossen, weil Einzelstudien fehlen. Darüber hinaus fehlt es an Arbeiten zur Visapolitik, die mit der flächendeckenden Einführung von Aus- und Einreisevisa während des Ersten Weltkriegs im gesamten europäisch-atlantischen Raum erheblich an Bedeutung gewann. Visapolitik stellte insofern ein Problem der Ausländerbeschäftigung dar, als die Aufhebung des Visumzwanges immer die Frage der Freizügigkeit für Arbeitskräfte berührte und mithin auch als ein migrationspolitischer Kontrollverlust verstanden werden konnte. Das Wechselverhältnis von Migrationspolitik sowie Grenzverschiebungen, Grenzpolitik und Grenzüberwachung hat A.H. SAMMARTINO [378: Impossible Border] für das späte Kaiserreich im Ersten Weltkrieg und die frühe Weimarer Republik sehr perspektivenreich herausgearbeitet.

Supranationale Initiativen Nur peripher sind bislang zudem die Kenntnisse über das weite Feld der supranationalen Initiativen und Abstimmungen: Sie waren vor allem Ergebnis der Übereinkommen und Empfehlungen der International Labour Organization (ILO), geschaffen als ständige Einrichtung des Völkerbundes. Am Ende mochte zwar angesichts des vielgestaltigen Problemfeldes, dessen Durchdringung allein schon durch die zahlreichen internationalen Konflikte und das geringe Prestige des Völkerbundes behindert wurde, der Regelungskanon weit von der Etablierung eines supranationalen Migrationsregimes entfernt bleiben. Weil aber die ILO ihre Tätigkeit nicht auf die Formulierung und Harmonisierung rechtlicher Standards weder im Bereich der Arbeitsverhältnisse im Allgemeinen noch für Migranten im Besonderen beschränkte, sondern vielmehr nach einer Dokumentation der internationalen Migrationssituation und der Entwicklung des Migrations- und Ausländerrechts in den einzelnen Staaten strebte, verdankt ihr die Forschung zahlreiche zeitgenössische wissenschaftliche und dokumentarische Arbeiten. Viele dieser Ergebnisse, ebenso wie die archivalische Überlieferung zahlreicher Anfragen im Rahmen von Enquêten sind noch nicht intensiv von der Forschung herangezogen worden. Für die Ausgestaltung der Migrationsbeziehungen nach dem Zweiten Weltkrieg, wie sie mit den zahlreichen Anwerbeverträgen, aber z. B. auch seit den Römischen Verträgen 1957 im Rahmen der europäischen Integration immer weiter intensiviert worden sind, waren die bilateralen Abkommen der Zwischenkriegszeit und die Abstimmungen im Rahmen der ILO konstitutiv.

Mit dem Austritt aus dem Völkerbund 1934 endete die deutsche Beteiligung an den supranationalen Initiativen der ILO. In der Zuwanderungs- und Ausländerpolitik selbst aber bildete die NS-Machtübernahme zunächst keinen fundamentalen Bruch. Auch NS-Deutschland griff vor dem Zweiten Weltkrieg auf bilaterale Anwerbeabkommen als Instrumente staatlicher Einflussnahme auf die Anwerbung ausländischer Arbeitskräfte zurück. U. HERBERT [525: Fremdarbeiter] hat darauf verwiesen, dass es angesichts der Verstaatlichung von Ausländeranwerbung und -kontrolle in der Weimarer Republik, die ihren Abschluss in der „Verordnung über ausländische Arbeitnehmer" vom 23.1.1933 fand, für das NS-Regime zunächst kein Erfordernis gab, das Instrumentarium zu verändern: Polizei und Arbeitsverwaltung standen mit den Regelungen aus der Weimarer Republik umfangreiche Steuerungskompetenzen und -kapazitäten zur Verfügung, sodass damit auch den Vorstellungen einer extrem ausländerfeindlichen Partei wie der NSDAP entsprochen werden konnte.

NS-Ausländerpolitik

Der eigentliche „Weg zum nationalsozialistischen ‚Ausländer-Einsatz'" (U. HERBERT) begann 1938/39 mit dem „Anschluss" Österreichs und den Annexionen auf ehemaligem tschechoslowakischen Territorium. Diese ersten Stationen einer Expansion des „Dritten Reichs" bedeuteten zugleich den Zugriff auf relativ große Arbeitskräftepotenziale für die unter scharfem Arbeitskräftemangel leidende reichsdeutsche Volkswirtschaft. Das ermöglichte nicht nur einen

Zäsur 1938/39

Anstieg der Zahl der Arbeitskräfte von außerhalb des ehemaligen reichsdeutschen Territoriums, sondern nötigte zugleich, so HERBERT, zu neuen ausländerpolizeilichen Maßnahmen. Das galt insbesondere deshalb, weil die Ausweisung und Abschiebung als Element der Bestrafung tschechischer Arbeitskräfte wegen der Einrichtung des Protektorates Böhmen und Mähren nicht mehr greifen konnte. Aus diesem Grund hielten es die Behörden im Reich für notwendig, einen Katalog von Strafmaßnahmen in Kraft zu setzen, der sich vor allem gegen den Bruch von Arbeitsverträgen oder Arbeitsverweigerung richtete. Außerdem waren Abschiebungen und Ausweisungen in Zeiten des Arbeitskräftemangels ökonomisch kontraproduktiv. Disziplinarische Maßnahmen und Strafen, bis hin zur Verhängung von „Schutzhaft", gewannen an Bedeutung; Elemente, die dann später – bei ständiger Verschärfung – die Zwangsarbeit im Rahmen des „Ausländer-Einsatzes" in der NS-Kriegswirtschaft kennzeichnen sollten (s. Kap. II. 5).

Geringe Intensität der Forschung zur Ausländerbeschäftigung vor 1939

Die Untersuchung von Arbeitsmigration und deren politischer Rahmung in den 1930er Jahren steht im Schatten der intensiven Erforschung des millionenfachen „Ausländer-Einsatzes" in der NS-Kriegswirtschaft. Thematisiert wird die Situation vor Kriegsbeginn 1939 meist knapp als bloße Vorgeschichte des danach etablierten Zwangsarbeitsregimes. Die Frage der Einbettung in die Geschichte von Migrationsverhältnissen und -politik seit dem Ende des 19. Jahrhunderts spielte, sieht man von einigen Bemerkungen HERBERTS ab, dabei keine erhebliche Rolle. Das gilt auch für das Feld der internationalen Migrationsbeziehungen – bis hin zu der Frage, inwieweit Anwerbeverträge in den 1930er Jahren Bestandteil spezifischer politischer und wirtschaftlicher Expansionsstrategien sein konnten. Hier gilt es mithin noch, die Brücke vom Kaiserreich bzw. von der Weimarer Republik zum NS-„Ausländer-Einsatz" zu schlagen.

Arbeitsmigration in die Bundesrepublik

Die Arbeitsmigration in die Bundesrepublik, die seit dem Ende der 1950er Jahre erheblich an Bedeutung gewann, bildete das zentrale Thema der sozialwissenschaftlichen Migrationsforschung, die sich seit den 1970er Jahren entwickelte. Als anwendungsorientierte „Gastarbeiterforschung", später dann „Ausländerforschung" ging sie von Problemen in den Arbeits- und Wohnverhältnissen sowie im Bildungssektor aus [Überblick: 394: A. TREIBEL, Ausländerforschung; 58: DIES., Migration]. Zugleich griffen theorieorientierte Arbeiten, die für Jahrzehnte einflussreich bleiben sollten, Ergebnisse der „Ausländer"- und „Gastarbeiterforschung" auf und regten zahlreiche neue Studien an [36: H.-J. HOFFMANN-NOWOTNY, Migration; 17: H. ESSER, Wande-

3. Grenzüberschreitende Arbeitsmigration 115

rungssoziologie; 321: F. HECKMANN, Bundesrepublik]. Bereits in den frühen 1980er Jahren ordneten migrationshistorische Beiträge die Ausländerbeschäftigung in der Bundesrepublik in die Geschichte der grenzüberschreitenden Arbeitsmigration nach Deutschland seit dem späten 19. Jahrhundert ein [3: K.J. BADE, Auswanderungsland; 25: U. HERBERT, Ausländerbeschäftigung]. Hinzuweisen ist hier besonders auf die 1982 von K.J. BADE organisierte interdisziplinäre Tagung „Vom Auswanderungsland zum Einwanderungsland", die die erste internationale Tagung zur Migrationsforschung in Deutschland bildete. Zwei Tagungsbände dokumentierten die Ergebnisse [4: K.J. BADE (Hrsg.), Auswanderer; s. auch: 5: DERS. (Hrsg.), Population].

Mit dem Auslaufen entsprechender Archivsperrfristen in den 1990er Jahren gewann die migrationshistorische Diskussion an Geschwindigkeit [349: J. MOTTE/R. OHLIGER/A. VON OSWALD (Hrsg.), 50 Jahre; wichtige und umfangreiche Quellensammlung zur Debatte um Zuwanderung und Integration in Deutschland seit den 1950er Jahren: 314: D. GÖKTÜRK/D. GRAMLING/A. KAES (Hrsg.), Transit Deutschland]. Den archivgestützten Studien der 1990er Jahre gelang es, die in den 1980er Jahren diskutierten Zusammenhänge weiter zu vertiefen und z. T. neu zu bewerten: Im Vordergrund standen dabei die bundesdeutschen Interessen bei den Verhandlungen um den Abschluss von Anwerbeabkommen und die Ausrichtung der Ausländerpolitik. Über die Ergebnisse der 1980er Jahre hinausweisend konnten die intensiven Diskussionen zwischen den beteiligten Bonner Ressorts in den 1950er und 1960er Jahren sowie mit und zwischen verschiedenen Interessenverbänden, darunter vor allem den Arbeitsmarktparteien, verdeutlicht werden.

Archivgestützte Forschung seit den 1990er Jahren

J.-D. STEINERT [56: Migration und Politik], der die Frühphase der bundesdeutschen Zuwanderungspolitik von der Mitte der 1950er Jahre bis zum Mauerbau 1961 im Kontext der alliierten und deutschen Diskussion um die politische Gestaltung von Migration aus und nach Westdeutschland seit 1945 behandelte, beleuchtete den Anwerbevertrag mit Italien 1955 als Problem bundesdeutscher Außenpolitik. Arbeitsmarktpolitische Interessen seien demgegenüber nachrangig gewesen [ähnlich später: 335: H. KNORTZ, Tauschgeschäfte; längere Perspektive: 376: R. SALA, „Fremdarbeiter"]. Auch deshalb blieben die Folgen für den westdeutschen Arbeitsmarkt zunächst gering, zumal die Zuwanderung aus der DDR weiterhin eine Quelle gut ausgebildeter Arbeitskräfte bot. Die Bundesrepublik war mithin in den 1950er Jahren ein bedeutendes Zuwanderungsland, ohne dass die Zahl der Ausländer exponentiell anstieg.

Wege zum Anwerbevertrag mit Italien

Wie J.-D. STEINERT [56: Migration und Politik], K. SCHÖNWÄL-

DER [382: Pluralität] und M. JAMIN [328: Anwerbevereinbarung] herausarbeiteten, hatten arbeitsmarktpolitische Interessen bei den 1960 mit Spanien und Griechenland sowie 1961 mit der Türkei abgeschlossenen Anwerbevereinbarungen bereits ein wesentlich höheres Gewicht als außenpolitische Argumente. K. SCHÖNWÄLDER hat in ihrer vergleichenden politikwissenschaftlichen Studie die Entwicklung der Ausländer(beschäftigungs)politik bis zum Anwerbestopp 1973 und die Diskussion um Konzepte und Strategien innerhalb der Bundesregierung, zwischen den politischen Parteien sowie mit den Arbeitsmarktparteien nachvollzogen. Sie zeigte, dass die Politik gegenüber der Zuwanderung auch in den 1960er und frühen 1970er Jahren keineswegs einheitlich war. Vielmehr gab es innerhalb der Bundesregierung und z. T. zwischen Bund und Ländern im Verlauf der 1960er Jahre anhaltende Auseinandersetzungen über Ausmaß und Formen der Kontrolle und Regulierung von Wanderungsprozessen, über den Umgang mit Familiennachzug und dauerhafter Niederlassung sowie über den Primat von wirtschaftlichen, bevölkerungs-, außen- oder sicherheitspolitischen Interessen.

Zu ähnlichen Ergebnissen kam die unternehmenshistorisch (u. a. Opel) orientierte Studie zu Südhessen von B. SONNENBERGER, die auch die Migrationspolitik der Bundesanstalt für Arbeit [388: Migrationspolitik] in den Blick nahm. Die Bundesanstalt für Arbeit war nicht nur deshalb ein wichtiger migrationspolitischer Akteur, weil sie organisatorisch für die Anwerbung in den Herkunftsländern zuständig war, sondern auch, weil ihr als Institution zum Ausgleich von Angebot und Nachfrage auf dem Arbeitsmarkt eine zentrale wirtschaftspolitische Bedeutung zukam. Die Politik der Bundesanstalt war, wie SONNENBERGER betonte, auf die kurz- und mittelfristige Entwicklung des Arbeitsmarkts ausgerichtet. Es ging ihr um die Sicherung bzw. Steigerung der Anwerbezahlen und nicht um Fragen der sozialen Integration der Zuwanderer. Das führte immer wieder zu Konflikten mit verschiedenen Bundesministerien und Landesregierungen.

SCHÖNWÄLDER und SONNENBERGER haben daran erinnert, dass über gesellschaftliche Auswirkungen von Ausländerbeschäftigung als Dauererscheinung, wie Niederlassung und Familiennachzug, relativ früh diskutiert wurde. Der Primat des wirtschaftlichen Interesses an einem dynamischen Aufschwung verhinderte dabei in den 1960er Jahren immer wieder die Durchsetzung von vor allem in den Innenministerien von Bund und Ländern entwickelten Plänen zur Verhinderung von Niederlassung durch Rückkehrzwang und Erschwerung des Familiennachzugs, wie sie im Kaiserreich und in der Weimarer Republik dominierend gewesen waren. Anfang der 1970er Jahre verlor das ökonomische Interesse an der Ausländerbeschäftigung gegenüber den restriktiven Linien der Innenministerien an Bedeutung. M. BERLINGHOFF [285: Ende der „Gastarbeit"] hat im Rahmen seiner Frankreich, die Schweiz und die Bundesrepublik Deutschland vergleichenden Untersuchung der europäischen Anwerbestoppmaßnahmen 1970–74 deutlich gemacht, dass vornehmlich die „Entdeckung der Einwanderungssituation", also die Erkenntnis, dass ein Teil der Arbeitswanderer sich niedergelassen hatte, Hintergrund der Regelungen war, nicht weiter anzuwerben und weitere Niederlassungstendenzen zu blockieren. Die Niederlassung sei vor allem als finanzielle Belastung für öffentliche Kassen diskutiert worden und als gesellschaftliches Problem angesichts der Homogenitätsvorstellungen in weiten Teilen von Politik und Bevölkerung. Der Bezug auf die „Ölkrise" habe nur legitimatorische Funktion gehabt. Darüber hinaus machte er deutlich, dass sich insbesondere seit den späten 1960er Jahren immer mehr Foren einer europäischen Abstimmung über Fragen der Migrationspolitik entwickelten, die zu einer sehr frühen (und informellen) „Harmonisierung" von Migrationspolitik in Europa führten. J. SCHNEIDER [381: Regieren] hat beobachtet, dass Migration parallel dazu seit den 1970er Jahren immer stärker ein Problem öffentlicher politischer Debatten und von Regierungspolitik wurde, während zuvor vornehmlich Abstimmungen zwischen und in Ressorts die Linien des staatlichen Umgangs mit der Arbeitsmigration bestimmten.

Trotz des 1973 in Kraft gesetzten Anwerbestopps verhinderten Normen des sozialen Rechtsstaats und außenpolitische Überlegungen die Durchsetzung der in den 1960er Jahren noch diskutierten Blockade des Familiennachzugs. K.J. BADE und M. BOMMES [282: Politische Kultur] hoben hervor, dass diese als „Steuerungsverlust" des bundesdeutschen Staates beschreibbare Entwicklung in erster Linie aus der Aufenthaltsverfestigung und der damit verbundenen Herausbildung starker aufenthalts- und sozialrechtlicher Sicherungen resultierte; sie waren dafür verantwortlich, dass die Dispositionsmacht einer auf „Rückkehrförderung" ausgerichteten Migrationspolitik relativ gering blieb. Eine intensive geschichtswissenschaftliche Auseinandersetzung mit der bundesdeutschen Migrationspolitik für das letzte Viertel des 20. Jahrhunderts, ihren Bedingungen, Foren der Wissensproduktion, Formen der Thematisierung und ihren Effekten steht insbesondere wegen der Archivsperrfristen noch aus. Wertvolle überblickende Informationen bieten die drei Beiträge von U. HERBERT/K. HUNN

Steuerungsverlust des Staates

[325: Beschäftigung] in den Bänden 6, 7 und 11 der „Geschichte der Sozialpolitik in Deutschland" für den Zeitraum 1974–1999.

„Gastarbeiterinnen"
Die neuere quellengestützte Forschung hat die Vorstellung ausgeräumt, die Angeworbenen seien mehr oder minder ausschließlich Männer gewesen, die ihre Ehefrauen und Familien erst später nachgeholt hätten. M. MATTES [347: „Gastarbeiterinnen"] hat nach den Interessen der Bundesrepublik und den Herkunftsländern gefragt, weibliche Arbeitskräfte zu rekrutieren. Vor allem in den Niedriglohnbranchen der Hauswirtschaft sowie der Textil- und Bekleidungs-, der Nahrungs- und Genussmittelindustrie, die ohnehin einen hohen Frauenanteil hatten, aber zunehmend weniger in der Lage waren, einheimische Frauen zu binden, wuchs der Anteil der Arbeitsmigrantinnen seit den späten 1950er Jahren rasch an. Die Bundesanstalt für Arbeit, insbesondere aber auch interessierte Unternehmen entwickelten spezifische Strategien zur Rekrutierung von Frauen, wie MATTES am Beispiel des West-Berliner Elektro-Konzerns Siemens und der Keksfabrik Bahlsen in Hannover verdeutlichen konnte.

Migranten als Akteure
Problemen der Anwerbepolitik sowie den politischen und medialen Diskussionen um die Zuwanderung von „Gastarbeitern" ist in den vergangenen Jahren weiter nachgegangen worden [26: U. HERBERT, Ausländerpolitik; 349: J. MOTTE/R. OHLIGER/A. VON OSWALD (Hrsg.), 50 Jahre; 324: U. HERBERT/K. HUNN, Gastarbeiter; 291: kulturhistorische Auseinandersetzung mit literarischen Werken als Quelle: R. CHIN, Question]. Während allerdings lange die Migranten vornehmlich als Objekt von Politik erschienen, wird immer intensiver auf Handlungen und Handlungsmacht der Zuwanderer geblickt – sei es im Kontext des Umgehens von restriktiven Regeln von Anwerbung und Aufenthalt [331: S. KARAKAYALI, Gespenster der Migration; 379: C. SANZ DÍAZ, „Illegale"], sei es im Blick auf den Widerstand gegen als unzumutbar empfundene Arbeits- und Lebensverhältnisse in der Bundesrepublik, sei es in Hinsicht auf den Kampf gegen (alltags-)rassistische und fremdenfeindliche Positionierungen, Stereotypen und Beschränkungen, sei es aber auch im Blick auf politische Partizipation und politische Positionierungen [288: M. BOJADŽIJEV, Windige Internationale; 286: P. BIRKE, Wilde Streiks; 393: O. TREDE, Misstrauen; 292: A. CLARKSON, Fragmented Fatherland].

Kommunale Perspektiven
Nicht nur die Migranten selbst sind als Akteure im Prozess von Migration und Integration zunehmend stärker in den Blick der Forschung geraten: Die Auseinandersetzung mit den Akteurskonstellationen auf der Ebene von Kommunen sowie der Kommunen mit staatlichen Akteuren [300: F. DUNKEL/G. STRAMAGLIA-FAGGION (Hrsg.), München; 386:

B. SEVERIN-BARBOUTIE, Stadt; 320: S. HACKETT, Foreigners; 389: O. SPARSCHUH, Grenzen; 364: J. PLEINEN, Migrationsregime; lange historische Perspektive: 332: E. KARPF, Frankfurt], in Unternehmen [357: A. VON OSWALD, Volkswagen; 368: G. PRONTERA, Partire; 336: A. KOLB, Autos; 372: H. RICHTER/R. RICHTER, Die Gastarbeiter-Welt], Gewerkschaften [393: O. TREDE, Misstrauen] oder Medienredaktionen [377: R. SALA, Fremde Worte] bietet inzwischen Aufschluss über zahlreiche, je spezifische Prozesse der Aushandlung dessen, was auf unterschiedlichen Ebenen und in verschiedenen Konstellationen unter Migration verstanden, auf welche Weise auf Migration und ihre Effekte reagiert wurde und wie Prozesse der Heterogenisierung wahrgenommen und bearbeitet worden sind.

Überblicke, die sowohl Aspekte der Zuwanderungspolitik als auch Wege nach Westdeutschland und Muster wohnräumlicher, beruflicher, betrieblicher oder kultureller Integration untersuchen, liegen zur italienischen [374: Y. RIEKER, Heimat; 329: O. JANZ/R. SALA (Hrsg.), Dolce Vita] und türkischen Migration [327: K. HUNN, Nächstes Jahr] vor und werden zu Jugoslawien vorbereitet [352: K. NOVINCZAK, Spuren]. Studien zu anderen, quantitativ durchaus gewichtigen Gruppen mit ganz eigenen Migrationstraditionen sowie Problemen und Perspektiven der Integration finden sich seltener. Das gilt z. B. sowohl für die spanische als auch für die portugiesische, griechische, oder für die wesentlich geringere marokkanische [hierzu jüngst: 365: A. POTT/K. BOURAS-OSTMANN/R. HAJJI/S. MOKET (Hrsg.), Rif] und tunesische Zuwanderung.

Überblicke zu einzelnen Zuwanderergruppen

Über Effekte der Migration und den Wandel der bundesdeutschen Gesellschaft ist weiterhin wenig bekannt. Zentrale Einsichten für die Esskultur durch Migration und Globalisierung seit dem Zweiten Weltkrieg bietet M. MÖHRING in ihrer perspektivenreichen Untersuchung über die „ausländische Gastronomie" [348: Fremdes Essen]. Aspekte der Veränderung von Esskultur und Ernährungspraktiken durch Migration, ein Kontext der insbesondere für Großbritannien breit herausgearbeitet ist, thematisieren weit gefächert die von M. BEER [284: Tellerrand] und L. AMENDA/E. LANGTHALER [277: Ernährung] herausgegebenen Sammelwerke.

Nur wenige Studien widmen sich, wie die Arbeit K. SCHÖNWÄLDERS zu Großbritannien und Deutschland oder die perspektivenreichen Untersuchungen von A. AKGÜNDÜZ [274: Labour Migration] und von L. LUCASSEN [41: Threat], dem internationalen Vergleich. Immerhin wurden in der Rekonstruktionsperiode nach 1945 in West-, Nord- und Mitteleuropa ausländische Arbeitskräfte in bis dahin nicht gekannten Größenordnungen angeworben bzw. grenzüberschreitende Zuwande-

Perspektiven internationaler Vergleiche

rungen auf die nationalen Arbeitsmärkte zugelassen. Dabei dominierten zwar unterschiedliche Muster, die aus verschiedenen Migrationstraditionen oder politischen bzw. rechtlichen Bindungen an bestimmte Herkunftsregionen resultierten und zumeist Ergebnis der kolonialen bzw. postkolonialen Bezüge europäischer Zuwanderungsländer waren (z. B. Nordafrikaner in Frankreich, Südasiaten in Großbritannien). Dennoch lassen sich zahlreiche Übereinstimmungen ausmachen: die Expansion der Arbeitsmärkte, die ihre Internationalisierung erforderlich zu machen schien, in einer Situation des ausgeprägten wirtschaftlichen Optimismus, der mittel- und langfristigen Folgen der arbeitsmarktpolitischen Entscheidungen nur nachrangige Bedeutung zumaß [391: I. STURM-MARTIN, Diversität; 355: J. OLTMER, Arbeitsmigrationsregime].

Insgesamt zeigt die Gestaltung der Anwerbepolitik in den einzelnen Staaten, wie stark die Genese der Migrationssituation von politischen Rahmungen abhängig war, die nicht Resultat migrationspolitischer Entscheidungen im engeren Sinne waren: Anwerbeverträge als Ergebnis des Strebens nach außenpolitischem Renommee oder der Verbesserung außenwirtschaftlicher Beziehungen (Bundesrepublik Deutschland) bzw. der Bemühungen um Vertiefung bestehender bündnispolitischer Verflechtungen (Frankreich); aber auch Zuwanderung als Ergebnis der Fiktion ehemaliger Kolonialnationen (Großbritannien, Frankreich, Niederlande, Belgien) von der Aufrechterhaltung intensiver Verflechtungen mit solchen Staaten, die sich von der kolonialen Herrschaft emanzipiert hatten.

Nur die Beschränkung der Zuwanderung, ob über Anwerbeverträge geregelt oder als postkoloniale Zuwanderung privilegiert, war ein Ergebnis vorwiegend migrationspolitischer Entscheidungen. Sie zielten darauf, Kontrollkompetenzen zu erhöhen und als Belastung für diverse gesellschaftliche Bereiche verstandene Zuwanderungen zu beschneiden. Nicht von ungefähr kam in den west-, nord- und mitteleuropäischen Staaten Anfang der 1970er Jahre innerhalb weniger Monate das Ende der Anwerbepolitik, nachdem bereits zuvor die Wege privilegierter postkolonialer Zuwanderung immer weiter versperrt worden waren. Die von M. BERLINGHOFF [285: Ende der „Gastarbeit"] in diesem Zusammenhang für die frühen 1970er Jahre herausgearbeitete „Europäisierung der Migrationspolitik" bietet einen zentralen Anknüpfungspunkt für eine geschichtswissenschaftliche Auseinandersetzung mit der seither beschleunigten institutionalisierten Migrationspolitik von EG und EU, die bis in die 1980er Jahre vor allem Einfluss auf die Sozialpolitik hatte [313: S.A.W. GOEDINGS, Labor Migration]. Für den Fall der Etablierung des Schengen-Systems seit 1985 bieten A. SIE-

Parallelität europäischer Anwerbestopp-Maßnahmen

BOLD [387: ZwischenGrenzen] wertvolle Einsichten in transnationale Diskurse sowie A. PUDLAT [369: Schengen] in sicherheitspolitische, auf Grenzkontrolle und Grenzschutz ausgerichtete Interessen und Praktiken. Für die Beschäftigung mit Entwicklungen seit den späten 1980er Jahren stehen zahlreiche politikwissenschaftliche Publikationen zur Verfügung [Überblick: 287: U. BIRSL, Migration; 361: B. PARUSEL, Abschottungs- und Anwerbestrategien], aber auch aus kulturanthropologischen Ansätzen hervorgegangene Auseinandersetzungen mit den Praktiken, Diskursen und Regulierungsantrengungen europäischer Institutionen [308: G. FELDMAN, Apparatus].

Während der Westen die Anwerbung Anfang der 1970er Jahre beendete, begann in der DDR in den 1970er Jahren die Beschäftigung „ausländischer Vertragsarbeiterinnen und -arbeitnehmer". Weil Arbeitskräftemangel die Entwicklung der Wirtschaft nachhaltig behinderte, schloss die DDR Anwerbeabkommen mit anderen sozialistischen Staaten. Hinzu traten außenpolitische Erwägungen, die auf die Unterstützung von Befreiungsbewegungen im globalen Süden zielte. In der DDR selbst gab es zu diesem Komplex keine nennenswerten wissenschaftlichen Untersuchungen; denn nach amtlicher Darstellung kamen die Zuwanderer ausschließlich für kürzere Zeiträume zur Aus- und Fortbildung in die Betriebe. Erst mit dem Ende der DDR geriet die Ausländerbeschäftigung in die wissenschaftliche Diskussion. Einen zentralen Anknüpfungspunkt dafür bot die durch die fremdenfeindlichen Anschläge Anfang der 1990er Jahre angestoßene Debatte um die Frage, ob und inwieweit „Fremdenhass" in den neuen Bundesländern Resultat der Tatsache gewesen sei, dass die DDR-Gesellschaft kaum Erfahrungen im Umgang mit Zuwanderern gemacht habe. Inzwischen liegen mehrere Studien über Anwerbe- und Ausländerbeschäftigungspolitik, Lebens- und Arbeitsverhältnisse der Zuwanderer sowie die Sicht der DDR-Bürger auf die Zuwanderer vor [Überblicke: 319: S. GRUNER-DOMIĆ, Beschäftigung; 337: D. KUCK, Aufbau; 367: K.C. PRIEMEL (Hrsg.), Transit; 298: M. DENNIS/N. LAPORTE, State und Minorities; 326: U. v.D. HEYDEN/U. SEMMLER/R. STRASSBURG (Hrsg.) Vertragsarbeiter; 366: P.G. POUTRUS, Aufnahme].

Forschung zur Ausländerbeschäftigung in der DDR

4. Flucht und Vertreibung

Die Geschichte der europäischen Gewaltmigrationen im 19. und 20. Jahrhundert ist im Kern eine Geschichte von Nationalstaatsbildung und nationalistischer Aus- und Abgrenzung, von Krieg, Bürger-

Voraussetzungen von Gewaltmigration

krieg und autoritären Systemen [473: N.M. NAIMARK, Fires; 499: P. THER/A. SILJAK (Hrsg.), Redrawing Nations; 410: M. BEER (Hrsg.), Weg; 420: U. BRUNNBAUER/M.G. ESCH/H. SUNDHAUSSEN (Hrsg.), Definitionsmacht; 468: R. MELVILLE/J. PEŠEK/C. SCHARF (Hrsg.), Zwangsmigrationen]. Das durch Krieg generierte Machtgefälle zwischen Staaten erleichterte bzw. ermöglichte die Marginalisierung und Vertreibung missliebiger Minderheiten. Überdies stellte zumeist erst der Ausbau der Interventions- und Ordnungskapazitäten von Staaten in Kriegen – zumal den totalen Kriegen des 20. Jahrhunderts – Instrumente zur Verfügung, um Massenausweisungen oder -vertreibungen durchzuführen. Darüber hinaus trugen Kriege zur Verbreitung extremer Nationalismen bei, Fremdenfeindlichkeit wurde gefördert, die Tendenz zur Ausgrenzung von Minderheiten verstärkt.

Minderheiten als Gefährdung nationaler Homogenität

Wie die hoch entwickelte Nationalismusforschung herausgearbeitet hat, kulminierte mit und nach der „konservativen Wende" im Bismarckreich Ende der 1870er Jahre die politische und publizistische Diskussion um Minderheiten als Gefahr für innere Sicherheit und Homogenität der Nation. In den 1880er Jahren gewannen antisemitische und antipolnische Diskurse in der publizistischen und politischen Debatte an Bedeutung. Staatliche Maßnahmen blieben davon nicht unberührt, leitete doch die „konservative Wende" eine bis zum Ersten Weltkrieg währende Phase antisemitischer und antipolnischer Verwaltungspraxis in verschiedenen Feldern ein. In diesen Kontext gehörten das antipolnische preußische Ansiedlungsgesetz von 1886 sowie die Massenausweisung von ausländischen Polen und Juden 1885/86 aus den preußischen Grenzprovinzen im Osten, wie sie von H. NEUBACH [474: Ausweisungen] im Detail untersucht worden ist. Die Ausweisungen betrafen rund 32 000 Menschen, zwei Drittel von ihnen Polen, ein Drittel Juden aus dem europäischen Osten und Südosten. Anders als die NEUBACHS Ergebnisse referierende Literatur häufig annimmt, wurde keineswegs in jedem Fall eine Rückkehr in das Herkunftsland angeordnet. B. SCHEIGER [485: Juden in Berlin, 430] verweist in ihrer Studie zu Berlin knapp darauf, dass die Ausgewiesenen überwiegend in westeuropäische Staaten und die USA weiterwanderten. Trotz der verdienstvollen Arbeit NEUBACHS fehlt es weiterhin an der Einbettung dieser Ausweisungsaktion in den Kontext der antipolnischen und antijüdischen Politik sowie an Informationen über Weiter- und Rückwanderung der Ausgewiesenen. Ohnehin hat die Untersuchung von Politik und Praxis der Ausweisungen als zentrales Element der Regulierung grenzüberschreitender Migration im Kaiserreich (und darüber hinaus) erst begonnen [421: F. CAESTECKER, Transformation;

371: C. Reinecke, Grenzen, S. 134–194; 430: M.P. Fitzpatrick, Mass Expulsions; zur Einordnung des Phänomens insgesamt: 423: N. De Genova/N. Peutz (Hrsg.), Deportation Regime].

Die von der Nationalismusforschung konstatierte ethnische Aufladung des Nationalismus in Deutschland bot die Grundlage für die Entwicklung einer spezifischen deutschen Politik gegenüber deutschen Minderheiten in Ost-, Ostmittel- und Südosteuropa. Der politischen Ideologie eines die Grenzen des Nationalstaates übergreifenden „Deutschtums", einer vorgestellten und über das Reichs- und Staatsangehörigkeitsgesetz von 1913 rechtlich hergestellten Abstammungsgemeinschaft, entsprang eine aggressive, auf die Veränderung der Staatsgrenzen angelegte Dynamik. Im Ersten Weltkrieg wurde in Deutschland vor diesem Hintergrund von Beginn an intensiv über die Frage der Sicherung zu annektierender Gebiete durch staatlich induzierte räumliche Bevölkerungsbewegungen diskutiert. Das galt vor allem für die Debatte um die Einrichtung eines „Grenzstreifens" im Osten, auf die I. Geiss [435: Grenzstreifen] bereits 1960 aufmerksam gemacht hatte: Eine Inbesitznahme russischen Territoriums entlang der preußischen Grenze von Ostpreußen im Norden bis Schlesien im Süden schien nur in Verbindung mit einer Siedlungsstrategie die militärischen Sicherheitserwartungen erfüllen zu können. J. Oltmer hat die in der Endphase des Kriegs bereits laufenden Vorbereitungen zur „Germanisierung" des „Grenzstreifens" untersucht [47: Migration und Politik, 151–182]. Nach der Umsiedlung und Vertreibung der Bevölkerung sollten deutsche Kolonisten aus Russland neu angesiedelt werden. Auswahlkommissionen im Gefolge der deutschen Truppen hatten ihre Arbeit in Russland und der Ukraine bereits aufgenommen.

Deutsche Minderheiten in Ost-, Ostmittel- und Südosteuropa

Die Kriegsniederlage des Reiches machte eine Umsetzung dieser bereits weit vorbereiteten Konzeptionen unmöglich; die deutsche Politik orientierte sich gegenüber den deutschen Minderheiten in Ost-, Ostmittel- und Südosteuropa neu. Im Zentrum stand nun das Streben nach ihrer Instrumentalisierung zur Revision des Versailler Vertrags: Deutsche Minderheiten erschienen dann als nützlich, wenn sie ihre Siedlungsgebiete nicht verließen und als Instrumente der deutschen Einflussnahme auf die Innenpolitik der Staaten Ost-, Ostmittel- und Südosteuropas eingesetzt werden konnten [47: J. Oltmer, Migration und Politik, 139–217]. Deshalb lag die Stabilisierung dieser Minderheiten durch vielfältige Hilfeleistungen, zumeist über verdeckte Finanzoperationen, im deutschen Interesse, wie N. Krekeler [459: Revisionsanspruch] herausgearbeitet hat. Dennoch gelang es nicht, eine Massenabwanderung zu verhindern: Bis Mitte der 1920er Jahre ver-

Instrumentalisierung deutscher Minderheiten in der Weimarer Republik

ließen ca. 1 Mio. Deutsche die nach dem Versailler Vertrag abgetretenen Gebiete [47: J. OLTMER, 89–138]. Von den Überlegungen OLTMERS abgesehen, stehen detaillierte Arbeiten zu Motiven, Formen und Folgen dieser Migrationen noch aus. Besonders die wirtschaftliche, soziale und kulturelle Integration im Reich und begleitende integrationspolitische Maßnahmen sind bislang kaum untersucht worden.

Die Axiomatik der Weimarer Politik gegenüber den deutschen Minderheiten im Ausland hatte die Notwendigkeit der Verhinderung von Zuwanderung in das Reich durch Erhaltung der Siedlungsschwerpunkte aus innen-, außen- und wirtschaftspolitischen Erwägungen, notfalls auch gegen humanitäre Interessen betont. In Anlehnung an die Siedlungsdiskussion im Ersten Weltkrieg entwickelte die NS-Politik eine entgegengesetzte Linie: Unter der Parole „Heim ins Reich" wurden 1939–44 etwa 1 Mio. „Volksdeutsche" vor allem in die von Deutschland annektierten Gebieten des Ostens umgesiedelt. Detailliert sind Planung, Vorbereitung, Umsetzung und Folgen der Maßnahmen vor allem von G. ALY [402: „Endlösung"], M.G. ESCH [429: Verhältnisse], I. HEINEMANN [446: „Rasse"], O. KOTZIAN [457: Umsiedler], R.-D. MÜLLER [472: Ostkrieg], M. LENIGER [462: „Volkstumsarbeit"] und A. STRIPPEL [497: NS-Volkstumspolitik] untersucht worden. Verdeutlicht wurde die Reichweite der Umsiedlungen als zentrales Element einer auf dauerhafte Herrschaftssicherung, auf die Etablierung einer nach rassistischen Kriterien ausgerichteten deutschen Ordnung, die Bevölkerungsgruppen und Nationalitäten hierarchisierte. Der 1942 von der SS aufgestellte „Generalplan Ost" ging dabei von der Umsiedlung von 45 Mio. Menschen aus. Verschiedene Facetten des Themas – von politischen Implikationen bis hin zu Fragen der Raumplanung und der Siedlungsarchitektur – diskutiert der Sammelband von M. RÖSSLER [Überblick: 484: „Generalplan Ost"]. Die Debatte um die Rolle wissenschaftlicher Experten, insbesondere auch von Historikern [Überblick: 491: W. SCHULZE/O.G. OEXLE (Hrsg.), Historiker; 442: I. HAAR/M. FAHLBUSCH (Hrsg.), German Scholars], bei der Entwicklung von Konzepten zur Umsiedlung, Vertreibung oder Ermordung ganzer Bevölkerungen führte seit den späten 1990er Jahren nicht nur zu neuen wissenschaftshistorischen Perspektiven, sondern regte auch eine ganze Reihe von Studien über die deutsche Besatzungspolitik an, die u. a. deren Folgen für die Migrationsverhältnisse beleuchteten [zusammenführend: 447: I. HEINEMANN/P. WAGNER (Hrsg.), Wissenschaft].

Die letzten Umsiedlungen „Heim ins Reich" 1944 hatten schon den Charakter einer Flucht vor der Roten Armee und einer Vorbotin von

4. Flucht und Vertreibung

Flucht und Vertreibung der Deutschen aus Ost-, Ostmittel- und Südosteuropa in der Schlussphase des Kriegs und in der unmittelbaren Nachkriegszeit. Die Literatur zur Geschichte von Flucht und Vertreibung ist inzwischen kaum mehr überschaubar. Das gilt nicht zuletzt deshalb, weil ein enormer Aufschwung der Flüchtlings- und Vertriebenenforschung seit Ende der 1980er Jahre zu einer Vielzahl regional und lokal orientierter Studien geführt hat, die z. T. die Ansätze der Historischen Migrationsforschung aufgenommen und besonders die Kenntnisse über die Vielfalt von Integrationsmustern und -bedingungen sowie der Begegnung von Einheimischen und Flüchtlingen verbessert haben.

<small>Flucht und Vertreibung der Deutschen nach 1945</small>

Die Zuwanderung der Flüchtlinge und Vertriebenen in der zweiten Hälfte der 1940er Jahre wurde schon zeitgenössisch von zahlreichen wissenschaftlichen Arbeiten begleitet. Diese anwendungsorientierten Studien wollten einen Beitrag zur Begrenzung und Bewältigung der vielfältigen, unmittelbar drängenden Probleme der Versorgung mit Wohnraum, Lebensmitteln und Arbeit leisten. Zumeist boten sie Fallbeispiele und bewegten sich im kommunalen Raum oder fragten nach Stand und Perspektiven der Flüchtlingseingliederung auf Länderebene. Dass diese Arbeiten häufig auf einer breiten Datenbasis argumentierten oder sogar explizit statistisch angelegt waren, spiegelte auch die Datenflut der unmittelbaren Nachkriegszeit wider, die aus den Bemühungen um eine Steuerung und Versorgung der Massenbewegungen resultierte.

<small>Anwendungsorientierte zeitgenössische Flüchtlingsforschung</small>

Kompilationen dieser Fülle wirtschafts- und sozialwissenschaftlich bzw. statistisch orientierter Studien stammen aus der zweiten Hälfte der 1950er Jahre. Wichtige Beispiele bot die vom Verein für Socialpolitik herausgegebene Reihe „Untersuchungen zum deutschen Vertriebenen- und Flüchtlingsproblem" [darunter: 426: F. EDDING, Eingliederung; 495: B.K. SPIETHOFF, Untersuchungen; 502: H. WAGNER, Heimatvertriebene; 455: H.R. KOLLAI, Eingliederung; 482: G. REICHLING, Heimatvertriebene]. Je weiter der wirtschaftliche Wiederaufstieg Westdeutschlands in den 1950er Jahren vorangekommen war, desto häufiger wurde die Integration der Flüchtlinge und Vertriebenen in Westdeutschland als Erfolgsgeschichte beschrieben. Eine dreibändige Zusammenfassung des bis dahin erreichten Standes der Forschung, die F. EDDING und E. LEMBERG [427: Vertriebene] 1959 herausgaben, schloss diese frühe Forschungsphase ab.

In den 1950er Jahren wurde zugleich das anders gelagerte Großprojekt „Dokumentation der Vertreibung der Deutschen aus Ost-Mitteleuropa" mit dem Ziel betrieben, Flucht und Vertreibung umfassend als Ereignis und Erfahrung zu dokumentierten [486: T. SCHIEDER (Bearb.), Dokumentation]. Das vom Bundesministerium für Vertriebene,

<small>„Dokumentation der Vertreibung der Deutschen aus Ost-Mitteleuropa"</small>

Flüchtlinge und Kriegsgeschädigte finanzierte und von T. SCHIEDER geleitete Vorhaben folgte damals modernen Methoden. M. BEER hat Ziele und Ergebnisse des „wohl größten zeitgeschichtlichen Forschungsvorhabens aus den Anfängen der Bundesrepublik" [409: Dokumentation, 99] sowie Kontroversen und Konflikte um die Umsetzung beschrieben und in die zeitgenössischen und aktuellen Diskussionen um Flucht und Vertreibung eingeordnet [408: Spannungsfeld; s. auch: 441: I. HAAR, „Vertreibungsverluste"].

Die Geschichte der Veröffentlichung der „Dokumentation der Vertreibung" spiegelt in gewisser Weise die Forschungsgeschichte von Flucht und Vertreibung insgesamt. Der letzte Band sollte die „Vertreibung der Deutschen als internationales Problem", so der Arbeitstitel, einordnen. Das Projekt blieb unvollendet, weil das Bundesvertriebenenministerium aus politischen Gründen nur geringes Interesse an einer Darstellung hatte, die die Wechselwirkungen von NS-Besatzungspolitik sowie Flucht und Vertreibung der Deutschen nach dem Zweiten Weltkrieg herausstellte und in die europäische Geschichte der Gewaltmigrationen einbettete [409: M. BEER, Dokumentation, 109–112]. Das Schicksal des in der Bearbeitung weit fortgeschrittenen Abschlussbandes steht für die Stagnation der Flüchtlings- und Vertriebenenforschung seit Anfang der 1960er Jahre: Die in den späten 1940er und 1950er Jahren vornehmlich an unmittelbaren Problemen der Integration der Flüchtlinge und Vertriebenen orientierte Forschung sah sich einem Bedeutungsverlust gegenüber, hatte doch die wirtschaftliche und soziale Integration angesichts des massiven Wirtschaftswachstums in der Rekonstruktionsperiode der Bundesrepublik erheblich an Brisanz verloren.

Neu erwachtes Interesse in den 1980er Jahren

Die Herausgabe des Neudrucks der „Dokumentation der Vertreibung" setzte 1984 ein Zeichen für ein neu erwachtes wissenschaftliches, politisches und publizistisches Interesse am Thema Flucht und Vertreibung nach mehr als 20 Jahren Stillstand. Dieses Interesse hält seither an. Den Beginn markierte die interdisziplinär orientierte Göttinger Tagung 1986, die sich als „Bilanzierung" und als Beitrag zur Entwicklung von „Perspektiven für die künftige Forschungsarbeit" verstand, wie der Untertitel des Tagungsbandes von 1987 verdeutlichte. Im Vordergrund standen Aspekte der Integration der Flüchtlinge und Vertriebenen in Westdeutschland [490: R. SCHULZE/D. VON DER BRELIE-LEWIEN/H. GREBING (Hrsg.), Flüchtlinge].

Mehrere Faktoren trugen zur Belebung des geschichtswissenschaftlichen Interesses am Thema bei: Die zunehmende Orientierung der Disziplin an sozial- und kulturhistorischen Ansätzen ließ neue, in den 1950er Jahren noch nicht untersuchte Aspekte der Geschichte von Aufnahme und Integration der Flüchtlinge und Vertriebenen hervortreten. Auch der Aufschwung der Zeitgeschichte und der Boom der historischen Regionalforschung brachten neue Perspektiven ein. Außerdem traten Vertreter der Generation der Enkel von Flüchtlingen und Vertriebenen in die Phase der Erarbeitung akademischer Qualifikationsschriften – zur Veranschaulichung des Generationen übergreifenden Interesses an den Erzählungen der Erlebnisgeneration griff der Hamburger Volkskundler A. LEHMANN auf ein Wort Schopenhauers zurück: „Großeltern und Enkel sind natürliche Alliierte" [460: A. LEHMANN, Im Fremden, 8]. Nicht zuletzt ermöglichte das Auslaufen der Archivsperrfristen von 30 Jahren erst jetzt der historischen Forschung den Zugriff auf das ausgesprochen breite und reichhaltige Archivmaterial aus den späten 1940er und den 1950er Jahren.

Die ebenfalls in den 1980er Jahren boomende Oral History erweiterte die Materialgrundlage. Die Arbeit mit lebensgeschichtlichen Interviews bot Argumente für die Entlarvung der in den 1950er Jahren verbreiteten These von der „schnellen Integration" der Flüchtlinge als „Mythos" [464: P. LÜTTINGER, Mythos]. Der Soziologe P. LÜTTINGER [465: Integration] fand mit Hilfe von Massendaten aus einer Zusatzerhebung des Mikrozensus 1971 klare Belege dafür, dass der durch die Gewaltmigration eingetretene soziale und wirtschaftliche Statusverlust der Flüchtlinge und Vertriebenen bis Anfang der 1970er Jahre weiterhin nicht vollständig kompensiert war. Bereits früh leistete die historisch orientierte Volkskunde Pionierarbeit bei der Untersuchung der langen Dauer und der tiefgreifenden Probleme des Prozesses der mentalen und kulturellen Anpassung der Flüchtlinge. A. LEHMANN [460: Im Fremden] verwies dabei auf das Potenzial der Zeitzeugenbefragungen in Abgrenzung zur Arbeit mit quantitativen Massendaten; denn diese bedürfe „stets als Ergänzung und zur schärferen Konturierung einer Schilderung und Analyse von Einzelschicksalen. Ein Problem qualitativer Natur – ein Prozess des Einlebens, des Scheiterns, der Traditionsentwicklung oder der Erziehung – lässt sich mit Hilfe quantifizierender Verfahren nicht erkennen und analysieren" [460: 12].

Gefördert wurde das neu erwachte Interesse an der Flüchtlingsintegration auch durch die Sensibilisierung in Migrationsfragen durch die politischen, publizistischen und wissenschaftlichen Diskussionen der 1980er und 1990er Jahre um die Zuwanderung und Integration ausländischer Arbeitsmigranten. Schon 1949 hatte E. LEMBERG beobachtet, dass bei der Integration der Flüchtlinge „vieles an Gruppenbildung, sozialer Schichtung, psychologischen Hemmungen und Förderung des

Oral History und Flüchtlingsforschung

Zusammenlebens [...] unter den gleichen Gesetzen wie bei der Einwanderung unter fremde Völker" [461: Ausweisung, 25] ablaufe, weshalb er Parallelen zwischen der Integration im Nachkriegsdeutschland und in den USA ausmachte.

Solche Perspektiven der Einbettung blieben allerdings zunächst ungehört und fanden erst in den 1980er Jahren Berücksichtigung. Im wegweisenden Sammelwerk über „Flüchtlinge und Vertriebene in der westdeutschen Nachkriegsgeschichte" [490: R. SCHULZE/D. VON DER BRELIE-LEWIEN/H. GREBING (Hrsg.)] widmete sich ein Abschnitt den „Fragestellungen und Forschungsproblemen der Sozialhistorischen Migrationsforschung". Die Möglichkeiten der Umsetzung ihrer Ansätze auf die Integration der Flüchtlinge skizzierte der einführende Beitrag von K.J. BADE [404: Flüchtlingsintegration]. Er verwies darauf, dass trotz der rechtlichen und (sozial-)politischen Gleichstellung von Vertriebenen und Einheimischen und damit einer im Vergleich zu anderen Zuwanderergruppen privilegierten Position „vielfach Züge eines echten Einwanderungsprozesses innerhalb des gleichen Nationalverbandes" sichtbar wurden [405: Wege, 7].

Ergebnis der Neubelebung der Flüchtlingsforschung waren eine Vielzahl von Arbeiten zu Fragen der Integration sowie zu deren politischer und administrativer Rahmung und Begleitung. Die umfängliche Bibliographie von G. KRALLERT-SATTLER [458] von 1989 bildete ein Hilfsmittel zur Erschließung der älteren Literatur aus den späten 1940er und aus den 1950er Jahren, dokumentierte aber auch erste einschlägige Veröffentlichungen aus den 1980er Jahren. Eine knappe erste neuere Gesamtdarstellung bot M. FRANTZIOCH 1987 [432: Die Vertriebenen]. Kritisch beleuchtete die neuen Ergebnisse der Flüchtlingsforschung zunächst R. MESSERSCHMIDT 1992 [469: Mythos Schmelztiegel!], weitere informative Berichte über Ergebnisse, Desiderata und Perspektiven der Forschung folgten regelmäßig [407: M. BEER, Heimat; 507: E. WOLFRUM, Geschichtsschreibung; 438: T. GROSSER, Flüchtlingsfrage; 481: H.-W. RAUTENBERG, Wahrnehmung; 439: T. GROSSER, Konfliktgemeinschaft; 436: U. GERHARDT, Bilanz; 479: A. VON PLATO, Perspektiven; 470: R. MESSERSCHMIDT, Integration]. Als eine erneute Bilanzierung kann ein 1996 von S. SCHRAUT und T. GROSSER herausgegebenes Sammelwerk [489: Flüchtlingsfrage] gelten, das die Beiträge einer Tagung in Bad Homburg dokumentierte und die Ergebnisse einer neuen Generation von Flüchtlingsforschern zusammenführte.

Die Tagung bot auch eine erste Bilanz der Untersuchung der Aufnahme und Integration von Flüchtlingen und Vertriebenen in der Sowjetischen Besatzungszone bzw. in der DDR. Sie war bis Mitte der

4. Flucht und Vertreibung

1980er Jahre vernachlässigt worden, weil dort die wissenschaftliche Beschäftigung mit den sogenannten „Umsiedlern" politisch unerwünscht war. Von wenigen Ansätzen der DDR-Geschichtswissenschaft abgesehen, die mehr oder minder parallel zum Aufschwung der Flüchtlingsforschung im Westen in den 1980er Jahren entstanden [Überblick: 504: M. WILLE, Umsiedlerfrage; 452: R. JUST, Lösung; 467: W. MEINECKE, Umsiedler], begann erst mit dem Ende der DDR die Erforschung der Integration im östlichen Deutschland. Dabei setzten meist Fragestellungen und Methoden der westdeutschen Forschung Maßstäbe [480: A. VON PLATO/W. MEINECKE, Heimat; 505: M. WILLE/J. HOFFMANN/ W. MEINECKE (Hrsg.), Verloren; zuletzt in breiter Perspektive: 492: M. SCHWARTZ, „Umsiedlerpolitik"]. Das erleichterte den Vergleich der Integration in beiden Teilen Deutschlands wesentlich, wie zwei Sammelbände von 1999 und 2000 eindrucksvoll dokumentierten [450: D. HOFFMANN/M. SCHWARTZ (Hrsg.), Geglückte Integration?; 449: D. HOFFMANN/M. KRAUSS/M. SCHWARTZ (Hrsg.), Vertriebene].

DDR-Forschung zu „Umsiedlern"

Neuere Forschungsergebnisse deuten an, dass die verallgemeinernde Rede von „den" Flüchtlingen und Vertriebenen differenzierteren Perspektiven weicht. Vermehrt wird nach Einflüssen spezifischer Erfahrungen von Flucht bzw. Vertreibung auf die Integration gefragt, aber auch die hierfür zentrale politische, wirtschaftliche, soziale und kulturelle Situation der „Vertriebenen vor der Vertreibung" verdeutlicht [z. B.: 509: W. ZIEGLER (Hrsg.), Vertriebene; 454: J. KOCHANOWSKI/ M. SACH (Hrsg.), „Volksdeutsche"]. Eingang in die Diskussion haben ferner Hinweise auf generationelle und geschlechtsspezifische Unterschiede gefunden. In diesen Kontext gehören auch Arbeiten über die Tragweite der Tatsache, dass bestimmte Gruppen in verschiedenen Phasen flüchteten oder vertrieben wurden, bzw. über das Gewicht der Kategorisierung von Deutschen durch die Behörden in den Vertreibungsgebieten: Daraus ergaben sich Folgen besonders für jene, die für Jahre zur Zwangsarbeit gezwungen oder in die UdSSR deportiert wurden [475: B. NITSCHKE, Vertreibung; 418: D. BRANDES/E. IVANICKOVÁ/J. PEŠEK (Hrsg.), Trennung; 506: J. WOLF, Zwangsarbeiter].

Folgen unterschiedlicher Flucht- und Vertreibungserfahrungen

Der weitaus überwiegende Teil der Studien zur Geschichte der Integration von Flüchtlingen und Vertriebenen konzentrierte sich auf Aspekte der Aufnahme sowie frühe Anpassungsprozesse in den späten 1940er Jahren. Der Hinweis auf den „Mythos der schnellen Integration" verhallte aber nicht ungehört: Die neuere Forschung hat die Beschränkung auf die unmittelbare Nachkriegszeit z. T. überwunden. 1960/61 bildet nunmehr den Zeitpunkt, mit dem wichtige Arbeiten ihre Untersuchung enden lassen [492: M. SCHWARTZ, „Umsiedlerpolitik"; 440: T.

GROSSER, Integration]. Die Erweiterung der zeitlichen Perspektive über 1949/50 hinaus erweist sich jedoch als schwierig: Zum einen verminderte sich die Quellendichte erheblich, weil mit dem Bedeutungsverlust sozialer Probleme in den 1950er Jahren die Intensität administrativer Beschäftigung mit Aspekten der Integration rasch sank. Zum anderen gehen nur wenige Beiträge der Flüchtlingsforschung von einer operationalisierbaren Definition von Integration aus. Die häufig verwendeten, teils diffusen und relativ engen Integrationsbegriffe betonen äußerliche, statistisch messbare Merkmale, ignorieren aber die Perspektiven einer Untersuchung von Integration als langfristigem Prozess mit vielfältigen Voraussetzungen, Begleitumständen und Folgen, wie sie in der Historischen Migrationsforschung in anderen Themenfeldern gängig sind.

Ausweitung des Untersuchungszeitraums

In Feldern mit besserer Quellenlage über die frühen 1950er Jahre hinaus fiel die Untersuchung von Prozessen längerer Dauer leichter. Das gilt z. B. für Studien zur Etablierung und Positionierung von Vertriebenenverbänden und zu den Wechselwirkungen mit der Flüchtlingspolitik des Bundes und der Länder. Sie beobachten ihr Untersuchungsfeld meist bis in die frühen 1970er Jahre und damit bis zum Beginn der Aktensperrfrist von 30 Jahren [401: P. AHONEN, Expulsion; 496: M. STICKLER, Vertriebenenverbände; 451: A. JAKUBOWSKA, Bund; 471: M. MÜLLER, SPD; 434: K.E. FRANZEN, Stamm].

Forschung zu Vertriebenenverbänden

Mehrere neuere, zuverlässige, intensiv diskutierte und breit rezipierte monographische Arbeiten fassen den Stand des Wissens über Flucht und Vertreibung von Deutschen zusammen. Das gilt insbesondere für die Studien von M. BEER [412: Flucht], A. KOSSERT [456: Kalte Heimat] und R.M. DOUGLAS [425: „Ordnungsgemäße Überführung"]. Seit Ende der 1990er Jahre intensivierte sich eine inzwischen sehr facettenreiche wissenschaftliche, mediale und politische Diskussion um Flucht und Vertreibung bzw. Heimatverlust als (auch privater) Erinnerungsort [443: E. HAHN/H.H. HAHN, Flucht; 453: M. KITTEL, Vertreibung; 463: C. LOTZ, Deutung; 424: A. DEMSHUK, Lost German East; 444: E. HAHN/H.H. HAHN, Vertreibung; 437: S. GREITER, Flucht; 487: S. SCHOLZ, Vertriebenendenkmäler; 488: S. SCHOLZ/M. RÖGER/ B. NIVEN (Hrsg.), Erinnerung] in der deutschen und europäischen Geschichte sowie als geschichts- und identitätspolitischer Gegenstand.

Flucht und Vertreibung als Erinnerungsort

1977 war zwar die vielbeachtete Studie des US-Völkerrechtlers A.M. DE ZAYAS über die „Anglo-Amerikaner und die Vertreibung" [508] erschienen. Es folgte die erwähnte Neuausgabe der „Dokumentation der Vertreibung" 1984 [486] und das 1985 von W. BENZ zusammengestellte Sammelwerk über „Die Vertreibung der Deutschen" [413], das um eine Einbettung in die Geschichte der Gewaltmigration im Ostmitteleuropa der ersten Hälfte des 20. Jahrhunderts bemüht war. Dennoch stand die Untersuchung des Flucht- und Vertreibungsgeschehens im Schatten der Forschung zur Integration. Das resultierte aus der Tatsache einer im Vergleich zu Aspekten der Integration wesentlich schwierigeren Quellenlage, wie J. HENKE [448: Flucht, 15] 1985 hervorhob. Hauptverantwortlich aber waren (außen-)politische Rücksichtnahmen, geschichtspolitische Gegensätze und Tabus, ein allzu schneller Verdacht des „Revisionismus" und des „Aufrechnens" gegenüber den Verbrechen im NS-Deutschland – so konnte eine 1974 vom Bundesarchiv fertiggestellte Studie über „Vertreibungsverbrechen" aufgrund politischen Drucks erst 15 Jahre später erscheinen [501: Vertreibung; zur Geschichte dieser Publikation: 411: M. BEER, Verschlusssache].

Flucht- und Vertreibungsgeschehen als Forschungsgegenstand

Das Ende des Ost-West-Konflikts machte dann neue Quellen zugänglich [Beispiel: 415: W. BORODZIEJ/H. LEMBERG (Hrsg.), Oder und Neiße] und ermöglichte eine bessere Kooperation der deutschen mit vor allem der polnischen und tschechischen Geschichtswissenschaft. Neue Impulse in die Erforschung der Geschichte von Flucht und Vertreibung von Deutschen als zentralem Beispiel für die Dynamik „ethnischer Säuberungen" im „Jahrhundert der Flüchtlinge" brachte zudem die Erfahrung erneuter kriegsbedingter Massenwanderungen auf dem europäischen Kontinent mit den Konflikten um das zerfallende Jugoslawien.

Neue Quellen und internationale Kooperationen nach 1989

Zahlreiche Publikationen ordneten seit Anfang der 1990er Jahre die Geschichte von Flucht und Vertreibung der Deutschen in die Geschichte der in der Zwischenkriegszeit breit diskutierten Nationalitäten- bzw. Minderheitenfrage ein und damit in die Geschichte des Strebens nach nationaler Homogenität, wie sie die Genese nationalistischer Aus- und Abgrenzung seit dem 19. Jahrhundert kennzeichnete [zusammenfassend: 410: M. BEER (Hrsg.), Nationalstaat]. Diese lange Geschichte der „ethnischen Säuberung" begann mit den Balkankriegen unmittelbar vor dem Ausbruch des Ersten Weltkriegs, fand ihren ersten Höhepunkt mit dem griechisch-türkischen Bevölkerungsaustausch vor dem Vertrag von Lausanne 1923 und mündete in die NS-Politik der Massenvertreibungen und -umsiedlungen als Vorgeschichte der Vertreibung nach 1945. Die Vertreibung der Deutschen galt immer weniger als bloßer Racheakt nach Kriegsende; dokumentiert wurden nun auch die den Vertreibungsaktionen und -dekreten vorausgegangenen politischen Diskussionen um das Für und Wider der Vertreibung in minderheitenpolitischer Absicht [detailreiche Studien: 416: D. BRANDES, Großbritannien; 417: DERS., Weg].

„Ethnische Säuberung"

Erst nach der Wende zum 21. Jahrhundert hat in der wissenschaftlichen Diskussion die Beschäftigung mit Hintergründen und Formen des Flucht- und Vertreibungsgeschehens gegenüber den Untersuchungen zur Integration von Flüchtlingen aufgeholt, angetrieben nicht zuletzt durch das Medienecho auf die Novelle „Der Krebsgang" des Literaturnobelpreisträgers Günter Grass 2002, die hohe Resonanz der dreiteiligen ARD-Fernsehdokumentation „Die Vertriebenen. Hitlers letzte Opfer" 2001 [Begleitband: 433: K.E. FRANZEN, Die Vertriebenen] sowie die Serie „Die Flucht" des Nachrichtenmagazins „Der Spiegel" 2002 [Buchausgabe: 403: S. AUST/S. BURGDORFF (Hrsg.), Flucht]. Die Studie von M. RÖGER [483: Flucht] diskutiert die Hintergründe, das Ausmaß und die Reichweite dieses Erinnerungsbooms an der Jahrtausendwende. Hinzu trat die seit 1999 laufende politische und mediale Diskussion um ein besonders vom Bund der Vertriebenen gewünschtes „Zentrum gegen Vertreibung" [Begleitband eines Ausstellungsprojekts, das aus der Initiative hervorgegangen ist: 428: Erzwungene Wege; kritische Beiträge zur Diskussion: 422: J. DANYEL/P. THER (Hrsg.), Flucht; 493: M. SCHWARTZ, Opfer; 477: J.M. PISKORSKI, Vertreibung], aber auch die vielbeachtete Wanderausstellung „Flucht, Vertreibung, Integration" des Hauses der Geschichte der Bundesrepublik in Bonn 2005/06 [Begleitband: 431: Flucht].

Die Perspektive der Einbettung von Flucht und Vertreibung von Deutschen in das europäische und globale Gewaltmigrationsgeschehen des 19. und vor allem des 20. Jahrhunderts hat vielfältige neue und weiterführende Ergebnisse gezeitigt [419: D. BRANDES/H. SUNDHAUSSEN/S. TROEBST (Hrsg.), Lexikon der Vertreibungen; 414: R. BESSEL/C.B. HAAKE (Hrsg.), Removing People; 478: J.M. PISKORSKI, Die Verjagten; 494: M. SCHWARTZ, Ethnische „Säuberungen"]. In diesem Kontext sind auch die erst spät wahrgenommenen millionenfachen Folgewanderungen in die Vertreibungsgebiete thematisiert worden, die nicht selten ebenfalls Zwangscharakter hatten. In der Tschechoslowakei siedelten sich innerhalb kurzer Zeit 1,8 Mio. Tschechen und Slowaken im Sudetenland an, dessen deutsche Bevölkerung gerade vertrieben worden war. Auch in Polen wurde das konfiszierte Land der geflüchteten und vertriebenen Deutschen rasch neu besiedelt [498: P. THER, Vertriebene; 503: A. WIEDEMANN, Grenzland; 445: B. HALICKA, Westen; wichtiger lokaler Fall: 500: G. THUM, Breslau]. Diese und andere in die ehemals deutschen Siedlungsgebiete in Ost-, Ostmittel- und Südosteuropa zielenden Bewegungen führten zu regelrechten Ketten weiterer Folgewanderungen und damit zu einer völligen Umgestaltung der Bevölkerungssituation in diesen Großräumen.

Ein Großteil der Deutschen, die noch in den Vertreibungsgebieten verblieben, sind seit Anfang der 1950er Jahre mit dem Rechtsstatus des Aussiedlers bzw. (seit 1993) Spätaussiedlers in die Bundesrepublik eingereist. Einen Überblick über die Geschichte der Zuwanderung der Aussiedler und ihrer Integration bieten K.J. BADE und J. OLTMER [406: Einführung]. Eine quellengestützte Forschung zur Entwicklung einer spezifischen Aussiedlerpolitik in der Bundesrepublik seit Anfang der 1950er Jahre hat erst jüngst mit den sehr instruktiven Arbeiten von J. PANAGIOTIDIS begonnen [476: Aussiedlermigration]. Weiterhin kann die Geschichte der Integration der Aussiedler bis in die 1980er Jahre als kaum bearbeitet gelten. Die mit dem Aufstieg der Aussiedlerzuwanderung Ende der 1980er Jahre aufstrebende Aussiedlerforschung war vor allem den aktuellen Problemen der Aufnahme und Eingliederung geschuldet und lief mit dem starken Rückgang der Aussiedlerzuwanderung Mitte der 1990er Jahre bereits wieder aus.

Aussiedlerzuwanderung

Geringe Kenntnisse lassen sich auch im Blick auf andere Migrationen ausmachen, die in Verbindung mit der Flucht und Vertreibung der Deutschen mit und nach Kriegsende 1945 ausgemacht werden können: Nur sporadische wissenschaftliche Informationen liegen über die sehr umfangreichen intra- und interregionalen Weiterwanderungen von Flüchtlingen und Vertriebenen insbesondere seit 1948/49 in die Regionen von Bundesrepublik und DDR vor, die bessere Erwerbs- und Bildungschancen oder eine Verbesserung der Wohnsituation versprachen. Das gilt ebenfalls für die Hintergründe, Formen und Effekte der Umsiedlungsprogramme des Bundes. Auch Fragen nach der Bedeutung von Flüchtlingen und Vertriebenen für die Abwanderung aus der DDR oder für die starke überseeische Auswanderung der Nachkriegszeit lassen sich bislang nicht differenziert genug beantworten. P. MAEDER [466: New Heimat] geht für seine die Integration von deutschen Flüchtlingen und Vertriebenen in der Bundesrepublik und in Kanada vergleichenden Studie davon aus, dass rund ein Drittel der deutschen Einwanderer in Kanada aus der Gruppe der Flüchtlinge und Vertriebenen stammten.

5. Deportation und Zwangsarbeit

Seit den 1980er Jahren haben Aspekte der Geschichte des Wechselverhältnisses von Gewaltmigration und Zwangsarbeit in Deutschland erheblich an Bedeutung gewonnen. Im Zentrum stand dabei bis in die Gegenwart die Erforschung des NS-„Ausländer-Einsatzes", die inzwischen ausgesprochen facettenreich ist, viele einzelne Branchen abdeckt und für die aufgrund einer intensiven regionalhistorischen Forschung Ergebnisse über beinahe jede Region vorliegen. Demgegenüber begann die wissenschaftliche Beschäftigung mit dem Phänomen Zwangsarbeit im Ersten Weltkrieg wesentlich später und erreicht in keiner Hinsicht die Intensität der Forschung zum Zweiten Weltkrieg.

Kriegsgefangene im Ersten Weltkrieg

Die Geschichte der Kriegsgefangenen im Deutschland des Ersten Weltkriegs war in der Weimarer Republik ein lebhaft diskutiertes politisches, publizistisches und wissenschaftliches Thema. Im Vordergrund stand dabei die Zurückweisung von Anschuldigungen der Alliierten wegen einer völkerrechtswidrigen Behandlung der Kriegsgefangenen [597: Werk; 516: W. DOEGEN (Hrsg.), Völker; 577: F. SCHEIDL, Kriegsgefangenschaft]. Im Kontext der Aufrüstung nach 1933 kamen Fragen nach Erfahrungen des Ersten Weltkriegs mit der „wehrwirtschaftlichen" Nutzung Kriegsgefangener hinzu [520: H. FUHRMANN, Versorgung; 547: Kriegsgefangene]. Mit dem Zweiten Weltkrieg geriet die Geschichte der Kriegsgefangenen 1914–18 für mehr als vier Jahrzehnte in Vergessenheit, sieht man von der unveröffentlichten Potsdamer Dissertation K. AUERBACHS 1973 ab [511: Russische Kriegsgefangene], die nach Aktivitäten der Bolschewiki zur Organisierung des Widerstandes russischer Kriegsgefangener in Deutschland sowie nach Bedeutung und Folgewirkungen der Russischen Revolution 1917 für deren Lebensverhältnisse und Resistenz fragt. Vor diesem Hintergrund bemängelte U. HERBERT 1986 zu Recht das völlige Fehlen moderner Forschungen zu den Kriegsgefangenen [25: Ausländerbeschäftigung, 247].

Negative Forschungsbilanz in den 1980er Jahren

Regionalhistorisches Interesse an Kriegsgefangenen

Mit einer regionalhistorischen Perspektive bot J. OLTMER 1995 [558: Ökonomie] einen ersten neueren Einblick in die Geschichte der Kriegsgefangenschaft im Ersten Weltkrieg, rekonstruierte deren Dimensionen, fragte nach Ausmaß und Folgen der Beschäftigung der Kriegsgefangenen, arbeitete die Arbeitsverhältnisse vor Ort heraus und konnte belegen, dass mit dem Kriegsende 1918 Aufenthalt und Arbeit von Kriegsgefangenen noch lange nicht beendet waren, weil Zehntausende von ehemaligen Soldaten des Zarenreichs bis 1922 in Deutschland ausharren mussten [559: DERS., Zwangsmigration].

Kriegsgefangenschaft als epochenübergreifendes Phänomen

Seit den späten 1990er Jahren wuchs das Interesse am Gegenstand. Ein von R. OVERMANS herausgegebenes Sammelwerk [562: Kriegsgefangenschaft] bot einen epochenübergreifenden Überblick über das Phänomen Kriegsgefangenschaft unter Berücksichtigung von Einzelaspekten zum Ersten Weltkrieg. A. BECKER [512: Oubliés] fragte nach dem Schicksal französischer, G. PROCACCI [571: Prigionieri] italienischer und G. HÖPP [534: Muslime] muslimischer Kriegsgefangener in Deutschland; auf die besonderen Bedingungen an der Ostfront,

5. Deportation und Zwangsarbeit 135

die wegen des Bewegungskriegs im Vergleich zur Westfront sehr große Zahlen von Kriegsgefangenen bei allen beteiligten Parteien mit sich brachten, blickten A. RACHAMIMOV [572: POWs] und R. NACHTIGAL [557: Kriegsgefangenschaft]. Während die regionalhistorische Studie J. OLTMERS auf die Beschäftigung in der klein- und mittelbetrieblichen Landwirtschaft schaute, arbeitete K. RAWE [574: Ausländerbeschäftigung] Elemente von Arbeitskräftepolitik, Arbeits- und Lebensverhältnissen von Kriegsgefangenen im Ruhrbergbau heraus. R. PÖPPINGHEGE [570: Kriegsgefangenen-Zeitungen] nutzte den umfänglichen Bestand an Lagerzeitungen als Quelle zur Untersuchung des Lagerlebens, der Lebens- und Arbeitssituation und der Wechselwirkungen zwischen Lager und Umfeld. Die erste Gesamtdarstellung zur Geschichte der Kriegsgefangenschaft in Deutschland, die ein breites Themenspektrum abhandelte, bot U. HINZ 2006 [529: Gefangen].

Noch sind weiterhin viele Aspekte der Geschichte der Kriegsgefangenschaft ungeklärt. Es fehlt an Fallstudien zu Lagern und zur Arbeit jenseits von bäuerlicher Landwirtschaft und Ruhrbergbau. Eine Mentalitätsgeschichte der Kriegsgefangenen gibt es ebenso wenig wie eine Untersuchung der nationalitätenpolitischen Vorstellungen der deutschen Militärbehörden. Auch die Repatriierung nach Kriegsende ist erst im Ansatz untersucht [561: J. OLTMER, Repatriierungspolitik]. Neuere Forschungen streben nach dem internationalen Vergleich des Phänomens [560: J. OLTMER (Hrsg.), Kriegsgefangene; mit dem Schwerpunkt Gewalt gegen Kriegsgefangene: 537: H. JONES, Violence] und ordnen es in die Geschichte der Gewaltmigration 1914–18 [589: M. STIBBE (Hrsg.), Captivity] sowie in die Geschichte von Gewaltmigration und Zwangsarbeit im 20. Jahrhundert ein [580: H.-C. SEIDEL/ K. TENFELDE (Hrsg.), Zwangsarbeit]. Über die Kriegsgefangenen hinaus ist jüngst die Geschichte der Angehörigen gegnerischer Staaten, die als Zivilgefangene während des Kriegs interniert wurden, näher beleuchtet worden. Vor allem die Forschungen M. STIBBES bieten für die Internierung in Deutschland [588: Internees] und für den internationalen Vergleich [587: Internment] weit ausgreifende und differenzierte Perspektiven.

Zivilgefangene wurden in der Regel – ebenso wie kriegsgefangene Offiziere – nicht zur Arbeit in der Kriegswirtschaft genötigt, weil sie als Angehörige der „besseren Stände" galten. Arbeiter aus gegnerischen Nationen hingegen unterlagen in Deutschland anderen Bedingungen. Da es kaum Arbeiter aus Westeuropa in Deutschland gab, betraf das vor allem Untertanen des russischen Zaren. L. ELSNER hatte 1961 [301:

Desiderate der Kriegsgefangenenforschung

Zivilgefangene

Ausländische Arbeiter; 303: Polnische Arbeiter] auf die Aussetzung des bis Kriegsbeginn für auslandspolnische Arbeitskräfte gültigen Rückkehrzwangs aufmerksam gemacht und die Überlegungen dokumentiert, die zur Durchsetzung eines Rückkehrverbots für polnische Arbeitskräfte aus Russland führten. Die Arbeit bot darüber hinaus einen Überblick über die Entwicklung der deutschen Zwangsarbeitspolitik, fragte nach den Reaktionen der polnischen Arbeitskräfte und blickte auf die Rekrutierung weiterer Arbeitskräfte in den seit 1915 von Deutschland besetzten russisch-polnischen Gebieten.

ELSNER wollte wegen der in der DDR-Geschichtswissenschaft gepflegten These von der Kontinuität der vom Kaiserreich bis zur Bundesrepublik durch Zwang und Ausbeutung gekennzeichneten „Fremdarbeiterpolitik des Imperialismus" im Ersten Weltkrieg nur eine graduelle Veränderung in der Ausrichtung der Ausländerbeschäftigungspolitik erkennen. F. ZUNKEL sowie später K.J. BADE und U. HERBERT betonten demgegenüber wesentlich stärker den Zäsurcharakter des Kriegsbeginns, der die russisch-polnischen Arbeitskräfte einem sehr restriktiven Regime unterwarf [603: F. ZUNKEL, Ausländische Arbeiter; 3: K.J. BADE, Auswanderungsland, 38–51; 25: U. HERBERT, Ausländerbeschäftigung, Kap. 2]. Diese Forschungsergebnisse bezogen sich vornehmlich auf russisch-polnische Arbeitskräfte und damit auf die Landwirtschaft, in der der Großteil von ihnen auch im Krieg eingesetzt war. Erst seit den 1990er Jahren wurden andere Gruppen und Beschäftigungsbereiche in den Blick genommen. A. WENNEMANN [400: Arbeit] und R. DEL FABBRO [297: Transalpini] boten einige Informationen über italienische Arbeitskräfte im gewerblich-industriellen Bereich, J. OLTMER [558: Ökonomie] über landwirtschaftliche Arbeitskräfte aus den neutralen Niederlanden und K. RAWE [574: Ausländerbeschäftigung] über verschiedene Gruppen im Ruhrbergbau.

Weiterhin aber sind die Informationen über die Arbeitskräftepolitik im Krieg und die Lebens- und Arbeitssituation ausländischer Arbeitskräfte spärlich. Die bislang behandelten Gruppen sind noch nicht vertieft untersucht worden, über andere wichtige Gruppen, wie z. B. Arbeitskräfte aus Österreich-Ungarn ist wenig bekannt. Fallstudien zu einzelnen Regionen, Unternehmen oder spezifischen Erscheinungsformen der Zwangsarbeit fehlen. Wechselwirkungen in der Beschäftigung von ausländischen Zivilarbeitskräften und Kriegsgefangenen sind nur punktuell untersucht worden. Inwieweit Restriktionen gegenüber einheimischen Arbeitskräften (vor allem mit dem „Vaterländischen Hilfsdienstgesetz" vom Dezember 1916) einhergingen mit einer Verschärfung der Politik gegenüber ausländischen Arbeitskräften,

5. Deportation und Zwangsarbeit

ist ebenso wenig systematisch diskutiert worden. Zudem mangelt es an internationalen Vergleichen. Während die Beschäftigung russisch-polnischer Arbeitskräfte in der deutschen Kriegswirtschaft 1914–18 zeitgenössisch kaum größere politische und publizistische Diskussionen hervorrief, war die Rekrutierung und Beschäftigung belgischer Arbeitskräfte ein Gegenstand intensiver Debatten, vor allem deshalb, weil die Kriegsgegner Deutschlands gegen die Deportation von Belgiern Ende 1916/Anfang 1917 protestierten und die Beschäftigung unter Zwang als Kriegsverbrechen brandmarkten. Vor dem Hintergrund kam bereits in der Zwischenkriegszeit eine wissenschaftliche Diskussion auf, die auch mit dem Zweiten Weltkrieg nicht abriss, wie die Studie G. RITTERS von 1964 zeigt [575: Staatskunst]. RITTER und andere rückten die Zwangsrekrutierung im deutschen Besatzungsgebiet in Belgien ins Zentrum, vermittelten aber über das Schicksal der deportierten Belgier im Reich kaum Informationen. Inzwischen liegt mit der Arbeit von J. THIEL eine das gesamte Thema überblickende zuverlässige Darstellung vor [592: Menschenbassin]. Die Frage der Rekrutierungen im deutschen Besatzungsgebiet im Osten ist demgegenüber nie so intensiv diskutiert worden; wesentliche Ergebnisse aber bietet nunmehr C. WESTERHOFF [599: Zwangsarbeit]. Seine Untersuchung lässt deutlich werden, dass Zwangsarbeit zwar im Besatzungsgebiet selbst ein hohes Gewicht hatte, aber kaum Zwangsarbeitskräfte in das Reichsgebiet deportiert wurden.

<small>Rekrutierung und Deportation</small>

U. HERBERT hat die These vertreten, der Erste Weltkrieg habe für den „Ausländer-Einsatz" in der NS-Kriegswirtschaft ein „Erfahrungsfeld" und „Vorbild" geboten und „eine Art Probelauf" dargestellt [525: Fremdarbeiter, 25, 34]. Noch ist sie nicht verifiziert worden, zumal die Untersuchungen zu Gewaltmigration und Zwangsarbeit im Deutschland der ersten Hälfte des 20. Jahrhunderts in aller Regel nicht die Phase des „neuen Dreißigjährigen Krieges" (H.-U. WEHLER) in den Blick nahmen, sondern sich entweder ausschließlich auf den Ersten oder den Zweiten Weltkrieg konzentrierten.

<small>Erster Weltkrieg als Probelauf?</small>

Angesichts der Dimensionen von Gewaltmigration und Zwangsarbeit im Zweiten Weltkrieg ist es zunächst bemerkenswert, wie lange eine intensive Erforschung auf sich warten ließ. Erste überblickende Darstellungen von Autorinnen und Autoren aus der DDR, den USA und der Bundesrepublik erschienen in den 1960er Jahren [579: E. SEEBER, Zwangsarbeiter; 532: E.L. HOMZE, Foreign Labor; 566: H. PFAHLMANN, Fremdarbeiter]. Zwar folgten in den späten 1970er und frühen 1980er Jahren einige Regionalstudien, dennoch dauerte es bis 1985, bis mit

<small>Frühe Forschungen zum NS-„Ausländer-Einsatz"</small>

dem Standardwerk von U. HERBERT [525: Fremdarbeiter] ein zuverlässiger Gesamtüberblick über Hintergründe, Dimensionen und Formen der Zwangsarbeit im Zweiten Weltkrieg sowie über die Genese der NS-Politik gegenüber „Fremdarbeitern" und deren Arbeits-, Lohn- und Lebensverhältnisse erschien. Die bahnbrechende Untersuchung HERBERTS, die einleitend die bis dahin veröffentlichte Literatur beschrieb und gewichtete, bildete gleichsam das Startsignal für eine weit ausgreifende wissenschaftliche Diskussion um den NS-„Ausländer-Einsatz". Es folgten zahllose Lokal- bzw. Regionalstudien und Untersuchungen zu einzelnen Unternehmen, die Zwangsarbeitskräfte beschäftigt hatten.

Diskussion um Zwangsarbeiterentschädigung

Seit dem Ende der 1990er Jahre führte dann die politische und publizistische Diskussion um die Entschädigung ehemaliger Zwangsarbeitskräfte zu einem neuen Schub der geschichtswissenschaftlichen Auseinandersetzung mit dem Thema. H.-C. SEIDEL und K. TENFELDE fassten 2007 den zentralen Impetus zusammen: „Die Geschichte der Zwangsarbeit in der deutschen Kriegswirtschaft bis in die Details zu klären, war (oder ist) gewissermaßen ein Auftrag, den die Geschichtswissenschaft von großen Teilen der deutschen Gesellschaft, von Ländern, Kommunen, Kirchen, Unternehmen, Gewerkschaften und anderen Organisationen, aber vor allem von einer interessierten Staatsbürgeröffentlichkeit erhielt" [581: Einführung, 9]. Angesichts dessen kam M. SPOERER in einem instruktiven Überblick zu dem Urteil, dass „wohl kaum ein Spezialthema der deutschen Geschichte so dicht und vor allem so flächendeckend erforscht ist wie das der Zwangsarbeit im Zweiten Weltkrieg" [584: Differenzierung, 488].

Wegen der vielen hervorragenden Überblicke und Forschungsberichte [u.v.a.: 527: U. HERBERT, Zwangsarbeiter; 542: R. KLEIN, Zwangsarbeit; Auswahlbibliographie: 591: K. TENFELDE/H.-C. SEIDEL (Hrsg.), Bergbau, 621–633] wird an dieser Stelle auf eine ausführliche Dokumentation des Forschungsstandes verzichtet. Im Folgenden geht es deshalb ausschließlich um Titel mit herausragender Bedeutung für die Untersuchung des Gesamtkomplexes oder einzelner wesentlicher Segmente. Mit der Synthese M. SPOERERS von 2001 [583: Zwangsarbeit] liegt ein ausführlicher, die Dimensionen des Themas sehr gut ausleuchtender Überblick vor.

Kriegsgefangene im Zweiten Weltkrieg

Auf die Geschichte der Kriegsgefangenschaft im Zweiten Weltkrieg hatte bereits vor U. HERBERT ein anderes Standardwerk aufmerksam gemacht, das ebenfalls für die weitere Forschung Maßstäbe setzte: C. STREITS Arbeit über die sowjetischen Kriegsgefangenen [590: Keine Kameraden] klärte die Dimension der deutschen Vernichtungspolitik dieser Gruppe gegenüber und die Einbindung in den

5. Deportation und Zwangsarbeit 139

„Ausländer-Einsatz". R. OVERMANS [564: Kriegsgefangenenpolitik] und R. KELLER [540: Sowjetische Kriegsgefangene] boten weit ausgreifende Zusammenfassungen der verfügbaren Kenntnisse. Während für die sowjetischen Kriegsgefangenen bereits vergleichsweise früh mit der Studie STREITS umfangreiche Kenntnisse vorlagen, dauerte es für andere große Gruppen deutlich länger, bis eine Einordnung in den Gesamtkomplex des „Ausländer-Einsatzes" möglich wurde. Das galt z. B. für zwei Gruppen, die neben den sowjetischen Kriegsgefangenen in der nationalsozialistischen Hierarchie, die für die Lebens- und Arbeitsverhältnisse und ganz konkret für das Überleben von zentraler Bedeutung war, ganz unten standen: Die Beschäftigung deutscher Juden dokumentierte W. GRUNER [523: Arbeitseinsatz], den italienischen Militärinternierten galt die Studie von G. HAMMERMANN [524: Zwangsarbeit]. Die Zwangsarbeit in der Industrie wurde insbesondere über die breite Forschung zu einzelnen Unternehmen seit den 1980er Jahren intensiv untersucht [u.v.a.: 533: B. HOPMANN u. a., Daimler-Benz; 554: H. MOMMSEN/M. GRIEGER, Volkswagenwerk; 595: B.C. WAGNER, IG Auschwitz; 573: O. RATHKOLB (Hrsg.), Linz; 552: S.H. LINDNER, Hoechst; 598: C. WERNER, BMW]. Demgegenüber blieb die Landwirtschaft lange vernachlässigt. Inzwischen liegen aber auch für diesen Beschäftigungsbereich diverse Untersuchungen vor, angestoßen vor allem durch österreichische Forschungen [neuer Überblick: 535: E. HORNUNG/E. LANGTHALER/S. SCHWEITZER, Zwangsarbeit].

Während die Rekrutierung von Arbeitskräften in den besetzten und verbündeten Ländern schon relativ früh diskutiert wurde, wie ein von U. HERBERT 1991 herausgegebener Sammelband belegt [526: „Reichseinsatz"], gehörte die Zwangsarbeit in den besetzten Gebieten lange zu den vernachlässigten Themen. Das resultierte auch aus dem schwierigen Quellenzugang, der sich erst nach der Öffnung des Eisernen Vorhangs verbesserte. Die Debatte um die Entschädigung von Zwangsarbeitskräften hat ebenfalls Forschungen zu diesem Feld angestoßen. Neue Aufschlüsse versprechen vor allem Studien, die (vergleichend) nach dem Gewicht unterschiedlich konstituierter und ausgerichteter Besatzungsverwaltungen für die jeweiligen Politiken und Praktiken der (Zwangs-)Rekrutierung fragen, einzelne Wirtschaftsbereiche für den gesamten deutschen Einflussbereich thematisieren oder die Zwangsarbeit in solchen Unternehmen in den Blick nehmen, die sowohl in Deutschland als auch in besetzten Gebieten Produktionsstandorte unterhielten. Das könnte zur Rekonstruktion der unternehmensinternen Organisation von Zwangsarbeit führen [602: D. ZIEGLER (Hrsg.),

Zwangsarbeit in den besetzten Gebieten

Zwangsarbeit; 591: K. TENFELDE/H.-C. SEIDEL (Hrsg.), Bergbau; 568: D. POHL/T. SEBTA (Hrsg.), Zwangsarbeit]. Auf diese Weise ließe sich auch das von H.-C. SEIDEL und K. TENFELDE [581: Einführung, 9] konstatierte „Redundanzproblem" der gegenwärtigen Zwangsarbeiterforschung umgehen mit ihrer Vielzahl lokal- bzw. regional- und unternehmenshistorischer Studien, die kaum neue Informationen boten, selten aufeinander Bezug nahmen, die eigenen Ergebnisse nicht in den Gesamtkontext einordneten und keine Vergleiche wagten.

Ebenso wie die Erforschung der Geschichte der Zwangsarbeit begann auch die intensive Auseinandersetzung mit den Folgen des „Ausländer-Einsatzes" nach 1945 erst in den 1980er Jahren, sodass J. WETZEL noch 1995 von einem „vergessenen Kapitel der deutschen Nachkriegsgeschichte" sprechen konnte [600: „Displaced Persons"].

Displaced Persons: spätes Forschungsinteresse

Die erste, bis heute Standards setzende Pionierstudie über die von den alliierten Truppen als Displaced Persons (DPs) bezeichneten befreiten Zwangsarbeitskräfte und Lagerinsassen bot W. JACOBMEYER 1985 [536: Zwangsarbeiter]. Die Arbeit überblickte die unmittelbare Nachkriegszeit bis zur Entwicklung des Rechtsstatus als „Heimatlose Ausländer" in der Bundesrepublik 1951. Kurze Zeit später entwickelte M. WYMAN eine europäische Geschichte der DPs dieser Jahre [601: DP]. Auf den Zeitraum 1945–51 beschränken sich bis heute meist die Arbeiten zur Geschichte der DPs. Eine Ausnahme bildet die Studie von S. STEPIEŃ [586: Ehemalige Zwangsarbeiter], die sich mit der langen Geschichte der Integration der „Heimatlosen Ausländer" in der Bundesrepublik auseinandersetzte [s. auch: 519: A. EDER, Displaced Persons].

Integration der „Heimatlosen Ausländer"

Seit den späten 1980er Jahren sind zahlreiche lokal- und regionalhistorische Arbeiten zu den DPs erschienen [u.v.a.: 555: U. MÜLLER, Fremde; 596: P. WAGNER, Displaced Persons; 517: K. DÖLGER, Jägerslust; 578: S. SCHRÖDER, Displaced Persons; 544: H. KÖHN, Lager], darunter auch zum Emsland, wo die britischen Besatzungsbehörden die Stadt Haren räumten, um Quartiere für polnische DPs zu schaffen und Haren für zwei Jahre zur polnisch geprägten Stadt Maczków wurde [551: A. LEMBECK, Befreit; 576: J. RYDEL, Besatzung]. Das lokal- und regionalhistorische Interesse konzentrierte sich auf westdeutsche Beispiele; die Geschichte der ehemaligen Zwangsarbeitskräfte und Lagerinsassen in der Sowjetischen Besatzungszone bzw. DDR sowie in den Gebieten östlich von Oder und Neiße ist noch weithin unerforscht. Darüber hinaus ging es um einzelne Gruppen, darunter Balten [567: C. PLETZING/M. PLETZING (Hrsg.), Displaced Persons], Sowjetbürger [549: A. KUHLMANN-SMIRNOV, Displaced

5. Deportation und Zwangsarbeit

Persons], Ukrainer [510: J.H. ANTONS, Ukrainische Displaced Persons] und vor allem jüdische DPs. Diese Gruppe erlebte nach Kriegsende sogar Neuzuwanderungen, weil Juden aus Ostmitteleuropa vor einer Pogromwelle nach Westen flüchteten und sich in die Obhut vor allem der US-Besatzungsbehörden in Westdeutschland begaben [545: A. KÖNIGSEDER/J. WETZEL, Lebensmut; 593: J.G. TOBIAS, Heimat; 594: Überlebt]. Insbesondere die angelsächsische Forschung hat zuletzt die Geschichte besonders der jüdischen DPs im Nachkriegsdeutschland sehr facettenreich untersucht [565: A.J. PATT/M. BERKOWITZ (Hrsg.), „We are here"; 548: H. LAVSKY, New Beginnings; 556: M. MYERS FEINSTEIN, Holocaust Survivors; 530: A. HOLIAN, Displaced Persons; 522: A. GROSSMANN, Jews]. Die Vielfalt der Erfahrungen von DPs in Westdeutschland lassen zwei Sammelwerke deutlich werden: 513: R. BOEHLING/S. URBAN/R. BIENERT (Hrsg.), Freilegungen; 585: S. STEINBACHER (Hrsg.), Transit.

Ein Hauptelement der Geschichte der DPs bildete die westalliierte Politik des Resettlement zur Erschließung von Chancen zur Weiterwanderung für jene, die nicht in ihre ost-, ostmittel- und südosteuropäische Heimat zurückkehren oder in Deutschland bleiben wollten [515: L. DINNERSTEIN, America; 539: D. KAY/R. MILES, Refugees; 531: H. VON HOLLEUFFER, Fremde]. Inzwischen lassen sich zentrale Interessen westlicher Staaten, internationaler Organisationen [zur federführenden „International Refugee Organisation" (IRO): 514: C.D. COHEN, In War's Wake] und Hilfsvereine ebenso nachvollziehen wie Motive und Lebensverläufe solcher DPs, die sich den Resettlement-Programmen anschlossen. Seit der Öffnung der Moskauer Archive ist es zudem möglich geworden, den sowjetischen Umgang mit den aus Deutschland zurückkehrenden ehemaligen Zwangsarbeitskräften und Lagerinsassen zu rekonstruieren [569: P. POLIAN, Deportiert; 521: U. GOEKEN-HAIDL, Weg].

Interessen in der Resettlement-Politik

Insgesamt kann die Geschichte der Gewaltmigrationen im Deutschland der unmittelbaren Nachkriegszeit des Zweiten Weltkriegs als ausgesprochen breit untersucht gelten, zumal inzwischen über deutsche Flüchtlinge und Vertriebene sowie DPs hinaus auch zu den millionenstarken Bewegungen der Bombenkriegsevakuierten [546: M. KRAUSE, Flucht; 541: K. KLEE, Evakuierte] und der zurückkehrenden deutschen Kriegsgefangenen [553: E. MASCHKE u. a., Kriegsgefangene; 582: A.L. SMITH, Heimkehr; 550: A. LEHMANN, Gefangenschaft; 538: S. KARNER, Archipel GUPVI; 528: A. HILGER, Kriegsgefangene; 563: R. OVERMANS, Stacheldraht; 543: J. KOCHANOWSKI, Gefangenschaft] wichtige Arbeiten vorliegen. Eine Synthese des Gewaltmigrationsge-

Bombenkriegsevakuierte und deutsche Kriegsgefangene

schehens steht allerdings noch aus: Es fehlt mithin an Perspektiven, die Wechselwirkungen zwischen den einzelnen Bewegungen zu untersuchen (z. B. ehemalige Zwangsarbeitskräfte und Lagerinsassen, die mit den Deutschen nach Westen flüchteten; Aufnahmesituation vor Ort angesichts der Zuweisung von Flüchtlingen in solche Regionen, die bereits stark durch Bombenkriegsevakuierte belegt waren) und die Entwicklung spezifischer Kategorisierungen verschiedener Bewegungen und Gruppen durch alliierte und deutsche Dienststellen nachzuvollziehen, die in die Entwicklung unterschiedlicher Aufnahme-, Migrations- und Integrationspolitiken mündeten.

Fehlen einer Synthese des Zwangswanderungsgeschehens nach 1945

6. Exil und Asyl

Im „langen" 19. Jahrhundert nahm die räumliche Bewegung politischer Flüchtlinge sehr selten Massencharakter an. Deutsche Staaten waren ein wichtiger Ausgangsraum [Überblicke: 8: K.J. BADE, Europa, 187–209; 652: J. OLTMER, Asyl]. Im Kontext der Etablierung europäischer Nationalstaaten ergriffen einige Zehntausend Menschen, die bewusst den Kampf gegen das jeweils herrschende politische System ihres Herkunftsstaates aufgenommen hatten, zumeist vor der Verfolgung nationaler, demokratischer, liberaler und sozialistischer Bewegungen die Flucht. Wie viele es im Einzelnen gewesen sein mögen, lässt sich auch nicht annäherungsweise sagen. Fest steht aber, dass die Gruppe der Flüchtlinge sehr heterogen war: Unter ihnen fanden sich frühsozialistische Handwerker, deren räumliche Bewegungen z. B. von W. SCHIEDER [663: Arbeiterbewegung] und J. GRANDJONC [623: Binnenwanderung] beschrieben worden sind, ebenso wie liberale politische Intellektuelle [672: M. WERNER, Étrangers] oder Mitglieder bewaffneter nationaler Befreiungsbewegungen [608: J.W. BOREJSZA, Flüchtlinge].

Deutsche Ausgangsräume politischer Flüchtlinge

Mehrere Hochphasen politischer Fluchtbewegungen sind für das 19. Jahrhundert untersucht worden: Eine erste reagierte auf die verschärfte Restauration im ersten Jahrfünft nach dem Wiener Kongress, eine zweite folgte nach den Unruhen, die in weiten Teilen Europas im Kontext der Pariser Julirevolution von 1830 stand. Dazu zählte auch die „Große Emigration", die mehrere Zehntausend polnischer Flüchtlinge nach Westen führte, wobei Deutschland meist nur Durchgangsstation war bzw. in den preußisch-polnischen Gebieten mit zu den Ausgangsräumen zählte [Überblick: 635: S. KIENIEWICZ, Novemberaufstand; 633: S. KALEMBKA, Emigration]. Die „Polenbe-

Phasen des Fluchtgeschehens

6. Exil und Asyl

geisterung" der 1830er Jahre erwies sich dennoch für die Entwicklung liberaler politischer Vorstellungen und der Verbreitung der nationalen Idee in Deutschland als belangvoll [642: A. KUŚMIDROWICZ-KRÓL u. a. (Hrsg.), Polenbegeisterung; 643: D. LANGEWIESCHE, Massenbewegung; 609: G. BRUDZYŃSKA-NĚMEC, Polenvereine]. H.H. HAHN, der bereits früh mit einer Studie über Aspekte der Geschichte der politischen Flucht aus den Teilungsgebieten Polens [624: Außenpolitik] hervorgetreten war, hat darauf hingewiesen, dass die Untersuchung der Hintergründe, Formen und Folgen der „Großen Emigration" auf eine integrale europäische Perspektive angewiesen ist [625: Möglichkeiten]. Das gilt wegen der engen Verbindung und grenzüberschreitenden Zusammenarbeit revolutionärer Gruppierungen sowie wegen der staatlichen Versuche der internationalen Verfolgung Oppositioneller für alle größeren Bewegungen politischer Flüchtlinge im 19. Jahrhundert.

Polnische Flüchtlinge und Polenbegeisterung

Wesentlich tiefere Spuren im Fluchtgeschehen – und in der Literatur über politische Flüchtlinge – hinterließen die europäischen Revolutionen von 1848. H. REITER [659: Asyl] vermittelt einen breit angelegten Überblick über die räumlichen Bewegungen aus Deutschland und vor allem über die Aufnahme im europäischen und außereuropäischen Ausland. Auch B. MESMER [649: Flüchtlinge] und W. SIEMANN [668: Asyl] konzentrieren sich in ihren knappen zusammenfassenden Überlegungen auf diesen Kontext. Einen letzten großen Schub politisch erzwungener Wanderungen resultierte seit den 1870er Jahren aus dem Kampf vieler, vor allem mittel- und osteuropäischer Staaten gegen sozialistische und anarchistische Bewegungen. Für Deutschland ist vor allem das Anti-Sozialistengesetz 1878–90 hervorzuheben, das einzelne politische Akteure zur Flucht nötigte, dessen fluchtgenerierende Wirkung bislang allerdings noch nicht zureichend untersucht worden ist.

Revolutionsflüchtlinge 1848

Die Studien zur Aufnahme politischer Flüchtlinge aus Deutschland konzentrierten sich auf politische Aktivitäten und soziale Situation einzelner Personen bzw. Gruppen sowie auf rechtliche Rahmenbedingungen ihrer Aufnahme. Dichte Informationen liegen zu Großbritannien bzw. zu London [605: R. ASHTON, Little Germany, 25–55; 655: B. PORTER, Question, 12–45; 670: S. SUNDERMANN, Nationalismus, 23–48; 617: S. FREITAG (Hrsg.), Exiles; 645: C. LATTEK, Refugees] und zu den USA vor [632: M. JUST, Flüchtlinge; 637: U. KLEMKE, Exilierung, 11–23; 638: DERS., Emigration]. Eine detaillierte und instruktive Auseinandersetzung mit der Rolle deutscher Achtundvierziger in den politischen Debatten der USA

Exilländer

bietet M. HONECK [629: Revolutionists]. Hinzu kommen zahlreiche wichtige Studien zur Geschichte deutscher Zuwanderer in der US-Arbeiterbewegung [Überblick: 634: H. KEIL (Hrsg.), Culture] und zur Schweiz [622: C. GRAF, Asyl; 616: J. FREI, Flüchtlingspolitik; 621: C. GOEHRKE/W.G. ZIMMERMANN (Hrsg.), Zuflucht]. Einen richtungweisenden Pfad bot den politischen Flüchtlingen des 19. Jahrhunderts die kontinentale und transatlantische Massenmigration: Vor allem die USA und Großbritannien wurden wichtige Aufnahmeländer europäischer Flüchtlinge, weil sie Einwanderungsfreiheit boten.

Politisches Asyl im 19. Jahrhundert

Politische Flüchtlinge konnten aber auch auf die Vergabe eines für sie spezifischen Rechtsstatus hoffen: Das politische Asyl bildet zwar, wie der Völkerrechtler O. KIMMINICH formulierte, eine der „ältesten Rechtseinrichtungen der Menschheit" [636: Asylrecht, 7]. Aber erst mit dem Aufstieg des Nationalstaats sind im 19. Jahrhundert übergreifende rechtliche Grundlagen für die Asylgewährung als Schutz vor Auslieferung fixiert worden – nicht jedoch in Deutschland: Seit 1892 beschäftigte sich der Reichstag mehrfach mit einem Auslieferungsgesetz, das auch die Asylgewährung regeln sollte. Die Initiativen wurden von der Reichsleitung blockiert oder von der Reichstagsmehrheit abgelehnt. Wie in vielen europäischen Staaten war damit selbst der schlichte Schutz von politischen Flüchtlingen vor Auslieferung bis zum Ende des Kaiserreichs nicht gesetzlich geregelt [652: J. OLTMER, Asyl]. Das Auslieferungsrecht ließ sich vielmehr auch für die Verfolgung politischer Flüchtlinge nutzen: Die Staaten im Deutschen Bund einigten sich 1832 in ihrer Reaktion auf das Hambacher Fest auf die gegenseitige Auslieferung politischer Straftäter – sie galt für gewöhnliche Straftäter erst seit 1854. Auf die innerdeutsche Auslieferungsverpflichtung von 1832 folgte 1834 ein Vertrag Preußens, Österreichs und Russlands über die gegenseitige Auslieferung bei politischen Delikten [659: H. REITER, Asyl, 36f.].

Mehrere Arbeiten haben sich im Kontext der Untersuchung der internationalen Kooperation in der Strafverfolgung mit einzelnen Aspekten des verstärkten Interesses an der Verfolgung Oppositioneller seit den 1880er Jahren beschäftigt [631: J. JÄGER, Verfolgung, 85–95]. Trotz dieser Perspektiven aus der Historischen Kriminalitätsforschung fehlt es an Studien, die sich explizit mit Motiven, Interessen und Handlungsmustern der grenzüberschreitenden Politik zur Verfolgung politischer Delikte auseinandersetzen. Herausgearbeitet worden ist, dass ein wesentliches Element der neuen Initiativen im späten 19. Jahrhundert die deutsch-russisch-österreichische Kooperation wurde, die zunächst eine

6. Exil und Asyl

verstärkte informelle Zusammenarbeit der Polizeibehörden ermöglichte. Ein von Bismarck angeregtes Abkommen des Reiches mit Russland sah dann 1885 die gegenseitige Auslieferung politischer Flüchtlinge vor. Diese Bemühungen entsprangen nicht nur der Einsicht in den grenzüberschreitenden Charakter der für hochgefährlich gehaltenen sozialistischen und anarchistischen Bewegungen. Sie resultierten auch aus dem Streben nach einer Bewältigung einer als gemeinsames Problem verstandenen Herausforderung: die polnische Nationalbewegung, die einen erheblichen Teil der politischen Flüchtlinge im Europa des 19. Jahrhunderts hervorbrachte.

Mit dem Ersten Weltkrieg und dessen politischen Folgen änderten sich Umfang und Zusammensetzung der Fluchtbewegungen fundamental. Allerdings gab es in den Staaten Europas weder einen Rechtsrahmen noch Konzepte für die Zuerkennung wohlfahrtsstaatlicher Leistungen für die große Flüchtlingszahl. Asylrecht und Asylrechtspraxis blieben weiter ausgerichtet auf den einzelnen politischen Flüchtling des 19. Jahrhunderts und nicht auf den zu einer viel größeren Zahl von Schicksalsgenossen gehörenden Verfolgten des „Jahrhunderts der Flüchtlinge". Zwei große, durch Überschneidungen gekennzeichnete Flüchtlingsbewegungen erreichten Deutschland nach dem Ersten Weltkrieg: osteuropäische Juden und Flüchtlinge vor Revolution und Bürgerkrieg aus dem ehemaligen Zarenreich. Beide waren Gegenstand eines spezifischen Asyldiskurses.

1914: Das Jahrhundert der Flüchtlinge beginnt

Flüchtlinge nach dem Ersten Weltkrieg

Die Mitte der 1980er Jahre erschienene Untersuchung von T. MAURER [647: Ostjuden] und die rund ein Jahrzehnt später publizierte Studie von L. HEID [626: Maloche] arbeiteten die Dimensionen der Zuwanderung von osteuropäischen Juden nach Deutschland im und unmittelbar nach dem Ersten Weltkrieg heraus. Kriegs- und nachkriegsbedingte Fluchtbewegungen und Anwerbungen für die deutsche Kriegswirtschaft ließen sich dabei kaum voneinander trennen. Beide Studien gaben zudem die politischen und publizistischen Diskussionen um die als „Ostjuden" apostrophierten Zuwanderer wieder, fragten nach den Reaktionen der deutschen Juden auf die Zuwanderung und ordneten die starke Tendenz zur Weiterwanderung der Gruppe ein. Ergänzende Hinweise auf die administrativen Debatten um die Asylgewährung sowie um die Möglichkeiten und Grenzen einer flüchtlingsspezifischen Integrationspolitik bot J. OLTMER [653: Osteuropäische Juden]; R. POMMERIN hat den (schließlich misslungenen) Versuch untersucht, osteuropäische Juden in großer Zahl zu internieren und auszuweisen [654: Ausweisung]. Durch die Fokussierung auf Berlin als zentrales Ziel der Zuwanderung gelang A.C. SASS [662: Berliner Luftmenschen] eine differenzierte Fallstudie, die durch die Analyse von Funktion und Bedeutung migrantischer Infrastrukturen hervorsticht. Vornehmlich auf die kulturelle Funktion Berlins und das kulturelle Gewicht der Zuwanderung osteuropäischer Juden verweisen die Beiträge eines von V. DOHRN/G. PICKHAN [612: Transit] herausgegebenen Sammelwerkes, das nach Bedingungen und Effekten von Transformation in einem translokalen Raum des temporären Aufenthalts fragt. Einen weit ausgreifenden Vergleich Berlins mit London und Paris unter besonderer Berücksichtigung der Debatten um Zuwanderung von Juden wagt T. METZLER [650: Tales].

Die umfangreichste Gruppe unter den Flüchtlingen im Nachkriegseuropa bildeten die wohl 1–2 Mio. russländischen Emigranten, wobei zu betonen ist, dass die Angaben zum Umfang der Gruppe schwach fundiert sind. Zwei von K. SCHLÖGEL herausgegebene Sammelbände [664: Exodus; 665: Russische Emigration] haben verdeutlicht, dass die Flüchtlinge aus dem ehemaligen Zarenreich über die ganze Welt verstreut wurden. Wie bereits die ältere Studie von H.-E. VOLKMANN [671: Emigration] belegte und die Dissertation von B. DODENHOEFT [611: Russische Emigranten] 1993 bestätigte, wurde Deutschland das zunächst wichtigste Aufnahmeland.

Asyldiskurs in der Weimarer Republik

Trotz breiter politischer und publizistischer Diskussionen um die Gewährung von Asyl wurden russländische Flüchtlinge wie osteuropäische Juden nur geduldet, ohne dass damit ein Rechtsanspruch auf Aufenthalt verbunden gewesen wäre. Ausweisungen blieben jederzeit möglich, wenngleich sie sich nur selten umsetzen ließen, weil viele der Flüchtlinge staatenlos [639: K. KOLLMEIER, Staatenlosigkeit; 661: M. RÜRUP, Statelessness] waren und die Bereitschaft anderer Staaten zur Aufnahme gering blieb. Wohnungsnot und Erwerbslosigkeit verstärkten den prekären Status der Zuwanderer noch. Sammelunterkünfte wurden in großer Zahl eingerichtet; nicht selten handelte es sich um ehemalige Kriegsgefangenenlager. Mehrere „Russenlager", die A. FORTOUNATTO-BEHR untersucht hat [615: Les réfugiés russes], entstanden. Sie bildeten z. T. für viele Jahre notdürftig Unterkünfte der Flüchtlinge.

Emigration aus NS-Deutschland

Während Deutschland nach 1918 zu einem der wichtigsten europäischen Ziele von Asylsuchenden geworden war, wandelte es sich mit dem Beginn der NS-Diktatur zu einem der wichtigsten europäischen Ausgangsländer von Flüchtlingen. Die ausgesprochen umfangreiche Forschung zur Geschichte des Exils bzw. der Emigration aus NS-Deutschland verfügt über eigene Archive, Gesellschaften, Bibliographien und Publikationsreihen [knapper Überblick: 644: U. LANGKAU-ALEX, Exilforschung; 607: H. BOBERACH, Quellen], darunter das seit

6. Exil und Asyl

1983 erschienene Jahrbuch „Exilforschung" [614], das sich in einzelnen Themenbänden zentralen Feldern der Forschung zur Emigration aus NS-Deutschland widmet. Viele Flüchtlinge begannen bereits in den 1930er und 1940er Jahren Material zu sammeln und Exilforschung zu betreiben.

Anteil an der Forschung zur Geschichte der Emigration aus NS-Deutschland hatten zahlreiche Wissenschaften, auch weil die Abwanderung von Wissenschaftlern nach 1933 die jeweilige Geschichte der verschiedenen Disziplinen prägte und z. T. bis in die Gegenwart bestimmte. Die ganze Breite der Forschung kann hier nicht nachvollzogen werden, zumal mit dem „Handbuch der deutschsprachigen Emigration 1933–1945" [641: C.-D. KROHN/P. VON ZUR MÜHLEN/G. PAUL/L. WINCKLER (Hrsg.)] ein sehr zuverlässiges Werk vorliegt, das die Facetten des Gegenstandes erschließt, über Hintergründe, Formen und Folgen der Emigration berichtet, die Situation in den Zielländern schildert und mit dem politischen Exil, der Wissenschaftsemigration sowie dem literarischen und künstlerischen Exil die in der wissenschaftlichen Diskussion besonders stark akzentuierten Erscheinungsformen ausführlich beschreibt. Das Handbuch bietet zudem eine übersichtliche Auswahlbibliographie zur Exilforschung. Handbuch der deutschsprachigen Emigration

Zu deren herausragenden Ergebnissen zählt das dreibändige „Biographische Handbuch der deutschsprachigen Emigration nach 1933", das über 8 000 Lebensläufe dokumentiert [660: W. RÖDER/H.A. STRAUSS (Hrsg.)]. Dass die Exilforschung sich nicht nur dem Schicksal bekannter Persönlichkeiten widmete, belegt u. a. das Sammelwerk von W. BENZ über das „Exil der kleinen Leute" [606]. In den 1990er Jahren setzte zudem die Forschung zur Rückkehr aus der Emigration und zum Beitrag der Remigranten zur Entwicklung von Politik, Wirtschaft, Gesellschaft und Kultur von Bundesrepublik und DDR ein, zu der viele substanzielle Ergebnisse vorliegen [Überblick: 640: M. KRAUSS, Heimkehr]. Biographisch orientierte Exilforschung

Die Erfahrung der NS-Diktatur führte dazu, dass nach 1945 die internationale Zusammenarbeit in der Flüchtlingspolitik forciert sowie die Position von Flüchtlingen im Recht der einzelnen Staaten und im Völkerrecht verbessert wurde. Die „Allgemeine Erklärung der Menschenrechte" der Vereinten Nationen von 1948 schrieb erstmals ein individuelles Asylrecht fest. Die Hintergründe für die Formulierung eines im internationalen Vergleich sehr offenen Asylrechts im Parlamentarischen Rat 1948/49 sind noch nicht zureichend untersucht worden. Deutlich geworden allerdings ist, dass die Teilung der beiden deutschen Staaten und die starke Abwanderung aus der Asylrecht im Grundgesetz

Sowjetischen Besatzungszone bzw. der frühen DDR zentral für die politische Diskussion um das Asylrecht im Grundgesetz war. In der Bundesrepublik ist seit 1950 (und bis 1990) die Flüchtlingseigenschaft von Zuwanderern aus der DDR im Rahmen des asylähnlichen „Notaufnahmeverfahrens" geprüft worden. In den frühen 1990er Jahren haben die grundlegenden Arbeiten von H. HEIDEMEYER [627: Flucht] und V. ACKERMANN [604: Flüchtling; s. auch: 666: A. SCHMELZ, Migration; 628: F. HOFFMANN, Junge Zuwanderer] die politischen und medialen Debatten um die Aufnahme von DDR-Zuwanderern in der Bundesrepublik bis zum Mauerbau 1961 erschlossen. Seither hat sich der Fokus erweitert und das Interesse verschoben: Die Forschung fragte verstärkt nach der Bedeutung der Abwanderung bzw. der scharfen Freizügigkeitsbeschränkungen für die Aufrechterhaltung des politischen Systems und für den gesellschaftlichen Wandel in der DDR (unter Berücksichtigung der Frage nach dem Gewicht der vielen – abgelehnten – Ausreiseanträge für das Wachsen von Frustration und Widerstand gegen die DDR-Ordnung) [648: D. VAN MELIS, „Republikflucht"; 630: R. HÜRTGEN, Ausreise]. Außerdem ist die Bewegung vom Westen nach Osten in den Fokus gerückt [669: B. STÖVER, Zuflucht DDR; 651: G. NEUMEIER, „Rückkehrer" in die DDR]. Darüber hinaus wird die Migration als Problem der deutsch-deutschen Beziehungen verstanden, indem z. B. auf die Bedeutung von Netzwerken und familiären Verbindungen verwiesen wird [667: K. SCHUMANN (Hrsg.), Private Wege; 620: M. GEHRMANN, Überwindung], auf den Häftlingsfreikauf [610: M. DETJEN, Loch; 646: T. VON LINDHEIM, Bezahlte Freiheit; 673: J.P. WÖLBERN, Häftlingsfreikauf] oder auf die Existenz einer vier Jahrzehnte währenden gesamtdeutschen „Mauergesellschaft" [674: F. WOLFF, Deutsch-deutsche Migrationsverhältnisse], die durch Migration und Mobilitätserwartungen sowie ein in der DDR wie in der Bundesrepublik hohes staatliches Interesse an der Kontrolle und Steuerung der Bewegungen geprägt war.

Die Geschichte des politischen und administrativen Umgangs mit dem Asylgrundrecht in den 1950er und 1960er Jahren erarbeitet P.G. POUTRUS, dessen Studien über Asylpolitik und Asylgewährung in der DDR [656: Zuflucht; 657: Genossen] auch Perspektiven eines breiten deutsch-deutschen Vergleichs asylpolitischer Grundsätze und Asylpraxis [658: Flüchtlingsaufnahme] ermöglichen.

Trotz der Verbesserung des Rechtsstatus politischer Flüchtlinge nach dem Zweiten Weltkrieg verband weiterhin ein gemeinsames Charakteristikum die Flüchtlingspolitik im 19. und 20. Jahrhundert: Nur

den geringsten Teil der Flüchtlinge erfassten Asylregelungen; zumeist Asyl als
erfolgte die Aufnahme aufgrund von Bestimmungen jenseits des Asyl- Ausnahmefall
rechts – in der Regel Normen des Kriegsfolgenrechts (so insbesondere im Kontext der beiden Weltkriege) oder gesetzliche Regelungen zur Aufnahme von Siedlern oder Arbeitswanderern (so vor allem im 19. Jahrhundert, in der Zwischenkriegszeit und bei der Zuwanderung von „Gastarbeitern").

In seiner Weltgeschichte von Flucht und Flüchtlingen bietet P. Studie P. Gatrells
GATRELL [619: Making] eine weit ausgreifende, sehr differenzierende, eine Vielzahl institutioneller, kollektiver und individueller Akteure einbeziehende Studie über Hintergründe, Bestimmungsfaktoren und Effekte zahlreicher Flüchtlingsbewegungen. Seine Analyse, die einer instruktiven Monographie über die Kampagne der UN zum „Weltflüchtlingsjahr" 1960 folgte [618: Free World], bietet zentrale Anknüpfungspunkte für eine erweiterte historische Flüchtlingsforschung, die sich bislang weithin auf den staatlichen Umgang mit Flüchtlingszuwanderung und politische Debatten um Asyl und Schutz konzentrierte. GATRELL lässt deutlich werden, auf welche Weise und warum Flüchtlingszuwanderung Staaten und Gesellschaften veränderte und welche Handlungsmacht Flüchtlinge besaßen, die er nicht als bloße Getriebene und Opfer darstellt, sondern als (vehemente) Vertreter ihrer Interessen, als Nutzer von Geschichte als Ressource zur Erzeugung von Aufmerksamkeit, als Teil eines überaus umfangreichen Kreises von Akteuren in der Aushandlung dessen, was als „Flucht", als „Flüchtling" und als „Asyl" in je spezifischen Konstellationen verstanden wurde. Nicht zuletzt vor dem Hintergrund der differenzierten Perspektive dieser Untersuchung lässt sich festhalten: Eine auf Deutschland bezogene Geschichte von Flucht und Asyl, die die aktuellen Debatten der Historischen Migrationsforschung aufgreift, ist noch nicht geschrieben.

III. Quellen und Literatur

Es gelten die Abkürzungen der Historischen Zeitschrift.

1. Übergreifende Darstellungen und Sammelbände zu Migrationsformen bzw. Phasen der Migrationsgeschichte

1. A. AUBELE/G. PIERI (Hrsg.), Femina Migrans. Frauen in Migrationsprozessen (18.–20. Jahrhundert), Sulzbach 2011.
2. K.J. BADE, Massenwanderung und Arbeitsmarkt im deutschen Nordosten von 1880 bis zum Ersten Weltkrieg, in: AfS 20 (1980) 265–323.
3. K.J. BADE, Vom Auswanderungsland zum Einwanderungsland? Bevölkerung, Wirtschaft und Wanderung in Deutschland 1880–1980, Berlin 1983.
4. K.J. BADE (Hrsg.), Auswanderer – Wanderarbeiter – Gastarbeiter. Bevölkerung, Arbeitsmarkt und Wanderung in Deutschland seit der Mitte des 19. Jahrhunderts, 2 Bde., Ostfildern 1984.
5. K.J. BADE (Hrsg.), Population, Labour and Migration in 19th and 20th Century Germany, Leamington Spa 1987.
6. K.J. BADE, Sozialhistorische Migrationsforschung, in: E. Hinrichs/H. van Zon (Hrsg.), Bevölkerungsgeschichte im Vergleich: Studien zu den Niederlanden und Nordwestdeutschland, Aurich 1988, 63–74.
7. K.J. BADE (Hrsg.), Deutsche im Ausland – Fremde in Deutschland. Migration in Geschichte und Gegenwart, München 1992.
8. K.J. BADE, Europa in Bewegung. Migration vom späten 18. Jahrhundert bis zur Gegenwart, München 2000.
9. K.J. BADE, Historische Migrationsforschung, in: Ders., Sozialhistorische Migrationsforschung, Göttingen 2004, 27–48.
10. K.J. BADE, Land oder Arbeit? Transnationale und interne Migration im deutschen Nordosten vor dem Ersten Weltkrieg (Internet-Ausgabe 2005 der Habil. Erlangen 1979, http://www.imis.uni-osnabrueck.de/BadeHabil.pdf).

11. K.J. BADE/P.C. EMMER/L. LUCASSEN/J. OLTMER (Hrsg.), Enzyklopädie Migration in Europa vom 17. Jahrhundert bis zur Gegenwart, 3. Aufl. Paderborn 2010.
12. M. BOMMES, Migration, Raum, Netzwerke. Über den Bedarf einer gesellschaftstheoretischen Einbettung der transnationalen Migrationsforschung, in: J. Oltmer (Hrsg.), Migrationsforschung und Interkulturelle Studien, Osnabrück 2001, 91–105.
13. M. BOMMES, Migration and Migration Research in Germany, in: E. Vasta/V. Vuddamalay (Hrsg.), International Migration and the Social Sciences, Basingstoke 2006, 143–221.
14. M. BOMMES/E. MORAWSKA (Hrsg.), International Migration Research, Aldershot 2005.
15. C.B. BRETTELL/J.F. HOLLIFIELD (Hrsg.), Migration Theory, 3. Aufl. New York 2015.
16. N. CANNY (Hrsg.), Europeans on the Move. Studies on European Migration 1500–1800, Oxford 1994.
17. H. ESSER, Aspekte der Wanderungssoziologie, Darmstadt 1980.
18. T. FAIST (Hrsg.), Transnationale Räume. Politik, Wirtschaft und Kultur in und zwischen Deutschland und der Türkei, Bielefeld 2000.
19. F. FAURI (Hrsg.), The History of Migration in Europe. Prospectives from Economics, Politics and Sociology, London 2015.
20. M.H. FISHER, Migration. A World History, Oxford 2014.
21. N. GLICK SCHILLER/L. BASCH/C. SZANTON BLANC (Hrsg.), Toward a Transnational Perspective on Migration, New York 1992.
22. S. HAHN, Wie Frauen in der Migrationsgeschichte verloren gingen, in: K. Husa/C. Parnreiter/I. Stacher (Hrsg.), Internationale Migration, Frankfurt/Main 2000, 77–96.
23. S. HAHN, Historische Migrationsforschung, Frankfurt/Main 2012.
24. C. HARZIG/D. HOERDER, What is Migration History, Cambridge 2009.
25. U. HERBERT, Geschichte der Ausländerbeschäftigung in Deutschland 1880 bis 1980, Berlin 1986.
26. U. HERBERT, Geschichte der Ausländerpolitik in Deutschland, München 2001.
27. D. HOERDER (Hrsg.), Labor Migration in the Atlantic Economies, Westport 1985.
28. D. HOERDER, Arbeitswanderung und Arbeiterbewußtsein im atlantischen Wirtschaftsraum, in: AfS 28 (1988) 391–425.

29. D. HOERDER, Cultures in Contact. World Migrations in the Second Millennium, Durham 2002.
30. D. HOERDER, Segmented Macro Systems and Networking Individuals: The Balancing Functions of Migration Processes, in: 40: 73–84.
31. D. HOERDER, Geschichte der deutschen Migration. Vom Mittelalter bis heute, München 2010.
32. D. HOERDER (Hrsg.), Proletarian and Gendered Mass Migrations. A Global Perspective on Continuities and Discontinuities from the 19th to the 21st Centuries, Leiden 2013.
33. D. HOERDER/L. PAGE MOCH (Hrsg.), European Migrants, Boston 1996.
34. D. HOERDER/J. LUCASSEN/L. LUCASSEN, Terminologien und Konzepte in der Migrationsforschung, in: 11, 28–53.
35. D. HOERDER/E. VAN NEDERVEEN MEERKERK/S. NEUNSINGER (Hrsg.), Towards a Global History of Domestic and Caregiving Workers, Leiden 2015.
36. H.-J. HOFFMANN-NOWOTNY, Migration. Ein Beitrag zu seiner soziologischen Erklärung, Stuttgart 1970.
37. R. JAMES SIMON/C.B. BRETTELL (Hrsg.), International Migration: The Female Experience, New Jersey 1986.
38. G. JARITZ/A. MÜLLER (Hrsg.), Migration in der Feudalgesellschaft, Frankfurt/Main 1988.
39. H. KLEINSCHMIDT, Menschen in Bewegung. Inhalte und Ziele historischer Migrationsforschung, Göttingen 2002.
40. J. LUCASSEN/L. LUCASSEN (Hrsg.), Migration, Migration History, History, 3. Aufl. Bern 2005.
41. L. LUCASSEN, The Immigrant Threat. The Integration of Old and New Migrants in Western Europe since 1850, Urbana 2005.
42. L. LUCASSEN/D. FELDMAN/J. OLTMER (Hrsg.), Paths of Integration. Migrants in Western Europe (1880–2004), Amsterdam 2006.
43. P. MANNING, Migration in World History, 2. Aufl. London 2013.
44. W. MCNEILL/R. ADAMS (Hrsg.), Human Migration, Bloomington 1987.
45. E. MORAWSKA, The New-Old Transmigrants, their Transnational Lives, and Ethnicization: A Comparison of 19th/20th and 20th/21st Century Situations, Florenz 1999.
46. I. NESS (Hrsg.), The Encyclopedia of Global Human Migration, Chichester 2013.
47. J. OLTMER, Migration und Politik in der Weimarer Republik, Göttingen 2005.

48. J. OLTMER, Europäische Migrationsverhältnisse und Migrationsregime in der Neuzeit, in: GG 35 (2009) 5–27.
49. J. OLTMER, Globale Migration. Geschichte und Gegenwart, München 2012.
50. J. OLTMER (Hrsg.), Handbuch Staat und Migration in Deutschland seit dem 17. Jahrhundert, Berlin/Boston 2016.
51. J. OLTMER, Einleitung: Staat im Prozess der Aushandlung von Migration, in: 50: 1–42.
52. L. PAGE MOCH, Moving Europeans. Migration in Western Europe since 1650, 2. Aufl. Bloomington 2003.
53. L. PRIES (Hrsg.), Transnationale Migration, Baden-Baden 1997.
54. M. SCHROVER (Hrsg.), Gender, Migration, and the Public Sphere, 1850–2005, New York 2010.
55. P. SHARPE (Hrsg.), Women, Gender and Labour Migration, London 2001.
56. J.-D. STEINERT, Migration und Politik: Westdeutschland – Europa – Übersee 1945–1961, Osnabrück 1995.
57. C. TILLY, Migration in Modern European History, in: 44: 48–72.
58. A. TREIBEL, Migration in modernen Gesellschaften, 3. Aufl. Weinheim 2003.
59. C. VARGAS-SILVA (Hrsg.), Handbook of Research Methods in Migration, Cheltenham 2012.
60. V. YANS-MCLAUGHLIN (Hrsg.), Immigration Reconsidered. History, Sociology and Politics, New York 1990.

2. Überseeische Massenauswanderungen

61. A. AENGENVOORT, Migration – Siedlungsbildung – Akkulturation. Die Auswanderung Nordwestdeutscher nach Ohio 1830–1914, Stuttgart 1999.
62. J.N. BADE (Hrsg.), Eine Welt für sich. Deutschsprachige Siedler und Reisende in Neuseeland im neunzehnten Jahrhundert, Bremen 1998.
63. J.N. BADE (Hrsg.), Im Schatten zweier Kriege. Deutsche und Österreicher in Neuseeland im zwanzigsten Jahrhundert, Bremen 2005.
64. K.J. BADE, Die deutsche überseeische Massenauswanderung im 19. und 20. Jahrhundert, in: 4: 259–299.
65. D. BAINES, Emigration from Europe 1815–1930, Cambridge 1995.

66. N. Barbian, Auswärtige Kulturpolitik und „Auslandsdeutsche" in Lateinamerika 1949–1973, Wiesbaden 2014.
67. A. Barkai, Branching Out. German-Jewish Immigration to the United States 1820–1914, New York 1994.
68. H. Bickelmann, Deutsche Überseeauswanderung in der Weimarer Zeit, Wiesbaden 1980.
69. B. Biedermann, Eine bezahlte Passage. Die Auswanderung von Deutschen nach Australien in den 1950er Jahren, Marburg 2006.
70. F. Bindernagel, Migration und Erinnerung. Öffentliche Erinnerungskultur deutschsprachiger Migrant/innen in Buenos Aires, Diss. FU Berlin 2014.
71. M. Blaschke, Die Entdeckung des weiblichen Publikums. Presse für deutsche Einwanderinnen in den USA 1890–1914, Frankfurt/Main 1997.
72. M. Blaschke/C. Harzig (Hrsg.), Frauen wandern aus. Deutsche Migrantinnen im 19. und 20. Jahrhundert, Bremen 1990.
73. H. Boockmann u. a. (Hrsg.), Deutsche Geschichte im Osten Europas, 10 Bde., Berlin 1992–1999.
74. D. Brandes u. a., Bibliographie zur Geschichte und Kultur der Rußlanddeutschen, 2 Bde., München 1994/1999.
75. A. Bretting, Soziale Probleme deutscher Einwanderer in New York, Wiesbaden 1981.
76. A. Brinck, Die deutsche Auswanderungswelle in die britischen Kolonien Nordamerikas um die Mitte des 18. Jahrhunderts, Stuttgart 1993.
77. T. Brinkmann, Von der Gemeinde zur „Community". Jüdische Einwanderer in Chicago 1840–1900, Osnabrück 2002.
78. T. Brinkmann, Why Paul Nathan attacked Albert Ballin: The Transatlantic Mass Migration and the Privatization of Prussia's Eastern Border Inspection, 1886–1914, in: CEH 43 (2010) 47–83.
79. T. Brinkmann, Migration und Transnationalität, Paderborn 2012.
80. T. Brinkmann (Hrsg.), Points of Passage. Jewish Transmigrants from Eastern Europe in Scandinavia, Germany, and Britain 1880–1940, New York 2014.
81. H. Bungert, Festkultur und Gedächtnis. Die Konstruktion einer deutschamerikanischen Ethnizität 1848–1914, Paderborn 2016.
82. H. Bungert/C. Lee Kluge/R.C. Ostergren (Hrsg.) Wisconsin German Land and Life, Madison 2006.
83. F. Burgdörfer, Die Wanderungen über die deutschen Reichsgrenzen im letzten Jahrhundert, in: Allgemeines Statistisches

Archiv 20 (1930) 161–196, 383–419, 537–551 (gekürzte Fassung in: 131: 281–322).

84. A. CLARK EFFORD, German Immigrants, Race, and Citizenship in the Civil War Era, Cambridge 2013.
85. C.K. COBURN, Life at Four Corners: Religion, Gender, and Education in a German-Lutheran Community, 1868–1945, Lawrence 1992.
86. R.L. COHN, Mass Migration under Sail. European Immigration to the Antebellum United States, Cambridge 2009.
87. K.N. CONZEN, Immigrant Milwaukee, 1836–1880. Accomodation and Community in a Frontier City, Cambridge, MA 1972.
88. K.N. CONZEN, Ethnicity as Festive Culture: Nineteenth-Century German America on Parade, in: W. Sollers (Hrsg.), The Invention of Ethnicity, New York 1989, 44–76.
89. K.N. CONZEN, Making their Own America. Assimilation Theory and the German Peasant Pioneer, Oxford 1990.
90. J.L. DA CUNHA, Rio Grande do Sul und die deutsche Kolonisation. Ein Beitrag zur Geschichte der deutsch-brasilianischen Auswanderung und der deutschen Siedlung in Südbrasilien zwischen 1824 und 1914. Santa Cruz do Sul 1995.
91. G. DALOS, Geschichte der Russlanddeutschen, München 2014.
92. P. DEWITT, Degrees of Allegiance. Harassment and Loyalty in Missouri's German-American Community during World War I, Athens 2012.
93. R.R. DOERRIES, Iren und Deutsche in der Neuen Welt. Akkulturationsprozesse in der amerikanischen Gesellschaft im späten 19. Jahrhundert, Wiesbaden 1986.
94. B.S. ELLIOTT/D.A. GERBER/S.M. SINKE (Hrsg.), Letters across Borders. The Epistolary Practices of International Migrants, New York 2006.
95. R. ENGELSING, Bremen als Auswandererhafen 1683–1880, Bremen 1961.
96. A.B. FAUST, The German Element in the United States, Boston 1909.
97. H. FENSKE, Die deutsche Auswanderung in der Mitte des 19. Jahrhunderts, in: GWU 24 (1973) 221–236.
98. G. FERTIG, Lokales Leben, atlantische Welt. Die Entscheidung zur Auswanderung vom Rhein nach Nordamerika im 18. Jahrhundert, Osnabrück 2000.
99. T. FEYS, The Battle for the Migrants. The Introduction of

Steamshipping on the North Atlantic and its Impact on the European Exodus, St. John's 2013.

100. A. FOGLEMAN, Hopeful Journeys: German Immigration, Settlement, and Political Culture in Colonial America, 1717–1775, Philadelphia 1996.

101. A. FREUND, Die letzte Phase des industriellen nordatlantischen Migrationssystems: das Beispiel der deutsch-kanadischen Arbeitswanderung in den 1950er Jahren, in: German Canadian Yearbook 27 (2002) 1–36.

102. A. FREUND, Aufbrüche nach dem Zusammenbruch. Die deutsche Nordamerika-Auswanderung nach dem Zweiten Weltkrieg, Göttingen 2004.

103. A. FREUND, Beyond the Nation? Immigrants' Local Lives in Transnational Cultures, Toronto 2012.

104. R. FUCHS, Heirat in der Fremde. Deutschamerikaner in Cincinnati im späten 19. Jahrhundert, Paderborn 2014.

105. B. GELBERG, Auswanderung nach Übersee. Soziale Probleme der Auswandererbeförderung in Hamburg und Bremen von der Mitte des 19. Jahrhunderts bis zum Ersten Weltkrieg, Hamburg 1973.

106. A. GESTRICH/M. KRAUSS (Hrsg.), Zurückbleiben. Der vernachlässigte Teil der Migrationsgeschichte, Stuttgart 2006.

107. J.D. GOULD, European Inter-Continental Emigration. The Road Home: Return Migration from the U.S.A., in: JEEH 9 (1980) 41–112.

108. H.-J. GRABBE, Vor der großen Flut: Die europäische Migration in die Vereinigten Staaten von Amerika 1783–1820, Stuttgart 2001.

109. M. GÜNTHER, Auf dem Weg in die Neue Welt. Die Atlantiküberquerung im Zeitalter der Massenauswanderung. 1818–1914, Augsburg 2005.

110. M. HÄBERLEIN, Vom Oberrhein zum Susquehanna. Studien zur badischen Auswanderung nach Pennsylvania im 18. Jahrhundert, Stuttgart 1993.

111. O. HANDLIN, The Uprooted. The Epic Story of the Great Migrations that Made the American People, New York 1951.

112. M.L. HANSEN, The Atlantic Migration, 1607–1860, Cambridge, MA 1940.

113. C. HARZIG, Familie, Arbeit und weibliche Öffentlichkeit in einer Einwanderungsstadt: Deutschamerikanerinnen in Chicago um die Jahrhundertwende, St. Katharinen 1991.

114. C. HARZIG (Hrsg.), Peasant Maids, City Women: From the European Countryside to Urban America, Ithaca 1997.

115. C. Harzig/D. Hoerder (Hrsg.), The Press of Labor Migrants in Europe and North America, 1880s to 1930s, Bremen 1987.
116. S. Heerwart/C. Schnurmann (Hrsg.), Atlantic Migrations, Münster 2007.
117. W. Helbich (Hrsg.), „Amerika ist ein freies Land...": Auswanderer schreiben nach Deutschland, Darmstadt 1985.
118. W. Helbich, „Alle Menschen sind dort gleich...": Die deutsche Amerika-Auswanderung im 19. und 20. Jahrhundert, Düsseldorf 1988.
119. W. Helbich/W.D. Kamphoefner (Hrsg.), Deutsche im Amerikanischen Bürgerkrieg: Briefe von Front und Farm, 1861–1865, Paderborn 2002.
120. W. Helbich/W.D. Kamphoefner/U. Sommer (Hrsg.), Briefe aus Amerika. Deutsche Auswanderer schreiben aus der Neuen Welt, 1830–1930, München 1988.
121. W. von Hippel, Auswanderung aus Südwestdeutschland. Studien zur württembergischen Auswanderung und Auswanderungspolitik im 18. und 19. Jahrhundert, Stuttgart 1984.
122. D. Hoerder (Hrsg.), Roots of the Transplanted, 2 Bde., Boulder 1994.
123. M. Just, Ost- und südosteuropäische Amerikawanderung 1881–1914, Stuttgart 1988.
124. M. Just, Schiffahrtsgesellschaften und Amerika-Auswanderung im 19. und 20. Jahrhundert, in: M. Just/A. Bretting/H. Bickelmann, Auswanderung und Schiffahrtsinteressen, Stuttgart 1992, 9–55.
125. W.D. Kamphoefner, Umfang und Zusammensetzung der deutsch-amerikanischen Rückwanderung, in: Amerikastudien 33 (1988) 291–307.
126. W.D. Kamphoefner, German Emigration Research, North, South and East: Findings, Methods, and Open Questions, in: D. Hoerder/J. Nagler (Hrsg.), People in Transit. German Migrations in Comparative Perspective 1820–1930, Cambridge, MA 1995, 19–33.
127. W.D. Kamphoefner, Westfalen in der Neuen Welt. Eine Sozialgeschichte der Auswanderung im 19. Jahrhundert, Göttingen 2006.
128. B. Karlsberg, Geschichte und Bedeutung der deutschen Durchwandererkontrolle, Hamburg 1921.
129. R.A. Kazal, Becoming Old Stock. The Paradox of German-American Identity, Princeton 2004.
130. H. Keil, Einwandererviertel und amerikanische Gesellschaft. Zur

Integration deutscher Einwanderer in die amerikanische städtisch-industrielle Umwelt des ausgehenden 19. Jahrhunderts am Beispiel Chicagos, in: AfS 24 (1984) 47–89.

131. W. Köllmann/P. Marschalck (Hrsg.), Bevölkerungsgeschichte, Köln 1972.
132. J. Krebber, Württemberger in Nordamerika. Migration von der Schwäbischen Alb im 19. Jahrhundert, Stuttgart 2014.
133. V. Krieger, Kolonisten, Sowjetdeutsche, Aussiedler, Bonn 2015.
134. H. Lehmann/H. Wellenreuther/R. Wilson (Hrsg.), In Search of Peace and Prosperity: New German Settlements in Eighteenth-Century Europe and America, University Park 2000.
135. A. Lubinski, Entlassen aus dem Untertanenverband: Die Amerika-Auswanderung aus Mecklenburg-Strelitz im 19. Jahrhundert, Osnabrück 1997.
136. F.C. Luebke, Bonds of Loyalty. German-Americans and World War I, DeKalb 1974.
137. F.C. Luebke, Germans in Brazil. A Comparative History of Cultural Conflict During World War I, Baton Rouge 1987.
138. S. Manz, Constructing a German Diaspora. The „Greater German Empire" 1871–1914, Oxford 2014.
139. P. Marschalck, Deutsche Überseewanderung im 19. Jahrhundert, Stuttgart 1973.
140. R.P. McCaffery, Islands of Deutschtum: German-Americans in Manchester, New Hampshire and Lawrence, Massachusetts, 1870–1942, New York 1996.
141. A. Mehrländer, The Germans of Charleston, Richmond and New Orleans during the Civil War Period, 1850–1870, Berlin/New York 2011.
142. G. Moltmann (Hrsg.), Deutsche Amerikaauswanderung im 19. Jahrhundert, Stuttgart 1976.
143. G. Moltmann, Die Transportation von Sträflingen im Rahmen der deutschen Amerikaauswanderung des 19. Jahrhunderts, in: 142: 147–196.
144. G. Moltmann, American-German Return Migration in the Nineteenth and Early Twentieth Centuries, in: CEH 13 (1980) 378–392.
145. G. Moltmann, Die deutsche Auswanderung in überseeische Gebiete. Forschungsstand und Forschungsprobleme, in: W.P. Adams (Hrsg.), Die deutschsprachige Auswanderung in die Vereinigten Staaten, Berlin 1980, 10–32.

146. G. Moltmann (Hrsg.), Germans to America: 300 Years of Immigration, 1683–1983, Stuttgart 1982.
147. W. Mönckmeier, Die deutsche überseeische Auswanderung, Jena 1912.
148. M. Mussacker, Hamburgs staatliche Auswandererfürsorge im 19. Jahrhundert, Neumünster 2006.
149. S. Nadel, Little Germany: Ethnicity, Religion and Class in New York City 1845–80, Urbana 1990.
150. K. Nerger-Focke, Die deutsche Amerikaauswanderung nach 1945, Hamburg 1995.
151. W. Nugent, Crossings. The Great Transatlantic Migrations, 1870–1914, Bloomington 1992.
152. G.J. Ojeda-Ebert, Deutsche Einwanderung und Herausbildung der chilenischen Nation (1846–1920), München 1984.
153. A. Ortlepp, „Auf denn, Ihr Schwestern!" Deutschamerikanische Frauenvereine in Milwaukee 1844–1914, Stuttgart 2004.
154. C. Östreich, „Des rauhen Winters ungeachtet…". Die Auswanderung Posener Juden nach Amerika im 19. Jahrhundert, Hamburg 1997.
155. E. von Philippovich (Hrsg.), Auswanderung und Auswanderungspolitik in Deutschland, Leipzig 1892.
156. L.S. Pickle, Contented among Strangers: Rural German-Speaking Women and Their Families in the Nineteenth-Century Midwest, Urbana 1996.
157. A. Pinwinkler, Historische Bevölkerungsforschungen. Deutschland und Österreich im 20. Jahrhundert, Göttingen 2014.
158. U. Plass, Überseeische Massenmigration zwischen politischem Desinteresse und Staatsintervention, in: 50: 291–315.
159. H.A. Pochmann/A.R. Schultz, Bibliography of German Culture in America to 1940, 2. Aufl. Millwood 1983.
160. U. Reich, Aus Cottbus und Arnswalde in die Neue Welt: Amerika-Auswanderung aus Ostelbien im 19. Jahrhundert, Osnabrück 1997.
161. H. Rössler, „Unnütze Subjekte, Vagabunden und Verbrecher" – Zur Emigration von Sträflingen in die Neue Welt (1830–1871), in: Ders., Hollandgänger, Sträflinge und Migranten. Bremen-Bremerhaven als Wanderungsraum, Bremen 2000, 193–260.
162. A. Saint Sauveur-Henn, Un siècle d'émigration allemande vers l'Argentine 1853–1945, Köln 1995.
163. J. Scheben, Untersuchungen zur Methode und Technik der deutsch-amerikanischen Wanderungsforschung an Hand eines

2. Überseeische Massenauswanderungen 161

Vergleichs der Volkszählungslisten der Township Westphalia, Clinton County, Michigan, vom Jahre 1860 mit Auswanderungsakten des Kreises Adenau (Rheinland), Diss. Bonn 1939.
164. H. SCHMAHL, Verpflanzt, aber nicht entwurzelt. Die Auswanderung aus Hessen-Darmstadt (Provinz Rheinhessen) nach Wisconsin im 19. Jahrhundert, Frankfurt/Main 2000.
165. K. SCHNIEDEWIND, Begrenzter Aufenthalt im Land der unbegrenzten Möglichkeiten. Bremer Rückwanderer aus Amerika 1850–1914, Bremen 1991.
166. I. SCHÖBERL, Amerikanische Einwandererwerbung in Deutschland 1845–1914, Stuttgart 1990.
167. A.R. SCHULTZ, German-American Relations and German Culture in America: A Subject Bibliography 1941–1980, 2 Bde., Millwood 1984.
168. F. Schulze, Von verbrasilianisierten Deutschen und deutschen Brasilianern. „Deutschsein" in Rio Grande do Sul, Brasilien, 1870–1945, in: GG 41 (2015), 197–227.
169. S. VON SENGER UND ETTERLIN, Neu-Deutschland in Nordamerika. Massenauswanderung, nationale Gruppenansiedlungen und liberale Kolonialbewegung 1815–1860, Baden-Baden 1991.
170. K. SMIDT, „Germania führt die deutsche Frau nach Südwest". Auswanderung, Leben und soziale Konflikte deutscher Frauen in der ehemaligen Kolonie Deutsch-Südwestafrika 1884–1920, Münster 1999.
171. G. SMOLKA, Die Auswanderung als politisches Problem in der Ära des Deutschen Bundes (1815–1866), Speyer 1993.
172. P. SÖLDENWAGNER, Spaces of Negotiation. European Settlement and Settlers in German East Africa 1900–1914, München 2006.
173. J. STERNBERG, Auswanderungsland Bundesrepublik. Denkmuster und Debatten in Politik und Medien 1945–2010, Paderborn 2012.
174. A. VON DER STRATEN, Die Rechtsordnung des Zweiten Kaiserreiches und die deutsche Auswanderung nach Übersee 1871–1914, Berlin 1997.
175. J. TAMPKE, Germans in Australia, Cambridge 2006.
176. K.C. THALHEIM, Das deutsche Auswanderungsproblem der Nachkriegszeit, Jena 1926.
177. S. THERNSTROM, Poverty and Progress. Social Mobility in a Nineteenth Century City, Cambridge, MA 1964.
178. S. THERNSTROM, The Other Bostonians. Poverty and Progress in the American Metropolis, 1880–1970, Cambridge, MA 1973.

179. F. THISTLETHWAITE, Europäische Überseewanderung im 19. und 20. Jahrhundert, in: 131: 323–355.

180. K. TIETZE DE SOTO, Deutsche Einwanderung in die chilenische Provinz Concepción 1870–1930, Frankfurt/Main 1999.

181. M.D TIPPENS, Turning Germans into Texans. World War I and the Assimilation and Survival of German Culture in Texas, Austin 2010.

182. F. TROMMLER (Hrsg.), Amerika und die Deutschen. Bestandsaufnahme einer 300jährigen Geschichte, Opladen 1986.

183. A. VAGTS, Deutsch-amerikanische Rückwanderung, Heidelberg 1960.

184. R.J. VECOLI, European Americans. From Immigrants to Ethnics, in: International Migration Review 6 (1972) 402–434.

185. R. VOLLMER, Auswanderungspolitik und soziale Frage im 19. Jahrhundert. Staatlich geförderte Auswanderung aus der Berghauptmannschaft Clausthal nach Südaustralien, Nord- und Südamerika 1848–1854, Frankfurt/Main 1995.

186. J. WAGNER, A History of Migration from Germany to Canada 1850–1939, Vancouver 2006.

187. R. WAGNER, Deutsche als Ersatz für Sklaven. Arbeitsmigranten aus Deutschland in der brasilianischen Provinz São Paulo 1847–1914, Frankfurt/Main 1995.

188. M. WALKER, Germany and the Emigration 1816–1885, Cambridge, MA 1964.

189. S. WEHNER-FRANCO, Deutsche Dienstmädchen in Amerika 1850–1914, Münster 1994.

190. G. WIESINGER, Die deutsche Einwandererkolonie von Holyoke, Massachusetts, 1865–1920, Stuttgart 1994.

191. L. WILDENTHAL, German Woman for Empire, 1884–1945, Durham 2001.

192. C. WITTKE, The German Language Press in America, Lexington 1957.

193. K. WÜSTENBECKER, Deutsch-Amerikaner im Ersten Weltkrieg. US-Politik und nationale Identitäten im Mittleren Westen, Stuttgart 2007.

194. M. WYMAN, Round-trip to America. The Immigrants Return to Europe, 1880–1930, Ithaca 1993.

3. Intra- und interregionale Arbeitswanderungen

195. K.M. BARFUSS, „Gastarbeiter" in Nordwestdeutschland 1884–1918, Bremen 1986.
196. K. BERGMANN, Agrarromantik und Großstadtfeindschaft, Meisenheim 1970.
197. S. BLEEK, Mobilität und Seßhaftigkeit in deutschen Großstädten während der Urbanisierung, in: GG 15 (1989) 5–33.
198. S. BLEEK, Quartierbildung in der Urbanisierung. Das Münchner Westend 1890–1933, München 1991.
199. F. BÖLSKER-SCHLICHT, Die Hollandgängerei im Osnabrücker Land und im Emsland, Sögel 1987.
200. P. BORSCHEID, Textilarbeiterschaft in der Industrialisierung. Soziale Lage und Mobilität in Württemberg, Stuttgart 1978.
201. P. BORSCHEID, Saison- und Etappenwanderung im Münsterland 1880–1900, in: F. Blaich (Hrsg.), Entwicklungsprobleme einer Region: Das Beispiel Rheinland und Westfalen, Berlin 1981, 9–45.
202. W. BREPOHL, Der Aufbau des Ruhrvolkes im Zuge der Ost-West-Wanderung, Recklinghausen 1948.
203. I. CASSENS/M. LUY/R.D. SCHOLZ (Hrsg.), Die Bevölkerung in Ost- und Westdeutschland, Wiesbaden 2009.
204. P. CLARK, European Cities and Towns 400–2000, Oxford 2009.
205. W. CONZE/U. ENGELHARDT (Hrsg.), Arbeiter im Industrialisierungsprozeß, Stuttgart 1979.
206. D.F. CREW, Bochum. Sozialgeschichte einer Industriestadt 1860–1914, Frankfurt/Main 1980.
207. J. EHMER, Journeymen's Migration as Nineteenth-Century Mass Migration, in: R. Leboutte (Hrsg.), Migrations and Migrants in Historical Perspective, Brüssel 2002, 97–109.
208. J. FRACKOWIAK, Wanderer im nationalen Niemandsland. Polnische Ethnizität in Mitteldeutschland von 1880 bis zur Gegenwart, Paderborn 2011.
209. A. GLADEN u. a. (Hrsg.), Hollandgang im Spiegel der Reiseberichte evangelischer Geistlicher, Münster 2007.
210. S. GRUNDMANN, Bevölkerungsentwicklung in Ostdeutschland (1945 bis zur Gegenwart), Opladen 1998.
211. W. HARDTWIG/K. TENFELDE (Hrsg.), Soziale Räume in der Urbanisierung. Studien zur Geschichte Münchens im Vergleich 1850 bis 1933, München 1990.
212. E. HAUSCHILDT, Polnische Arbeitsmigranten in Wilhelmsburg bei

Hamburg während des Kaiserreichs und der Weimarer Republik, Dortmund 1986.
213. R. HEBERLE, The Causes of Rural-Urban Migration. A Survey of German Theories, in: AJSoc 43 (1937/38) 932–950.
214. R. HEBERLE/F. MEYER, Großstädte im Strome der Binnenwanderung, Leipzig 1937.
215. S. HOCHSTADT, Städtische Wanderungsbewegungen in Deutschland 1815–1914, in: R. Melville u. a. (Hrsg.), Deutschland und Europa in der Neuzeit. FS K.O. Frhr. von Aretin, Wiesbaden 1988, 575–598.
216. S. HOCHSTADT, Mobility and Modernity. Migration in Germany, 1820–1989, Ann Arbor 1999.
217. P.M. HOHENBERG/L. HOLLEN LEES, The Making of Urban Europe 1000–1994, 2. Aufl. Cambridge 1995.
218. J.H. JACKSON, Migration and Urbanization in the Ruhr Valley, 1821–1914, Atlantic Highlands 1997.
219. K. JASPER, Der Urbanisierungsprozeß dargestellt am Beispiel der Stadt Köln, Köln 1977.
220. H. KAELBLE, Die Besonderheiten der europäischen Stadt im 20. Jahrhundert, in: F. Lenger/K. Tenfelde (Hrsg.), Die europäische Stadt im 20. Jahrhundert, Köln 2006, 25–44.
221. K. KAERGER, Die Sachsengängerei, Berlin 1890.
222. W.D. KAMPHOEFNER, Soziale und demographische Strukturen der Zuwanderung in deutsche Großstädte des späten 19. Jahrhunderts, in: 266: 95–116.
223. J. KAUFHOLD, Migration und Weltwirtschaftskrise. Ausgewählte Binnenwanderungen im Deutschen Reich in der Endphase der Weimarer Republik und den ersten Jahren der NS-Herrschaft, Diss. Osnabrück 2014.
224. C. KLESSMANN, Polnische Bergarbeiter im Ruhrgebiet 1870–1945, Göttingen 1978.
225. W. KÖLLMANN, Bevölkerung in der industriellen Revolution. Studien zur Bevölkerungsgeschichte Deutschlands, Göttingen 1974.
226. W.R. KRABBE, Die deutsche Stadt im 19. und 20. Jahrhundert, Göttingen 1989.
227. W. KROMER, Propagandisten der Großstadt. Die Bedeutung von Informationsströmen zwischen Stadt und Land bei der Auslösung neuzeitlicher Land-Stadt-Wanderungen, Frankfurt/Main 1985.
228. J.L. KULCZYCKI, The Foreign Worker and the German Labour Movement: Xenophobia and Solidarity in the Coal Fields of the Ruhr, 1871–1914, Providence 1994.

229. J.L. KULCZYCKI, The Polish Coal Miners Union and the German Labor Movement in the Ruhr, 1902–1934, Oxford 1997.
230. D. LANGEWIESCHE, Wanderungsbewegungen in der Hochindustrialisierungsperiode. Regionale, interstädtische und innerstädtische Mobilität in Deutschland 1880–1914, in: VSWG 64 (1977) 1–40.
231. D. LANGEWIESCHE, Mobilität in deutschen Mittel- und Großstädten. Aspekte der Binnenwanderung im 19. und 20. Jahrhundert, in: 205: 70–93.
232. K. LEHNERT, Weder sesshaft noch migrantisch. Ländliche Arbeitsmobilität im 19. Jahrhundert, Frankfurt/Main 2015.
233. K. LEHNERT/L. VOGEL (Hrsg.), Transregionale Perspektiven. Kleinräumige Mobilität und Grenzwahrnehmung im 19. Jahrhundert, Dresden 2011.
234. F. LENGER, Zwischen Kleinbürgertum und Proletariat. Studien zur Sozialgeschichte der Düsseldorfer Handwerker 1816–1878, Göttingen 1986.
235. F. LENGER, Metropolen der Moderne. Eine europäische Stadtgeschichte seit 1850, München 2013.
236. F. LENGER/D. LANGEWIESCHE, Räumliche Mobilität in Deutschland vor und nach dem Ersten Weltkrieg, in: A. Schildt/A. Sywottek (Hrsg.), Massenwohnung und Eigenheim. Wohnungsbau und Wohnen in der Großstadt seit dem Ersten Weltkrieg, Frankfurt/Main 1988, 103–126.
237. M. LEOPOLD-RIEKS, Ein Viertel in Bewegung. Hausbesitz, Mobilität und Wohnverhalten in der südlichen Vorstadt Bremens zwischen 1875 und 1914, Frankfurt/Main 1998.
238. M. LEZIUS, Das Problem der Sachsengängerei in seiner jüngsten Entwicklung, Neudamm 1913.
239. H. LINDERKAMP, „Auf Ziegelei" an der Niederelbe. Zur saisonalen Wanderarbeit lippischer Ziegler im 19. und 20. Jahrhundert, Stade 1992.
240. J. VAN LOTTUM, Across the North Sea. The Impact of the Dutch Republic on International Labour Migration, Amsterdam 2007.
241. P. LOURENS/J. LUCASSEN, Arbeitswanderung und berufliche Spezialisierung. Die lippischen Ziegler im 18. und 19. Jahrhundert, Osnabrück 1999.
242. J. LUCASSEN, Naar de Kusten van de Noordzee. Trekarbeid in Europees perspektief, 1600–1900, Gouda 1984.
243. R. MACKENSEN/J. EHMER/J. REULECKE (Hrsg.), Ursprünge, Arten und Folgen des Konstrukts „Bevölkerung" vor, im und nach dem

„Dritten Reich". Zur Geschichte der deutschen Bevölkerungswissenschaft, Wiesbaden 2009.
244. H. MATZERATH (Hrsg.), Städtewachstum und innerstädtische Strukturveränderungen. Probleme des Urbanisierungsprozesses im 19. und 20. Jahrhundert, Stuttgart 1984.
245. H. MATZERATH, Urbanisierung in Preußen 1815–1914, Stuttgart 1985.
246. B. McCOOK, The Borders of Integration. Polish Migrants in Germany and the United States, 1870–1924, Athens 2011.
247. R.C. MURPHY, Gastarbeiter im Deutschen Reich. Polen in Bottrop 1891–1933, Wuppertal 1982.
248. K. MURZYNOWSKA, Die polnischen Erwerbsauswanderer im Ruhrgebiet während der Jahre 1880–1914, Dortmund 1979.
249. H. OBERPENNING, Migration und Fernhandel im „Tödden-System". Wanderhändler aus dem nördlichen Münsterland im mittleren und nördlichen Europa des 18. und 19. Jahrhunderts, Osnabrück 1996.
250. H. OBERPENNING/A. STEIDL (Hrsg.), Kleinräumige Wanderungen in historischer Perspektive, Osnabrück 2001.
251. R.K. OENNING, „Du da mitti polnischen Farben...": Sozialisationserfahrungen von Polen im Ruhrgebiet 1918 bis 1939, Münster 1991.
252. J. OLTMER (Hrsg.), Nationalsozialistisches Migrationsregime und „Volksgemeinschaft", Paderborn 2012.
253. R. REITH, Arbeitsmigration und Gruppenkultur deutscher Handwerksgesellen im 18. und frühen 19. Jahrhundert, in: Scripta Mercaturae 23 (1989) 1–35.
254. J. REULECKE, Geschichte der Urbanisierung in Deutschland, Frankfurt/Main 1985.
255. G.A. RITTER/K. TENFELDE, Arbeiter im Deutschen Kaiserreich 1871 bis 1914, Bonn 1992.
256. H.-J. RUPIEPER, Arbeiter und Angestellte im Zeitalter der Industrialisierung. Eine sozialgeschichtliche Studie am Beispiel der Maschinenfabriken Augsburg und Nürnberg (M.A.N.) 1837–1914, Frankfurt/Main 1982.
257. G. SCHMOLLER, Über Wesen und Verfassung der großen Unternehmungen, in: Ders., Zur Social- und Gewerbepolitik der Gegenwart, Leipzig 1890, 372–440.
258. H. SCHOMERUS, Die Arbeiter der Maschinenfabrik Esslingen. Forschungen zur Lage der Arbeiterschaft im 19. Jahrhundert, Stuttgart 1977.

259. W.H. Schröder (Hrsg.), Moderne Stadtgeschichte, Stuttgart 1979.
260. V.-M. Stefanski, Zum Prozeß der Emanzipation und Integration von Außenseitern: Polnische Arbeitsmigranten im Ruhrgebiet, Dortmund 1984.
261. A. Steidl, Auf nach Wien! Die Mobilität des mitteleuropäischen Handwerks im 18. und 19. Jahrhundert am Beispiel der Haupt- und Residenzstadt, Wien 2003.
262. O. Steinert, „Berlin – Polnischer Bahnhof!" Die Berliner Polen (1871–1918), Hamburg 2002.
263. K. Steyer, Die Wanderungsbewegung in Ostpreußen, Königsberg 1935.
264. K. Tenfelde, Sozialgeschichte der Bergarbeiterschaft an der Ruhr im 19. Jahrhundert, Bonn 1977.
265. H.-J. Teuteberg (Hrsg.), Urbanisierung im 19. und 20. Jahrhundert, Köln 1983.
266. H.-J. Teuteberg (Hrsg.), Städtewachstum, Industrialisierung und sozialer Wandel, Berlin 1986.
267. I. Thienel, Städtewachstum im Industrialisierungsprozeß des 19. Jahrhunderts. Das Berliner Beispiel, Berlin 1973.
268. L. Vogel, Aufnehmen oder Abweisen? Kleinräumige Migration und Einbürgerungspraxis in der sächsischen Oberlausitz 1815–1871, Leipzig 2014.
269. S. Wadauer, Die Tour der Gesellen. Mobilität und Biographie im Handwerk vom 18. bis 20. Jahrhundert, Frankfurt/Main 2005.
270. I. Weber-Kellermann, Erntebrauch in der ländlichen Arbeitswelt des 19. Jahrhunderts, Marburg 1965.
271. H.-U. Wehler, Die Polen im Ruhrgebiet bis 1918, in: Ders. (Hrsg.), Krisenherde des Kaiserreichs, 2. Aufl. Göttingen 1979, 220–237.
272. P. Wessels, Ziegeleien an der Ems, Aurich 2004.

4. Grenzüberschreitende Arbeitsmigration

273. R. Aitken/E. Rosenhaft, Black Germany. The Making and Unmaking of a Diaspora Community 1884–1960, Cambridge 2013.
274. A. Akgündüz, Labour Migration from Turkey to Western Europe, 1960–1974. A Multidisciplinary Analysis, Aldershot 2008.
275. L. Amenda, Fremde – Hafen – Stadt. Chinesische Migration und ihre Wahrnehmung in Hamburg 1897–1972, München 2006.

276. L. Amenda, „Einfallstore". Hafenstädte, Migration und Kontrolle 1890–1930, in: Ders. (Hrsg.), Hafenstädte, Leipzig 2007, 27–36.
277. L. Amenda/E. Langthaler (Hrsg.), Kulinarische „Heimat" und „Fremde". Migration und Ernährung im 19. und 20. Jahrhundert, Innsbruck 2014.
278. G. Arlettaz/S. Arlettaz, La Suisse et les étrangers. Immigration et formation nationale (1848–1933), Lausanne 2004.
279. K.J. Bade, Arbeitsmarkt, Bevölkerung und Wanderung in der Weimarer Republik, in: M. Stürmer (Hrsg.), Die Weimarer Republik, Königstein i.Ts. 1980, 160–187.
280. K.J. Bade, „Preußengänger" und „Abwehrpolitik": Ausländerbeschäftigung, Ausländerpolitik und Ausländerkontrolle auf dem Arbeitsmarkt in Preußen vor dem Ersten Weltkrieg, in: AfS 24 (1984) 91–162.
281. K.J. Bade (Hrsg.), Arbeiterstatistik zur Ausländerkontrolle: Die „Nachweisungen" der preußischen Landräte über den „Zugang, Abgang und Bestand der ausländischen Arbeiter im preußischen Staate" 1906–1914, in: AfS 24 (1984) 163–283.
282. K.J. Bade/M. Bommes, Migration und politische Kultur im „Nicht-Einwanderungsland", in: K.J. Bade/R. Münz (Hrsg.), Migrationsreport 2000, Frankfurt/Main 2000, 163–204.
283. M. Bechhaus-Gerst/R. Klein-Arendt (Hrsg.), Die (koloniale) Begegnung. AfrikanerInnen in Deutschland 1880–1945. Deutsche in Afrika 1880–1918, Frankfurt/Main 2003.
284. M. Beer (Hrsg.), Über den Tellerrand geschaut. Migration und Ernährung in historischer Perspektive (18. bis 20. Jahrhundert), Essen 2014.
285. M. Berlinghoff, Das Ende der „Gastarbeit". Die Anwerbestopps in Westeuropa 1970–1974, Paderborn 2013.
286. P. Birke, Wilde Streiks im Wirtschaftswunder. Arbeitskämpfe, Gewerkschaften und soziale Bewegungen in der Bundesrepublik und Dänemark, Frankfurt/Main 2007.
287. U. Birsl, Migration und Migrationspolitik im Prozess der europäischen Integration?, Opladen 2005.
288. M. Bojadžijev, Die windige Internationale. Rassismus und Kämpfe der Migration, Münster 2008.
289. M. Bossenbroek, Volk voor Indië. De werving van Europese militairen voor de Nederlandse koloniale dienst 1814–1909, Amsterdam 1992.
290. R. Brubaker, Citizenship and Nationhood in France and Ger-

many, Cambridge 1992 (dt. Ausgabe: Staats-Bürger. Deutschland und Frankreich im historischen Vergleich, Hamburg 1994).
291. R. CHIN, The Guest Worker Question in Postwar Germany, New York 2007.
292. A. CLARKSON, Fragmented Fatherland. Immigration and Cold War Conflict in the Federal Republic auf Germany, 1945–1980, Oxford 2013.
293. S. CONRAD, Globalisierung und Nation im Deutschen Kaiserreich, München 2006.
294. S. CONSTANTINE, Migrant Labor in the German Countryside: Agency and Protest, 1890–1923, in: Labor History 47 (2006) 319–341.
295. D. DAHLMANN/M. SCHULTE BEERBÜHL (Hrsg.), Perspektiven in der Fremde? Arbeitsmarkt und Migration von der Frühen Neuzeit bis in die Gegenwart, Essen 2011.
296. K. DAVIDS, Maritime Labour in the Netherlands 1570–1870, in: P.C. van Royen/J.R. Bruijn/J. Lucassen (Hrsg.), „Those Emblems of Hell". European Sailors and the Maritime Labour Market 1570–1870, St. John's 1997, 41–71.
297. R. DEL FABBRO, Transalpini. Italienische Arbeitswanderung nach Süddeutschland im Kaiserreich 1870–1918, Osnabrück 1996.
298. M. DENNIS/N. LAPORTE, State und Minorities in Communist East Germany, New York 2011.
299. K. DOHSE, Ausländische Arbeiter und bürgerlicher Staat. Vom Kaiserreich bis zur Bundesrepublik, Königstein i.Ts. 1981.
300. F. DUNKEL/G. STRAMAGLIA-FAGGION (Hrsg.), „Für 50 Mark einen Italiener". Zur Geschichte der Gastarbeiter in München, München 2000.
301. L. ELSNER, Die ausländischen Arbeiter in der Landwirtschaft der östlichen und mittleren Gebiete des Deutschen Reiches während des 1. Weltkrieges, Diss. Rostock 1961.
302. L. ELSNER, Zur Lage und zum Kampf der polnischen Arbeiter in der deutschen Landwirtschaft während des ersten Weltkriegs, in: Politik im Krieg 1914–1918, Berlin 1964, 167–188.
303. L. ELSNER, Die polnischen Arbeiter in der deutschen Landwirtschaft während des ersten Weltkrieges, Ms. Rostock 1975.
304. L. ELSNER/J. LEHMANN, Ausländische Arbeiter unter dem deutschen Imperialismus 1900 bis 1985, Berlin 1988.
305. A. FAHRMEIR, Nineteenth-Century German Citizenships, in: HJ 40 (1997) 721–752.

306. A. Fahrmeir, Citizens and Aliens. Foreigners and the Law in Britain and the German States, 1789–1870, Oxford 2000.
307. A. Fahrmeir, Citizenship. The Rise and Fall of a Modern Concept, New Haven 2007.
308. G. Feldman, The Migration Apparatus. Security, Labor, and Policymaking in the European Union, Stanford 2011.
309. M. Forberg, Ausländerbeschäftigung, Arbeitslosigkeit und gewerkschaftliche Sozialpolitik. Das Beispiel der Freien Gewerkschaften zwischen 1890 und 1918, in: AfS 27 (1987) 51–81.
310. D.R. Gabaccia, Foreign Relations. American Immigration in Global Perspective, Princeton 2012.
311. R. van Gelder, Het Oost-Indisch avontuur. Duitsers in dienst van de VOC, Nimwegen 1997.
312. W. Gippert/E. Kleinau, Bildungsreisende und Arbeitsmigrantinnen. Auslanderfahrungen deutscher Lehrerinnen zwischen nationaler und internationaler Orientierung (1850–1920), Köln 2014.
313. S.A.W. Goedings, Labor Migration in an Integrating Europe. National Migration Policies and the Free Movement of Workers, 1920–1968, Den Haag 2005.
314. D. Göktürk/D. Gramling/A. Kaes/A. Langenohl (Hrsg.), Transit Deutschland. Debatten zu Nation und Migration. Eine Dokumentation, Konstanz 2011.
315. D. Gosewinkel, Einbürgern und Ausschließen. Die Nationalisierung der Staatsangehörigkeit vom Deutschen Bund bis zur Bundesrepublik Deutschland, Göttingen 2001.
316. R. Grawert, Staat und Staatsangehörigkeit. Verfassungsgeschichtliche Untersuchung zur Entstehung der Staatsangehörigkeit, Berlin 1973.
317. P.-O. Grönberg, Learning and Returning. Return Migration of Swedish Engineers from the United States, 1880–1940, Umeå 2003.
318. P. Grosse, Zwischen Privatheit und Öffentlichkeit: Kolonialmigration in Deutschland 1900–1940, in: 338: 91–109.
319. S. Gruner-Domić, Beschäftigung statt Ausbildung. Ausländische Arbeiter und Arbeiterinnen in der DDR, in: 349: 215–240.
320. S. Hackett, Foreigners, Minorities and Integration. The Muslim Immigrant Experience in Britain and Germany, Manchester 2013.
321. F. Heckmann, Die Bundesrepublik: ein Einwanderungsland? Zur Soziologie der Gastarbeiterbevölkerung als Einwandererminorität, Stuttgart 1981.

322. B. HENKES, Heimat in Holland. Deutsche Dienstmädchen 1920–1950, Straelen 1998.
323. W. HENNIES, Die Ausländerpolitik in der Weimarer Republik, Diss. Rostock 1988.
324. U. HERBERT/K. HUNN, Gastarbeiter und Gastarbeiterpolitik in der Bundesrepublik, in: A. Schildt/D. Siegfried/K.C. Lammers (Hrsg.), Dynamische Zeiten. Die 60er Jahre in den beiden deutschen Gesellschaften, Hamburg 2000, 273–310.
325. U. HERBERT/K. HUNN, Beschäftigung, soziale Sicherung und soziale Integration von Ausländern, in: Geschichte der Sozialpolitik in Deutschland seit 1945, Bd. 6: 1974–1982, Baden-Baden 2008, 751–777; Bd. 7: 1982–1989, Baden-Baden 2005, 621–651; Bd. 11: 1989–1994, Baden-Baden 2007, 945–975.
326. U. V.D. HEYDEN/U. SEMMLER/R. STRASSBURG (Hrsg.), Mosambikanische Vertragsarbeiter in der DDR-Wirtschaft, Münster 2014.
327. K. HUNN, „Nächstes Jahr kehren wir zurück...". Die Geschichte der türkischen „Gastarbeiter" in der Bundesrepublik, Göttingen 2005.
328. M. JAMIN, Die deutsch-türkische Anwerbevereinbarung von 1961 und 1964, in: A. Eryilmaz/M. Jamin (Hrsg.), Fremde Heimat. Eine Geschichte der Einwanderung aus der Türkei, Essen 1998, 69–82.
329. O. JANZ/R. SALA (Hrsg.), Dolce Vita? Das Bild der italienischen Migranten in Deutschland, Frankfurt/Main 2011.
330. H. KAHRS, Die Verstaatlichung der polnischen Arbeitsmigration nach Deutschland in der Zwischenkriegszeit, in: E. Jungfer u. a., Arbeitsmigration und Flucht. Vertreibung und Arbeitskräfteregulierung im Zwischenkriegseuropa, Berlin 1993, 130–194.
331. S. KARAKAYALI, Gespenster der Migration. Zur Genealogie illegaler Einwanderung in der Bundesrepublik Deutschland, Bielefeld 2008.
332. E. KARPF, Eine Stadt und ihre Einwanderer. 700 Jahre Migrationsgeschichte in Frankfurt am Main, Frankfurt/Main 2013.
333. M. KÖNIG (Hrsg.), Deutsche Handwerker, Arbeiter und Dienstmädchen in Paris. Eine vergessene Migration im 19. Jahrhundert, München 2003.
334. M. KÖSTERS-KRAFT, Großbaustelle und Arbeitswanderung. Niederländer beim Bau des Dortmund-Ems-Kanals 1892–1900, Osnabrück 2000.
335. H. KNORTZ, Diplomatische Tauschgeschäfte. „Gastarbeiter" in der

westdeutschen Diplomatie und Beschäftigungspolitik 1953–1973, Köln 2003.
336. A. Kolb, Autos – Arbeit – Ausländer. Die Geschichte der Arbeitsmigration des Audi Werks Neckarsulm. Bielefeld 2011.
337. D. Kuck, „Für den sozialistischen Aufbau ihrer Heimat"? Ausländische Vertragsarbeitskräfte in der DDR, in: J.C. Behrends/ T. Lindenberger/P.G. Poutrus (Hrsg.), Fremde und Fremd-Sein in der DDR, Berlin 2003, 271–281.
338. B. Kundrus (Hrsg.), Phantasiereiche: Zur Kulturgeschichte des deutschen Kolonialismus, Frankfurt/Main 2003.
339. S. Küttner, Farbige Seeleute im Kaiserreich. Asiaten und Afrikaner im Dienst der deutschen Handelsmarine, Erfurt 2000.
340. J. Lehmann, Ausländerbeschäftigung und Fremdarbeiterpolitik des Imperialismus 1933–1939, Habil. Rostock 1985.
341. S. Leiner, Migration und Urbanisierung. Binnenwanderungsbewegungen, räumlicher und sozialer Wandel in den Industriestädten des Saar-Lor-Lux-Raumes 1856–1910, Saarbrücken 1995.
342. L. Lucassen (Hrsg.), Amsterdammer worden. Migranten, hun organisaties en inburgering, 1600–2000, Amsterdam 2004.
343. L. Lucassen, Huwelijken van Duitse migranten in Nederland (1860–1940), in: Tijdschrift voor Sociale en Economische Geschiedenis 2 (2005) 54–80.
344. L. Lucassen, Das Heiratsverhalten von deutschen Migranten in den Niederlanden (1860–1940), in: HZ 290 (2010), 321–346.
345. S. Manz, Migranten und Internierte. Deutsche in Glasgow 1864–1918, Stuttgart 2003.
346. S. Manz/M. Schulte Beerbühl/J.R. Davis (Hrsg.), Migration and Transfer from Germany to Britain 1660–1914, München 2007.
347. M. Mattes, „Gastarbeiterinnen" in der Bundesrepublik, Frankfurt/Main 2005.
348. M. Möhring, Fremdes Essen. Die Geschichte der ausländischen Gastronomie in der Bundesrepublik Deutschland, München 2012.
349. J. Motte/R. Ohliger/A. von Oswald (Hrsg.), 50 Jahre Bundesrepublik – 50 Jahre Einwanderung, Frankfurt/Main 1999.
350. E. Nathans, The Politics of Citizenship in Germany. Ethnicity, Utility and Nationalism, Oxford 2004.
351. J. Nichtweiss, Die ausländischen Saisonarbeiter in der Landwirtschaft der östlichen und mittleren Gebiete des deutschen Reiches, Berlin 1959.
352. K. Novinczak, Auf den Spuren von Brandts Ostpolitik und Ti-

tos Sonderweg: deutsch-jugoslawische Migrationsbeziehungen in den 1960er und 1970er Jahren, in: 356: 133–148.
353. K. OGUNTOYE, Eine afro-deutsche Geschichte. Zur Lebenssituation von Afrikanern und Afro-Deutschen in Deutschland von 1884 bis 1950, Berlin 1997.
354. J. OLTMER, Migration und deutsche Außenpolitik. Der deutschpolnische Wanderungsvertrag von 1927 und die mitteleuropäischen Migrationsbeziehungen nach dem Ersten Weltkrieg, in: Zeitschrift für Ostmitteleuropa-Forschung 54 (2005) 399–424.
355. J. OLTMER, Das europäische Arbeitsmigrationsregime seit dem Zweiten Weltkrieg, in: C. Kleinschmidt u. a. (Hrsg.), Europäische Wirtschafts- und Sozialgeschichte, Baden-Baden 2014, 127–157.
356. J. OLTMER/A. KREIENBRINK/C. SANZ DIAZ (Hrsg.), Das „Gastarbeiter"-System. Arbeitsmigration und ihre Folgen in der Bundesrepublik Deutschland und Westeuropa, München 2012.
357. A. VON OSWALD, Volkswagen, Wolfsburg und die italienischen „Gastarbeiter" 1962–1975, in: AfS 42 (2002) 55–79.
358. P. PANAYI, German Immigrants in Britain during the Nineteenth Century, Oxford 1991.
359. P. PANAYI, The Enemy in Our Midst. Germans in Britain during the First World War, Oxford 1991.
360. P. PANAYI (Hrsg.), Germans in Britain since 1500, London 1996.
361. B. PARUSEL, Abschottungs- und Anwerbestrategien. EU-Institutionen und Arbeitsmigration, Wiesbaden 2010.
362. H.R. PETER (Hrsg.), Schnorrer, Verschwörer, Bombenwerfer? Studenten aus dem Russischen Reich an deutschen Hochschulen vor dem 1. Weltkrieg, Frankfurt/Main 2001.
363. H.R. PETER/N. TIKHONOV (Hrsg.), Universitäten als Brücken in Europa. Studien zur Geschichte der studentischen Migration, Frankfurt/Main 2003.
364. J. PLEINEN, Die Migrationsregime Belgiens und der Bundesrepublik seit dem Zweiten Weltkrieg. Göttingen 2012.
365. A. POTT/K. BOURAS-OSTMANN/R. HAJJI/S. MOKET (Hrsg.), Jenseits von Rif und Ruhr. 50 Jahre marokkanische Migration nach Deutschland, Wiesbaden 2014.
366. P.G. POUTRUS, Aufnahme in die „geschlossene Gesellschaft": Remigranten, Übersiedler, ausländische Studierende und Arbeitsmigranten in der DDR, in: 50: 967–995.
367. K.C. PRIEMEL (Hrsg.), Transit – Transfer. Politik und Praxis der Einwanderung in der DDR 1945–1990, Berlin 2011.
368. G. PRONTERA, Partire, tornare, restare? L'esperienza migratoria

dei lavoratori italiani nella Repubblica Federale Tedesca nel secondo dopoguerra, Mailand 2009.
369. A. PUDLAT, Schengen. Zur Manifestation von Grenze und Grenzschutz in Europa, Hildesheim 2013.
370. C. RASS, Institutionalisierungsprozesse auf einem internationalen Arbeitsmarkt: Bilaterale Wanderungsverträge in Europa zwischen 1919 und 1974, Paderborn 2010.
371. C. REINECKE, Grenzen der Freizügigkeit. Migrationskontrolle in Großbritannien und Deutschland, 1880–1930, München 2010.
372. H. RICHTER/R. RICHTER, Die Gastarbeiter-Welt. Leben zwischen Palermo und Wolfsburg, Paderborn 2012.
373. C.H. RIEGLER, Transnationale Migration und Technologietransfer: das Beispiel der schwedisch-deutschen Arbeitswanderung von Technikern und Ingenieuren vor dem Ersten Weltkrieg, in: 4: 506–526.
374. Y. RIEKER, „Ein Stück Heimat findet man ja immer". Die italienische Einwanderung in die Bundesrepublik, Essen 2003.
375. K. ROLLER, Frauenmigration und Ausländerpolitik im Deutschen Kaiserreich, 2. Aufl. Berlin 1994.
376. R. SALA, Vom „Fremdarbeiter" zum „Gastarbeiter". Die Anwerbung italienischer Arbeitskräfte für die deutsche Wirtschaft (1938–1973), in: VfZ 55 (2007) 93–122.
377. R. SALA, Fremde Worte. Medien für „Gastarbeiter" in der Bundesrepublik im Spannungsfeld von Außen- und Sozialpolitik, Paderborn 2011.
378. A.H. SAMMARTINO, The Impossible Border. Germany and the East, 1914–1922, Ithaca 2010.
379. C. SANZ DÍAZ, „Illegale", „Halblegale", „Gastarbeiter". Die irreguläre Migration aus Spanien in die Bundesrepublik Deutschland im Kontext der deutsch-spanischen Beziehungen 1960–1973, Berlin 2010.
380. H. SCHÄFER, Italienische „Gastarbeiter" im deutschen Kaiserreich 1890–1914, in: ZUG 27 (1982) 192–214.
381. J. SCHNEIDER, Modernes Regieren und Konsens. Kommissionen und Beratungsregime in der deutschen Migrationspolitik, Wiesbaden 2010.
382. K. SCHÖNWÄLDER, Einwanderung und ethnische Pluralität. Politische Entscheidungen und öffentliche Debatten in Großbritannien und der Bundesrepublik von den 1950er bis zu den 1970er Jahren, Essen 2001.
383. M. SCHROVER, Een kolonie van Duitsers. Groepsvorming onder

4. Grenzüberschreitende Arbeitsmigration 175

Duitse immigranten in Utrecht in de negentiende eeuw, Amsterdam 2002.
384. S. SCHUBERT, Saisonarbeit am Kanal. Rekrutierung, Arbeits- und Lebensverhältnisse ausländischer Arbeitskräfte beim Bau des Mittellandkanals im Osnabrücker Land 1910–1916, Frankfurt/Main 2005.
385. M. SCHULTE BEERBÜHL, Deutsche Kaufleute in London. Welthandel und Einbürgerung (1660–1818), München 2007.
386. B. SEVERIN-BARBOUTIE, Stadt – Migration – Transformation. Stuttgart und Lyon im Vergleich, in: 356: 233–245.
387. A. SIEBOLD, ZwischenGrenzen. Die Geschichte des Schengen-Raums aus deutschen, französischen und polnischen Perspektiven, Paderborn 2013.
388. B. SONNENBERGER, Nationale Migrationspolitik und regionale Erfahrung. Die Anfänge der Arbeitsmigration in Südhessen (1955–1967), Darmstadt 2003.
389. O. SPARSCHUH, Grenzen der Grenzen. Italienische Arbeitsmigration nach Turin und München in den 1950er bis 1970er Jahren, in: 356: 167–181.
390. J.-D. STEINERT/I. WEBER-NEWTH, Labour and Love. Deutsche in Großbritannien nach dem Zweiten Weltkrieg, Osnabrück 2000.
391. I. STURM-MARTIN, Annäherung in der Diversität. Europäische Gesellschaften und neue Zuwanderung seit dem Zweiten Weltkrieg, in: AfS 49 (2009), 215–230.
392. J. TESSARZ, Die Rolle der ausländischen landwirtschaftlichen Arbeiter in der Agrar- und Ostexpansionspolitik des deutschen Imperialismus in der Periode der Weimarer Republik (1919–1932), Diss. Halle-Wittenberg 1962.
393. O. TREDE, Zwischen Misstrauen, Regulation und Integration. Gewerkschaften und Arbeitsmigration in der Bundesrepublik und in Großbritannien in den 1960er und 70er Jahren, Paderborn 2015.
394. A. TREIBEL, Engagement und Distanzierung in der westdeutschen Ausländerforschung. Eine Untersuchung ihrer soziologischen Beiträge, Stuttgart 1988.
395. O. TREVISIOL, Die Einbürgerungspraxis im Deutschen Reich 1871–1945, Göttingen 2006.
396. L. TRINCIA, Migration und Diaspora. Katholische Kirche und italienische Arbeitswanderung nach Deutschland und in die Schweiz vor dem Ersten Weltkrieg, Freiburg i.Br. 1998.
397. K. URNER, Die Deutschen in der Schweiz, Frauenfeld 1976.

398. M. VUILLEUMIER, Flüchtlinge und Immigranten in der Schweiz. Ein historischer Überblick, Zürich 1992.
399. C. WEILL, Étudiantes russes en Allemagne 1900–1914. Quand la Russie frappait aux portes de l'Europe, Paris 1996.
400. A. WENNEMANN, Arbeit im Norden. Italiener im Rheinland und Westfalen des späten 19. und frühen 20. Jahrhunderts, Osnabrück 1997.

5. Flucht und Vertreibung

401. P. AHONEN, After the Expulsion. West Germany and Eastern Europe 1945–1990, Oxford 2003.
402. G. ALY, „Endlösung". Völkerverschiebung und der Mord an den europäischen Juden, Frankfurt/Main 1995.
403. S. AUST/S. BURGDORFF (Hrsg.), Die Flucht. Über die Vertreibung der Deutschen aus dem Osten, Stuttgart 2002.
404. K.J. BADE, Sozialhistorische Migrationsforschung und „Flüchtlingsintegration", in: 490: 126–162.
405. K.J. BADE, Einführung: Wege in die Bundesrepublik, in: Ders. (Hrsg.), Neue Heimat im Westen: Vertriebene, Flüchtlinge, Aussiedler, Münster 1990, 5–13.
406. K.J. BADE/J. OLTMER, Einführung: Aussiedlerzuwanderung und Aussiedlerintegration, in: Dies. (Hrsg.), Aussiedler: deutsche Einwanderer aus Osteuropa, 2. Aufl. Göttingen 2003, 9–51.
407. M. BEER, „...daß diese Fremde uns eine neue Heimat werden muß". Neuerscheinungen der Flüchtlingsforschung zum deutschen Südwesten, in: Forum für Kultur und Politik (1995) H. 13, 35–47.
408. M. BEER, Im Spannungsfeld von Politik und Zeitgeschichte. Das Großforschungsprojekt „Dokumentation der Vertreibung der Deutschen aus Ost-Mitteleuropa", in: VfZ 46 (1998) 345–389.
409. M. BEER, Die Dokumentation der Vertreibung der Deutschen aus Ost-Mitteleuropa, in: GWU 50 (1999) 99–117.
410. M. BEER (Hrsg.), Auf dem Weg zum ethnisch reinen Nationalstaat? Europa in Geschichte und Gegenwart, Tübingen 2004.
411. M. BEER, Verschlusssache, Raubdruck, autorisierte Fassung. Aspekte der politischen Auseinandersetzung mit Flucht und Vertreibung in der Bundesrepublik Deutschland (1949–1989), in: C. Cornelißen/R. Holec/J. Pešek (Hrsg.), Diktatur – Krieg – Ver-

treibung. Erinnerungskulturen in Tschechien, der Slowakei und Deutschland seit 1945, Essen 2005, 369–401.
412. M. BEER, Flucht und Vertreibung der Deutschen. Voraussetzungen, Verlauf, Folgen, München 2011.
413. W. BENZ (Hrsg.), Die Vertreibung der Deutschen aus dem Osten, Frankfurt/Main 1985.
414. R. BESSEL/C.B. HAAKE (Hrsg.) Removing People. Forced Removal in the Modern World, Oxford 2009.
415. W. BORODZIEJ/H. LEMBERG (Hrsg.), Die Deutschen östlich von Oder und Neiße 1945–1950. Dokumente aus polnischen Archiven, 4 Bde., Marburg 2000–2004.
416. D. BRANDES, Großbritannien und seine osteuropäischen Alliierten. Die Regierungen Polens, der Tschechoslowakei und Jugoslawiens im Londoner Exil vom Kriegsausbruch bis zur Konferenz von Teheran, München 1988.
417. D. BRANDES, Der Weg zur Vertreibung 1938–1945. Pläne und Entscheidungen zum „Transfer" der Deutschen aus Polen und der Tschechoslowakei, 2. Aufl. München 2005.
418. D. BRANDES/E. IVANICKOVÁ/J. PEŠEK (Hrsg.), Erzwungene Trennung. Vertreibungen und Ansiedlungen aus der Tschechoslowakei 1938–1947 im Vergleich mit Polen, Ungarn und Jugoslawien, Essen 1999.
419. D. BRANDES/H. SUNDHAUSSEN/S. TROEBST (Hrsg.), Lexikon der Vertreibungen. Deportation, Zwangsaussiedlung und ethnische Säuberung im Europa des 20. Jahrhunderts, Köln 2010.
420. U. BRUNNBAUER/M.G. ESCH/H. SUNDHAUSSEN (Hrsg.), Definitionsmacht, Utopie, Vergeltung. „Ethnische Säuberungen" im östlichen Europa des 20. Jahrhunderts, Münster 2006.
421. F. CAESTECKER, The Transformation of Nineteenth-Century West European Expulsion Policy, 1880–1914, in: A. Fahrmeir/O. Faron/P. Weil (Hrsg.), Migration Control in the North Atlantic World, New York 2003, 120–136.
422. J. DANYEL/P. THER (Hrsg.), Flucht und Vertreibung in europäischer Perspektive, Berlin 2003.
423. N. DE GENOVA/N. PEUTZ (Hrsg.), Deportation Regime: Sovereignty, Space, and the Freedom of Movement, Durham 2010.
424. A. DEMSHUK, The Lost German East. Forced Migration and the Politics of Memory, 1945–1970, Cambridge 2012.
425. R.M. DOUGLAS, „Ordnungsgemäße Überführung". Die Vertreibung der Deutschen nach dem Zweiten Weltkrieg, München 2012.

426. F. Edding, Die wirtschaftliche Eingliederung der Vertriebenen in Schleswig-Holstein, Berlin 1955.
427. F. Edding/E. Lemberg (Hrsg.), Die Vertriebenen in Westdeutschland, 3 Bde., Kiel 1959.
428. Erzwungene Wege. Flucht und Vertreibung im Europa des 20. Jahrhunderts, hrsg.v. Zentrum gegen Vertreibungen, Wiesbaden 2006.
429. M.G. Esch, „Gesunde Verhältnisse". Deutsche und polnische Bevölkerungspolitik in Ostmitteleuropa 1939–1950, Marburg 1999.
430. M.P. Fitzpatrick, Purging the Empire. Mass Expulsions in Germany, 1871–1914, Oxford 2015.
431. Flucht, Vertreibung, Integration, hrsg.v. Haus der Geschichte der Bundesrepublik Deutschland, 2. Aufl. Bielefeld 2006.
432. M. Frantzioch, Die Vertriebenen. Hemmnisse, Antriebskräfte und Wege ihrer Integration, Berlin 1987.
433. K.E. Franzen, Die Vertriebenen. Hitlers letzte Opfer, München 2001.
434. K.E. Franzen, Der vierte Stamm Bayerns. Die Schirmherrschaft über die Sudetendeutschen 1954–1974, München 2010.
435. I. Geiss, Der polnische Grenzstreifen 1914–1918. Ein Beitrag zur deutschen Kriegszielpolitik im Ersten Weltkrieg, Lübeck 1960.
436. U. Gerhardt, Bilanz der soziologischen Literatur zur Integration der Vertriebenen und Flüchtlinge nach 1945, in: 449: 41–63.
437. S. Greiter, Flucht und Vertreibung im Familiengedächtnis, München 2014.
438. T. Grosser, Die Flüchtlingsfrage in der sozialgeschichtlichen Erweiterung – Anmerkungen zum neueren Forschungssstand, in: 489: 19–30.
439. T. Grosser, Von der freiwilligen Solidar- zur verordneten Konfliktgemeinschaft. Die Integration der Flüchtlinge und Vertriebenen in der deutschen Nachkriegsgesellschaft im Spiegel neuerer zeitgeschichtlicher Untersuchungen, in: 449: 65–86.
440. T. Grosser, Die Integration der Heimatvertriebenen in Württemberg-Baden (1945–1961), Stuttgart 2006.
441. I. Haar, Die deutschen „Vertreibungsverluste". Zur Entstehungsgeschichte der „Dokumentation der Vertreibung", in: TAJB 35 (2007) 251–271.
442. I. Haar/M. Fahlbusch (Hrsg.), German Scholars and Ethnic Cleansing 1919–1945, New York 2005.
443. E. Hahn/H.H. Hahn, Flucht und Vertreibung, in: E. François/

H. Schulze (Hrsg.), Deutsche Erinnerungsorte, Bd. 1, München 2001, 335–351.
444. E. HAHN/H.H. HAHN, Die Vertreibung im deutschen Erinnern. Legenden, Mythos, Geschichte, Paderborn 2010.
445. B. HALICKA, Polens wilder Westen. Erzwungene Migration und die kulturelle Aneignung des Oderraums 1945–1948, Paderborn 2013.
446. I. HEINEMANN, „Rasse, Siedlung, deutsches Blut". Das Rasse- und Siedlungshauptamt der SS und die rassenpolitische Neuordnung Europas, Göttingen 2003.
447. I. HEINEMANN/P. WAGNER (Hrsg.), Wissenschaft – Planung – Vertreibung. Neuordnungskonzepte und Umsiedlungspolitik im 20. Jahrhundert, Stuttgart 2006.
448. J. HENKE, Flucht und Vertreibung der Deutschen aus ihrer Heimat im Osten und Südosten 1944–1947, in: PolZG (1985) H. 23, 15–34.
449. D. HOFFMANN/M. KRAUSS/M. SCHWARTZ (Hrsg.), Vertriebene in Deutschland. Interdisziplinäre Ergebnisse und Forschungsperspektiven, München 2000.
450. D. HOFFMANN/M. SCHWARTZ (Hrsg.), Geglückte Integration? Spezifika und Vergleichbarkeit der Vertriebenen-Eingliederung in der SBZ/DDR, München 1999.
451. A. JAKUBOWSKA, Der Bund der Vertriebenen in der Bundesrepublik Deutschland und Polen (1957–2004), Marburg 2012.
452. R. JUST, Zur Lösung des Umsiedlerproblems auf dem Gebiet der DDR 1945 bis Anfang der 1950er Jahre, in: ZfG 35 (1987) 971–984.
453. M. KITTEL, Vertreibung der Vertriebenen. Der historische deutsche Osten in der Erinnerungskultur der Bundesrepublik (1961–1982), München 2007.
454. J. KOCHANOWSKI/M. SACH (Hrsg.), Die „Volksdeutschen" in Polen, Frankreich, Ungarn und der Tschechoslowakei, Osnabrück 2006.
455. H.R. KOLLAI, Die Eingliederung der Vertriebenen und Zuwanderer in Niedersachsen, Berlin 1959.
456. A. KOSSERT, Kalte Heimat. Die Geschichte der deutschen Vertriebenen nach 1945, München 2008.
457. O. KOTZIAN, Die Umsiedler. Die Deutschen aus West-Wolhynien, Galizien, der Bukowina, Bessarabien, der Dobrudscha und in der Karpatenukraine, München 2005.

458. G. Krallert-Sattler, Kommentierte Bibliographie zum Flüchtlings- und Vertriebenenproblem, Wien 1989.
459. N. Krekeler, Revisionsanspruch und geheime Ostpolitik in der Weimarer Republik, Stuttgart 1973.
460. A. Lehmann, Im Fremden ungewollt zuhaus. Flüchtlinge und Vertriebene in Westdeutschland 1945–1990, München 1991.
461. E. Lemberg, Die Ausweisung als Schicksal und Aufgabe. Zur Soziologie und Ideologie der Ostvertriebenen, Gräfelding 1949.
462. M. Leniger, Nationalsozialistische „Volkstumsarbeit" und Umsiedlungspolitik 1939–1945, Berlin 2006.
463. C. Lotz, Die Deutung des Verlusts. Erinnerungspolitische Kontroversen im geteilten Deutschland um Flucht, Vertreibung und die Ostgebiete (1948–1972), Köln 2007.
464. P. Lüttinger, Der Mythos der schnellen Integration. Eine empirische Untersuchung der Integration der Vertriebenen und Flüchtlinge in der Bundesrepublik Deutschland bis 1971, in: Zeitschrift für Soziologie 15 (1986) 20–36.
465. P. Lüttinger, Integration der Vertriebenen, Frankfurt/Main 1989.
466. P. Maeder, Forging a New Heimat. Expellees in Post-War West Germany and Canada, Göttingen 2011.
467. W. Meinecke, Zur Integration der Umsiedler in die Gesellschaft 1945–1952, in: ZfG 36 (1988) 867–878.
468. R. Melville/J. Pešek/C. Scharf (Hrsg.), Zwangsmigrationen im mittleren und östlichen Europa (1938–1950), Mainz 2007.
469. R. Messerschmidt, Mythos Schmelztiegel! Einige Neuerscheinungen zur „Flüchtlingsforschung", in: NPL 37 (1992) 34–55.
470. R. Messerschmidt, Integration nicht ohne Ecken und Kanten. Neueste Literatur zur historischen Flüchtlingseingliederung und Minderheitenpolitik, in: NPL 45 (2000) 292–307.
471. M. Müller, Die SPD und die Vertriebenenverbände 1949–1977, Berlin 2012.
472. R.-D. Müller, Hitlers Ostkrieg und die deutsche Siedlungspolitik, Frankfurt/Main 1991.
473. N.M. Naimark, Fires of Hatred. Ethnic Cleansing in Twentieth-Century Europe, Cambridge, MA 2001.
474. H. Neubach, Die Ausweisungen von Polen und Juden aus Preußen 1885/86, Wiesbaden 1967.
475. B. Nitschke, Vertreibung und Aussiedlung der deutschen Bevölkerung aus Polen 1945 bis 1949, München 2003.
476. J. Panagiotidis, Staat, Zivilgesellschaft und Aussiedlermigration 1950 bis 1989, in: 50: 895–929.

477. J.M. PISKORSKI, Vertreibung und deutsch-polnische Geschichte. Eine Streitschrift, 2. Aufl. Osnabrück 2007.
478. J.M. PISKORSKI, Die Verjagten. Flucht und Vertreibung im Europa des 20. Jahrhunderts, München 2013.
479. A. VON PLATO, Vergangene Perspektiven? Schwerpunkte, Fragen und Probleme der Flüchtlingsforschung vor und nach der Wende, in: 449: 87–107.
480. A. VON PLATO/W. MEINECKE, Alte Heimat – neue Zeit. Flüchtlinge, Umgesiedelte und Vertriebene in der Sowjetischen Besatzungszone und in der DDR, Berlin 1991.
481. H.-W. RAUTENBERG, Die Wahrnehmung von Flucht und Vertreibung in der deutschen Nachkriegsgeschichte bis heute, in: PolZG (1997) H. 53, 34–46.
482. G. REICHLING, Die Heimatvertriebenen im Spiegel der Statistik, Berlin 1958.
483. M. RÖGER, Flucht, Vertreibung und Umsiedlung. Mediale Erinnerungen und Debatten in Deutschland und Polen seit 1989, Marburg 2011.
484. M. RÖSSLER (Hrsg.), Der „Generalplan Ost", Berlin 1993.
485. B. SCHEIGER, Juden in Berlin, in: S. Jersch-Wenzel/B. John (Hrsg.), Von Zuwanderern zu Einheimischen. Hugenotten, Juden, Böhmen, Polen in Berlin, Berlin 1990, 153–488.
486. T. SCHIEDER (Bearb.), Dokumentation der Vertreibung der Deutschen aus Ost-Mitteleuropa, 5 Bde., 3 Beih., Ortsregister, Bonn 1953–1962.
487. S. SCHOLZ, Vertriebenendenkmäler. Topographie einer deutschen Erinnerungslandschaft, Paderborn 2015.
488. S. SCHOLZ/M. RÖGER/B. NIVEN (Hrsg.), Die Erinnerung an Flucht und Vertreibung. Ein Handbuch der Medien und Praktiken, Paderborn 2015.
489. S. SCHRAUT/T. GROSSER (Hrsg.), Die Flüchtlingsfrage in der deutschen Nachkriegsgesellschaft, Mannheim 1996.
490. R. SCHULZE/D. VON DER BRELIE-LEWIEN/H. GREBING (Hrsg.), Flüchtlinge und Vertriebene in der westdeutschen Nachkriegsgeschichte, Hildesheim 1987.
491. W. SCHULZE/O.G. OEXLE (Hrsg.), Deutsche Historiker im Nationalsozialismus, Frankfurt/Main 1999.
492. M. SCHWARTZ, Vertriebene und „Umsiedlerpolitik". Integrationskonflikte in den deutschen Nachkriegs-Gesellschaften und die Assimilationsstrategien in der SBZ/DDR 1945–1961, München 2004.

493. M. Schwartz, Dürfen Vertriebene Opfer sein?, in: Deutschland Archiv 38 (2005) 494–505.
494. M. Schwartz, Ethnische „Säuberungen" in der Moderne. Globale Wechselwirkungen nationalistischer und rassistischer Gewaltpolitik im 19. und 20. Jahrhundert, München 2013.
495. B.K. Spiethoff, Untersuchungen zum bayerischen Flüchtlingsproblem, Berlin 1955.
496. M. Stickler, „Ostdeutsch heißt Gesamtdeutsch". Organisation, Selbstverständnis und heimatpolitische Zielsetzungen der deutschen Vertriebenenverbände 1949–1972, Düsseldorf 2004.
497. A. Strippel, NS-Volkstumspolitik und die Neuordnung Europas. Rassenpolitische Selektion der Einwandererzentralstelle des Chefs der Sicherheitspolizei und des SD 1939–1945, Paderborn 2011.
498. P. Ther, Deutsche und polnische Vertriebene. Gesellschaft und Vertriebenenpolitik in der SBZ/DDR und in Polen 1945–1956, Göttingen 1998.
499. P. Ther/A. Siljak (Hrsg.), Redrawing Nations. Ethnic Cleansing in East-Central Europe 1944–1948, Lanham 2001.
500. G. Thum, Die fremde Stadt. Breslau nach 1945, Berlin 2003.
501. Vertreibung und Vertreibungsverbrechen 1945–1948. Bericht des Bundesarchivs vom 28. Mai 1974, hrsg.v.d. Kulturstiftung der Deutschen Vertriebenen, Bonn 1989.
502. H. Wagner, Die Heimatvertriebenen und Sowjetzonenflüchtlinge in Rheinland-Pfalz, Berlin 1956.
503. A. Wiedemann, „Komm mit uns das Grenzland aufbauen!" Ansiedlung und neue Strukturen in den ehemaligen Sudetengebieten 1945–1952, Essen 2007.
504. M. Wille, Die Lösung der Umsiedlerfrage auf dem Territorium der DDR (1945–1949), in: Wiss. Zeitschrift der PH Magdeburg 25 (1988) 231–237.
505. M. Wille/J. Hoffmann/W. Meinecke (Hrsg.), Sie hatten alles verloren. Flüchtlinge und Vertriebene in der sowjetischen Besatzungszone Deutschlands, Wiesbaden 1993.
506. J. Wolf, Deutsche Zwangsarbeiter aus Ostmittel- und Südosteuropa in der Sowjetunion 1945–1949, München 2005.
507. E. Wolfrum, Zwischen Geschichtsschreibung und Geschichtspolitik. Forschungen zu Flucht und Vertreibung nach dem Zweiten Weltkrieg, in: AfS 35 (1996) 500–522.
508. A.M. de Zayas, Die Anglo-Amerikaner und die Vertreibung der Deutschen, München 1977.

509. W. ZIEGLER (Hrsg.), Die Vertriebenen vor der Vertreibung. Die Heimatländer der deutschen Vertriebenen im 19. und 20. Jahrhundert, 2 Bde., München 1999.

6. Deportation und Zwangsarbeit

510. J.-H. ANTONS, Ukrainische Displaced Persons in der britischen Zone, Essen 2014.
511. K. AUERBACH, Die russischen Kriegsgefangenen in Deutschland (Vom August 1914 bis zum Beginn der Großen Sozialistischen Oktoberrevolution), Diss. Potsdam 1973.
512. A. BECKER, Oubliés de la Grande Guerre. Humanitaire et culture de guerre 1914–1918: populations occupées, déportés civils, prisonniers de guerre, Paris 1998.
513. R. BOEHLING/S. URBAN/R. BIENERT (Hrsg.), Freilegungen. Displaced Persons, Göttingen 2014.
514. C.D. COHEN, In War's Wake. Europe's Displaced Persons in the Postwar Order, Oxford 2011.
515. L. DINNERSTEIN, America and the Survivors of the Holocaust, New York 1982.
516. W. DOEGEN (Hrsg.), Kriegsgefangene Völker, Bd. 1: Der Kriegsgefangenen Haltung und Schicksal in Deutschland, Berlin 1921.
517. K. DÖLGER, „Polenlager Jägerslust". Polnische „Displaced Persons" in Schleswig-Holstein 1945–1949, Neumünster 2000.
518. J. ECHTERNKAMP (Hrsg.), Die deutsche Kriegsgesellschaft 1939 bis 1945, 2. Halbbd., München 2005.
519. A. EDER, Displaced Persons/„Heimatlose Ausländer" als Arbeitskräfte in Westdeutschland, in: AfS 42 (2002) 1–18.
520. H. FUHRMANN, Die Versorgung der deutschen Landwirtschaft mit Arbeitskräften im Weltkriege, Würzburg 1937.
521. U. GOEKEN-HAIDL, Der Weg zurück. Die Repatriierung sowjetischer Kriegsgefangener und Zwangsarbeiter während und nach dem Zweiten Weltkrieg, Essen 2006.
522. A. GROSSMANN, Jews, Germans, and Allies. Close Encounters in Occupied Germany, Princeton 2007.
523. W. GRUNER, Der geschlossene Arbeitseinsatz deutscher Juden. Zur Zwangsarbeit als Element der Verfolgung 1938–1943, Berlin 1997.

524. G. Hammermann, Zwangsarbeit für den „Verbündeten". Die Arbeits- und Lebensbedingungen der italienischen Militärinternierten in Deutschland 1943–1945, Tübingen 2002.
525. U. Herbert, Fremdarbeiter. Politik und Praxis des „Ausländer-Einsatzes" in der Kriegswirtschaft des Dritten Reiches, Berlin 1985.
526. U. Herbert (Hrsg.), Europa und der „Reichseinsatz". Ausländische Zivilarbeiter, Kriegsgefangene und KZ-Häftlinge in Deutschland 1938–1945, Essen 1991.
527. U. Herbert, Zwangsarbeiter in der deutschen Kriegswirtschaft. Bemerkungen zur Forschung seit 1985, in: Ders., Fremdarbeiter. Politik und Praxis des „Ausländer-Einsatzes" in der Kriegswirtschaft des Dritten Reiches, Neuaufl. Bonn 1999, 416–433.
528. A. Hilger, Deutsche Kriegsgefangene in der Sowjetunion 1941–1956, Essen 2000.
529. U. Hinz, Gefangen im Großen Krieg. Kriegsgefangene in Deutschland 1914–1921, Essen 2006.
530. A. Holian, Between National Socialism and Soviet Communism. Displaced Persons in Postwar Germany, Ann Arbor 2011.
531. H. von Holleuffer, Zwischen Fremde und Fremde. Displaced Persons in Australien, den USA und Kanada 1946–1952, Osnabrück 2001.
532. E.L. Homze, Foreign Labor in Nazi Germany, Princeton 1967.
533. B. Hopmann u. a., Zwangsarbeit bei Daimler-Benz, Stuttgart 1994.
534. G. Höpp, Muslime in der Mark. Als Kriegsgefangene und Internierte in Wünsdorf und Zossen 1914–1924, Berlin 1997.
535. E. Hornung/E. Langthaler/S. Schweitzer, Zwangsarbeit in der Landwirtschaft in Niederösterreich und dem nördlichen Burgenland, Wien 2004.
536. W. Jacobmeyer, Vom Zwangsarbeiter zum Heimatlosen Ausländer. Die Displaced Persons in Westdeutschland 1945–1951, Göttingen 1985.
537. H. Jones, Violence against Prisoners of War in the First World War. Britain, France and Germany, 1914–1920, Cambridge 2011.
538. S. Karner, Im Archipel GUPVI. Kriegsgefangenschaft und Internierung in der Sowjetunion 1941–1956, Wien 1995.
539. D. Kay/R. Miles, Refugees or Migrant Workers? European Volunteer Workers in Britain 1946–1951, London 1992.
540. R. Keller, Sowjetische Kriegsgefangene im Deutschen Reich

1941/42: Behandlung und Arbeitseinsatz zwischen Vernichtungspolitik und kriegswirtschaftlichen Zwängen, Göttingen 2011.
541. K. KLEE, Im „Luftschutzkeller des Reiches". Evakuierte in Bayern 1939–1953, München 1999.
542. R. KLEIN, Neuere Literatur zur Zwangsarbeit während der NS-Zeit, in: IWK 40 (2004) 56–90.
543. J. KOCHANOWSKI, In polnischer Gefangenschaft. Deutsche Kriegsgefangene in Polen 1945–1950, Osnabrück 2004.
544. H. KÖHN, Die Lage der Lager. Displaced Persons-Lager in der amerikanischen Besatzungszone Deutschlands, Essen 2012.
545. A. KÖNIGSEDER/J. WETZEL, Lebensmut im Wartesaal. Die jüdischen DPs im Nachkriegsdeutschland, Frankfurt/Main 2004.
546. M. KRAUSE, Flucht vor dem Bombenkrieg. „Umquartierungen" im Zweiten Weltkrieg und die Wiedereingliederung der Evakuierten in Deutschland 1943–1963, Düsseldorf 1997.
547. Kriegsgefangene. Auf Grund der Kriegsakten bearbeitet beim Oberkommando der Wehrmacht, Berlin 1939.
548. H. LAVSKY, New Beginnings. Holocaust Survivors in Bergen-Belsen in the British Zone in Germany, 1945–1950, Detroit 2002.
549. A. KUHLMANN-SMIRNOV, „Stiller als Wasser, tiefer als Gras". Zur Migrationsgeschichte der russischen Displaced Persons in Deutschland nach dem Zweiten Weltkrieg, Bremen 2005.
550. A. LEHMANN, Gefangenschaft und Heimkehr. Deutsche Kriegsgefangene in der Sowjetunion, München 1986.
551. A. LEMBECK, Befreit, aber nicht in Freiheit. Displaced Persons im Emsland 1945–1950, Bremen 1997.
552. S.H. LINDNER, Hoechst. Ein I.G. Farbenwerk im Dritten Reich, München 2005.
553. E. MASCHKE u. a., Die deutschen Kriegsgefangenen des Zweiten Weltkriegs, München 1974.
554. H. MOMMSEN/M. GRIEGER, Das Volkswagenwerk und seine Arbeiter im Dritten Reich, Düsseldorf 1996.
555. U. MÜLLER, Fremde in der Nachkriegszeit. Displaced Persons – zwangsverschleppte Personen – in Stuttgart und Württemberg-Baden 1945–1951, Stuttgart 1990.
556. M. MYERS FEINSTEIN, Holocaust Survivors in Postwar Germany, 1945–1957, Cambridge 2014.
557. R. NACHTIGAL, Kriegsgefangenschaft an der Ostfront 1914 bis 1918. Literaturbericht zu einem neuen Forschungsfeld, Frankfurt/Main 2004.
558. J. OLTMER, Bäuerliche Ökonomie und Arbeitskräftepolitik im Ers-

ten Weltkrieg. Beschäftigungsstruktur, Arbeitsverhältnisse und Rekrutierung von Ersatzarbeitskräften in der Landwirtschaft des Emslandes 1914–1918, Sögel 1995.
559. J. OLTMER, Zwangsmigration und Zwangsarbeit: Ausländische Arbeitskräfte und bäuerliche Ökonomie im Deutschland des Ersten Weltkriegs, in: TAJB 27 (1998) 135–168.
560. J. OLTMER (Hrsg.), Kriegsgefangene im Europa des Ersten Weltkriegs, Paderborn 2006.
561. J. OLTMER, Repatriierungspolitik im Spannungsfeld von Antibolschewismus, Asylgewährung und Arbeitsmarktentwicklung. Kriegsgefangene in Deutschland 1918–1922, in: 560: 267–294.
562. R. OVERMANS (Hrsg.), In der Hand des Feindes. Kriegsgefangenschaft von der Antike bis zum Zweiten Weltkrieg, Köln 1999.
563. R. OVERMANS, Soldaten hinter Stacheldraht. Deutsche Kriegsgefangene des Zweiten Weltkriegs, Berlin 2000.
564. R. OVERMANS, Die Kriegsgefangenenpolitik des Deutschen Reiches 1939–1945, in: 518: 729–875.
565. A.J. PATT/M. BERKOWITZ (Hrsg.), „We are here". New Approaches to Jewish Displaced Persons in Postwar Germany, Detroit 2010.
566. H. PFAHLMANN, Fremdarbeiter und Kriegsgefangene in der deutschen Kriegswirtschaft, Darmstadt 1968.
567. C. PLETZING/M. PLETZING (Hrsg.), Displaced Persons: Flüchtlinge aus den baltischen Staaten in Deutschland, München 2007.
568. D. POHL/T. SEBTA (Hrsg.), Zwangsarbeit in Hitlers Europa. Besatzung, Arbeit, Folgen, Berlin 2013.
569. P. POLIAN, Deportiert nach Hause. Sowjetische Kriegsgefangene im „Dritten Reich" und ihre Repatriierung, München 2001.
570. R. PÖPPINGHEGE, Im Lager unbesiegt. Deutsche, englische und französische Kriegsgefangenen-Zeitungen im Ersten Weltkrieg, Essen 2006.
571. G. PROCACCI, Soldati e Prigionieri Italiani nella Grande Guerra, Turin 2000.
572. A. RACHAMIMOV, POWs and the Great War. Captivity on the Eastern Front, Oxford 2002.
573. O. RATHKOLB (Hrsg.), NS-Zwangsarbeit. Der Standort Linz der Reichswerke Hermann Göring AG, Wien 2001.
574. K. RAWE, „Wir werden sie schon zur Arbeit bringen!" Ausländerbeschäftigung und Zwangsarbeit im Ruhrkohlenbergbau während des Ersten Weltkrieges, Essen 2005.
575. G. RITTER, Staatskunst und Kriegshandwerk, Bd. 3: Die Tragödie

der Staatskunst. Bethmann-Hollweg als Kriegskanzler (1914–1917), München 1964.
576. J. RYDEL, Die polnische Besatzung im Emsland 1945–1948, Osnabrück 2003.
577. F. SCHEIDL, Die Kriegsgefangenschaft von den ältesten Zeiten bis zur Gegenwart. Eine völkerrechtliche Monographie, Berlin 1943.
578. S. SCHRÖDER, Displaced Persons im Landkreis und in der Stadt Münster 1945–1951, Münster 2005.
579. E. SEEBER, Zwangsarbeiter in der faschistischen Kriegswirtschaft. Die Deportation und Ausbeutung polnischer Bürger (1939–1945), Berlin 1964.
580. H.-C. SEIDEL/K. TENFELDE (Hrsg.), Zwangsarbeit im Europa des 20. Jahrhunderts, Essen 2007.
581. H.-C. SEIDEL/K. TENFELDE, Einführung, in: 580: 7–18.
582. A.L. SMITH, Heimkehr aus dem Zweiten Weltkrieg. Die Entlassung der deutschen Kriegsgefangenen, Stuttgart 1985.
583. M. SPOERER, Zwangsarbeit unter dem Hakenkreuz. Ausländische Zivilarbeiter und Häftlinge im Deutschen Reich und im besetzten Europa 1939–1945, Stuttgart 2001.
584. M. SPOERER, Die soziale Differenzierung der ausländischen Zivilarbeiter, Kriegsgefangenen und Häftlinge im Deutschen Reich, in: 518: 485–576.
585. S. STEINBACHER, Transit US-Zone. Überlebende des Holocaust im Bayern der Nachkriegszeit, Göttingen 2013.
586. S. STEPIEŃ, Der alteingessene Fremde. Ehemalige Zwangsarbeiter in Westdeutschland, Frankfurt/Main 1989.
587. M. STIBBE, The Internment of Civilians by Belligerent States during the First World War and the Response of the International Committee of the Red Cross, in: JContH 41 (2006) 5–19.
588. M. STIBBE, British Civilian Internees in Germany. The Ruhleben Camp 1914–18, Manchester 2008.
589. M. STIBBE (Hrsg.), Captivity, Forced Labour, and Forced Migration during the First World War, London 2013.
590. C. STREIT, Keine Kameraden. Die Wehrmacht und die sowjetischen Kriegsgefangenen 1941–1945, Stuttgart 1978.
591. K. TENFELDE/H.-C. SEIDEL (Hrsg.), Zwangsarbeit im Bergbau. Der Arbeitseinsatz im Kohlenbergbau des Deutschen Reiches und der besetzten Gebiete im Ersten und Zweiten Weltkrieg, Bd. 1, Essen 2005.
592. J. THIEL, „Menschenbassin Belgien". Anwerbung, Deportation und Zwangsarbeit im Ersten Weltkrieg, Essen 2007.

593. J.G. TOBIAS, Vorübergehende Heimat im Land der Täter. Jüdische DP-Camps in Franken 1945–1949, Nürnberg 2002.
594. Überlebt und unterwegs. Jüdische Displaced Persons im Nachkriegsdeutschland, hrsg.v. Fritz-Bauer-Institut, Frankfurt/Main 1997.
595. B.C. WAGNER, IG Auschwitz. Zwangsarbeit und Vernichtung von Häftlingen des Lagers Monowitz, München 2002.
596. P. WAGNER, Displaced Persons in Hamburg, Hamburg 1997.
597. Das Werk des Untersuchungsausschusses der Verfassunggebenden Deutschen Nationalversammlung und des Deutschen Reichstages 1919–1928, 3. Reihe, Bd. 3: Verletzungen des Kriegsgefangenenrechts, 2 Halbbde., Berlin 1927.
598. C. WERNER, Kriegswirtschaft und Zwangsarbeit bei BMW, München 2006.
599. C. WESTERHOFF, Zwangsarbeit im Ersten Weltkrieg. Deutsche Arbeitskräftepolitik im besetzten Polen und Litauen 1914–1918, Paderborn 2011.
600. J. WETZEL, „Displaced Persons". Ein vergessenes Kapitel der deutschen Nachkriegsgeschichte, in: PolZG 45 (1995) 34–39.
601. M. WYMAN, DP: Europe's Displaced Persons 1945–1951, Philadelphia 1989 (Neuaufl. Ithaca 1998).
602. D. ZIEGLER (Hrsg.), Zwangsarbeit im Nationalsozialismus in den besetzten Gebieten, Berlin 2004.
603. F. ZUNKEL, Die ausländischen Arbeiter in der deutschen Kriegswirtschaftspolitik des 1. Weltkrieges, in: G.A. Ritter (Hrsg.), Entstehung und Wandel der modernen Gesellschaft, Berlin 1970, 280–311.

7. Exil und Asyl

604. V. ACKERMANN, Der „echte" Flüchtling. Deutsche Vertriebene und Flüchtlinge aus der DDR 1945–1961, Osnabrück 1995.
605. R. ASHTON, Little Germany. Exile and Asylum in Victorian England, Oxford 1986.
606. W. BENZ (Hrsg.), Das Exil der kleinen Leute. Alltagserfahrungen deutscher Juden in der Emigration, München 1991.
607. H. BOBERACH, Quellen zur Exilforschung, in: 641: Sp. 1209–1222.
608. J.W. BOREJSZA, Polnische politische Flüchtlinge in Mittel- und Westeuropa im 19. Jahrhundert, in: 11: 885–889.

609. G. BRUDZYŃSKA-NĚMEC, Polenvereine in Baden. Hilfeleistungen süddeutscher Liberaler für die polnischen Freiheitskämpfer 1831–1832, Heidelberg 2006.
610. M. DETJEN, Ein Loch in der Mauer. Die Geschichte der Fluchthilfe im geteilten Deutschland 1961–1989, München 2005.
611. B. DODENHOEFT, „Laßt mich nach Rußland heim". Russische Emigranten in Deutschland von 1918 bis 1945, Frankfurt/Main 1993.
612. V DOHRN/G. PICKHAN (Hrsg.), Transit und Transformation. Osteuropäisch-jüdische Migranten in Berlin 1918–1939, Göttingen 2010.
613. P. EHLEN (Hrsg.), Der polnische Freiheitskampf 1830/31 und die liberale deutsche Polenfreundschaft, München 1982.
614. Exilforschung. Ein internationales Jahrbuch, hrsg.v.d. Gesellschaft für Exilforschung, München 1983ff.
615. A. FORTOUNATTO–BEHR, Les réfugiés russes en Allemagne: 1918–1925, Diss. Univ. Paris X-Nanterre 2003.
616. J. FREI, Die schweizerische Flüchtlingspolitik nach den Revolutionen von 1848 und 1849, Zürich 1977.
617. S. FREITAG (Hrsg.), Exiles from European Revolutions. Refugees in Mid-Victorian England, New York 2003.
618. P. GATRELL, Free World? The Campaign to Save the World's Refugees, 1956–1963, Cambridge 2011.
619. P. GATRELL, The Making of the Modern Refugee, Oxford 2013.
620. M. GEHRMANN, Die Überwindung des ›Eisernen Vorhangs‹: Die Abwanderung aus der DDR in die BRD und nach West-Berlin als innerdeutsches Migranten-Netzwerk, Berlin 2009.
621. C. GOEHRKE/W.G. ZIMMERMANN (Hrsg.), „Zuflucht Schweiz". Der Umgang mit Asylproblemen im 19. und 20. Jahrhundert, Zürich 1994.
622. C. GRAF, Das Asyl in der Schweiz nach den Revolutionen von 1848, Bern 1999.
623. J. GRANDJONC, Die deutsche Binnenwanderung in Europa 1830 bis 1848, in: O. Büsch/H. Herzfeld (Hrsg.), Die frühsozialistischen Bünde in der Geschichte der deutschen Arbeiterbewegung, Berlin 1975, 3–20.
624. H.H. HAHN, Außenpolitik in der Emigration. Die Exildiplomatie Adam Jerzy Czartoryskis 1830–1840, München 1978.
625. H.H. HAHN, Möglichkeiten und Formen politischen Handelns in der Emigration. Ein historisch-systematischer Deutungsversuch am Beispiel des Exils in Europa nach 1830 und ein Plädoyer für

eine international vergleichende Exilforschung, in: AfS 23 (1983) 123–161.
626. L. HEID, Maloche – nicht Mildtätigkeit. Ostjüdische Arbeiter in Deutschland 1914–1923, Hildesheim 1995.
627. H. HEIDEMEYER, Flucht und Zuwanderung aus der SBZ/DDR 1945/1949–1961. Die Flüchtlingspolitik der Bundesrepublik Deutschland, Düsseldorf 1994.
628. F. HOFFMANN, Junge Zuwanderer in Westdeutschland. Struktur, Aufnahme und Integration junger Flüchtlinge aus der SBZ und der DDR in Westdeutschland (1945–1961), Frankfurt/Main 1999.
629. M. HONECK, We Are the Revolutionists. German-Speaking Immigrants and American Abolitionists after 1848, Athens 2011.
630. R. HÜRTGEN, Ausreise per Antrag: Der lange Weg nach drüben. Eine Studie über Herrschaft und Alltag in der DDR-Provinz, Göttingen 2014.
631. J. JÄGER, Verfolgung durch Verwaltung. Internationales Verbrechen und internationale Polizeikooperation 1880–1933, Konstanz 2006.
632. M. JUST, Politische Flüchtlinge gehen nach Amerika, in: Zeitschrift für Kulturaustausch 32 (1982) 435–440.
633. S. KALEMBKA, Der Novemberaufstand und die Große Emigration als beziehungsgeschichtliches Problem, in: 613: 121–130.
634. H. KEIL (Hrsg.), German Workers' Culture in the United States 1850 to 1920, Washington 1988.
635. S. KIENIEWICZ, Europa und der Novemberaufstand, in: 613: 15–30.
636. O. KIMMINICH, Asylrecht, Neuwied 1968.
637. U. KLEMKE, „Eine Anzahl überflüssiger Menschen". Die Exilierung politischer Straftäter nach Übersee: Vormärz und Revolution 1848/49, Frankfurt/Main 1994.
638. U. KLEMKE, Die deutsche politische Emigration nach Amerika 1815–1848. Biographisches Lexikon, Frankfurt/Main 2007.
639. K. KOLLMEIER, Eine „Anomalie des Rechts" als Politikum — Die internationale Verhandlung von Staatenlosigkeit 1919–1930, in: ZNR 35 (2013), 193–208.
640. M. KRAUSS, Heimkehr in ein fremdes Land. Geschichte der Remigration nach 1945, München 2001.
641. C.-D. KROHN/P. VON ZUR MÜHLEN/G. PAUL/L. WINCKLER (Hrsg.), Handbuch der deutschsprachigen Emigration 1933–1945, Darmstadt 1998.

7. Exil und Asyl

642. A. Kuśmidrowicz-Król u. a. (Hrsg.), Polenbegeisterung. Deutsche und Polen nach dem Novemberaufstand 1830, Berlin 2006.
643. D. Langewiesche, Humanitäre Massenbewegung und politisches Bekenntnis. Polenbegeisterung in Süddeutschland 1830–1832, in: D. Beyrau (Hrsg.), Blick zurück ohne Zorn. Polen und Deutsche in Geschichte und Gegenwart, Tübingen 1999, 11–37.
644. U. Langkau-Alex, Geschichte der Exilforschung, in: 641: Sp. 1195–1209.
645. C. Lattek, Revolutionary Refugees. German Socialism in Britain, 1840–1860, London 2006.
646. T. von Lindheim, Bezahlte Freiheit: Der Häftlingsfreikauf zwischen beiden deutschen Staaten, Baden-Baden 2011.
647. T. Maurer, Ostjuden in Deutschland 1918–1933, Hamburg 1986.
648. D. van Melis, „Republikflucht": Flucht und Abwanderung aus der SBZ/DDR 1945 bis 1961, München 2006.
649. B. Mesmer, Die politischen Flüchtlinge im 19. Jahrhundert, in: A. Mercier (Hrsg.), Der Flüchtling in der Weltgeschichte, Bern 1974, 209–239.
650. T. Metzler, Tales of Three Cities. Urban Jewish Culture in London, Berlin, and Paris (1880–1940), Wiesbaden 2013.
651. G. Neumeier, „Rückkehrer" in die DDR. Das Beispiel des Bezirks Suhl 1961–1972, in: VfZ 58 (2010), 69–91.
652. J. Oltmer, Flucht, Vertreibung und Asyl im 19. und 20. Jahrhundert, in: K.J. Bade (Hrsg.), Migration in der europäischen Geschichte seit dem späten Mittelalter, Osnabrück 2002, 107–134.
653. J. Oltmer, „Verbotswidrige Einwanderung nach Deutschland": Osteuropäische Juden im Kaiserreich und in der Weimarer Republik, in: Aschkenas 17 (2007) 97–121.
654. R. Pommerin, Die Ausweisung von „Ostjuden" aus Bayern 1923, in: VfZ 34 (1986) 311–340.
655. B. Porter, The Refugee Question in Mid-Victorian Politics, Cambridge 1979.
656. P.G. Poutrus, Zuflucht im Ausreiseland. Zur Geschichte des politischen Asyls in der DDR, in: Jahrbuch für Historische Kommunismusforschung 2004, Berlin 2004, 355–378.
657. P.G. Poutrus, Teure Genossen. Die „polit. Emigranten" als „Fremde" im Alltag der DDR-Gesellschaft, in: C.T. Müller/P.G. Poutrus (Hrsg.), Ankunft – Alltag – Ausreise. Migration und interkulturelle Begegnungen in der DDR-Gesellschaft, Köln 2005, 221–266.

658. P.G. POUTRUS, Zuflucht im Nachkriegsdeutschland. Politik und Praxis der Flüchtlingsaufnahme in Bundesrepublik und DDR von den späten 1940er bis zu den 1970er Jahren, in: GG 35 (2009), 135–175.
659. H. REITER, Politisches Asyl im 19. Jahrhundert. Die deutschen politischen Flüchtlinge des Vormärz und der Revolution von 1848/49 in Europa und den USA, Berlin 1992.
660. W. RÖDER/H.A. STRAUSS (Hrsg.), Biographisches Handbuch der deutschsprachigen Emigration nach 1933, München 1980–1983.
661. M. RÜRUP, „Lives in Limbo: Statelessness after Two World Wars", in: Bulletin of the German Historical Institute Washington 49 (2011) 113–134.
662. A.-C. SASS, Berliner Luftmenschen. Osteuropäisch-jüdische Migranten in der Weimarer Republik, Göttingen 2012.
663. W. SCHIEDER, Anfänge der deutschen Arbeiterbewegung. Die Auslandsvereine im Jahrzehnt nach der Julirevolution von 1830, Stuttgart 1963.
664. K. SCHLÖGEL (Hrsg.), Der große Exodus. Die russische Emigration und ihre Zentren 1917 bis 1941, München 1994.
665. K. SCHLÖGEL (Hrsg.), Russische Emigration in Deutschland 1918 bis 1941, Berlin 1995.
666. A. SCHMELZ, Migration und Politik im geteilten Deutschland während des Kalten Krieges. Die West-Ost-Migration in die DDR in den 1950er und 1960er Jahren, Opladen 2002.
667. K. SCHUMANN (Hrsg.), Private Wege der Wiedervereinigung. Die deutsche Ost-West-Migration vor der Wende, Weinheim 1996.
668. W. SIEMANN, Asyl, Exil und Emigration der 1848er, in: D. Langewiesche (Hrsg.), Demokratiebewegung und Revolution 1847 bis 1849, Karlsruhe 1998, 70–91.
669. B. STÖVER, Zuflucht DDR. Spione und andere Übersiedler, München 2009.
670. S. SUNDERMANN, Deutscher Nationalismus im englischen Exil. Zum sozialen und politischen Innenleben der deutschen Kolonie in London 1848–1871, Paderborn 1997.
671. H.-E. VOLKMANN, Die russische Emigration in Deutschland 1919–1929, Würzburg 1966.
672. M. WERNER, Étrangers et immigrants à Paris autour de 1848: L'exemple des Allemands, in: I. Mieck/H. Möller/J. Voss (Hrsg.), Paris und Berlin in der Revolution von 1848, Sigmaringen 1995, 199–213.
673. J.P. WÖLBERN, Der Häftlingsfreikauf aus der DDR 1961/63–1989.

Zwischen Menschenhandel und humanitärer Aktion, Göttingen 2014.
674. F. WOLFF, Deutsch-deutsche Migrationsverhältnisse. Strategien staatlicher Regulierung, in: 50: 773–814.

Register

1. Personenregister

Ackermann, V. 148
Adams, R. 75
Adenauer, K. 49
Aengenvoort, A. 85
Ahonen, P. 130
Aitken, R. 109
Akgündüz, A. 119
Aly, G. 124
Amenda, L. 109, 119
Antons, J.H. 141
Arlettaz, G. 104
Arlettaz, S. 104
Ashton, R. 143
Aubele, E. 75
Auerbach, K. 134
Aust, S. 132

Bade, J.N. 90, 92
Bade, K.J. 65, 74–81, 84, 89, 92, 98, 106–108, 110, 115, 117, 128, 133, 136, 142
Baines, D. 89
Barbian, N. 90
Barfuss, K.M. 98
Barkai, A. 88
Basch, L. 76
Bechhaus-Gerst, M. 109
Becker, A. 134
Becker, O. 104
Beer, M. 119, 122, 126, 128, 130f.
Benz, W. 130, 147
Bergmann, K. 93
Berkowitz, M. 141
Berlinghoff, M. 117, 120
Bessel, R. 132
Bickelmann, H. 91
Biedermann, B. 92
Bienert, R. 141

Bindernagel, F. 90
Birke, P. 118
Birsl, U. 121
Bismarck, O. von 14, 145
Blaschke, M. 86
Bleek, S. 93, 96
Boberach, H. 146
Boehling, R. 141
Bölsker-Schlicht, F. 100
Bojadžijev, M. 118
Bommes, M. 76, 80, 117
Boockmann, H. 90
Borejsza, J.W. 142
Borodziej, W. 131
Borscheid, P. 95, 97
Bossenbroek, M. 102
Bouras-Ostmann, K. 119
Brandes, D. 90, 129, 131f.
Brelie-Lewien, D. von der 126, 128
Brepohl, W. 98
Brettell, C.B. 75, 80
Bretting, A. 85
Brinck, A. 85
Brinkmann, T. 88, 91
Brubaker, R. 106f.
Brudzyńska-Němec, G. 143
Brunnbauer, U. 122
Bungert, H. 85, 87
Burgdörfer, F. 82
Burgdorff, S. 132

Caestecker, F. 122
Canny, N. 76
Cassens, I. 101
Chin, R. 118
Clark Efford, A. 87
Clark, P. 101

CLARKSON, A.   118
COBURN, C.K.   86
COHEN, C.D.   141
COHN, R.L.   89
CONRAD, S.   108
CONSTANTINE, S.   111
CONZE, W.   95
CONZEN, K.N.   85, 87
CREW, D.F.   95
CUNHA, J.L. DA   90

DAHLMANN, D.   110
DALOS, G.   90
DANYEL, J.   132
DAVIDS, K.   102
DAVIS, J.R.   103, 110
DEL FABBRO, R.   107f., 136
DEMSHUK, A.   130
DENNIS, M.   121
DETJEN, M.   148
DEWITT, P.   87
DINNERSTEIN, L.   141
DODENHOEFT, B.   146
DOEGEN, W.   134
DÖLGER, K.   140
DOERRIES, R.R.   86
DOHRN, V.   146
DOHSE, K.   110
DOUGLAS, R.M.   130
DUNKEL, F.   118

EDDING, F.   125
EDER, A.   140
EHMER, J.   94, 101
ELLIOTT, B.S.   86
ELSNER, L.   105, 135
EMMER, P.C.   81
ENGELHARDT, U.   95
ENGELSING, R.   89
ESCH, M.G.   122, 124
ESSER, H.   114

FAASS, F.   104
FAHLBUSCH, M.   124
FAHRMEIR, A.   107
FAIST, T.   76
FAURI, F.   80
FAUST, A.B.   83
FELDMAN, D.   76

FELDMAN, G.   121
FENSKE, H.   89
FERTIG, G.   85
FEYS, T.   89
FISHER, M.H.   81
FITZPATRICK, M.P.   123
FOGLEMAN, A.   85
FORBERG, M.   108
FORTOUNATTO-BEHR, A.   146
FRACKOWIAK, J.   99
FRANTZIOCH, M.   128
FRANZEN, K.E.   130–132
FREI, J.   144
FREITAG, S.   143
FREUND, A.   90, 92
FUCHS, R.   87
FUHRMANN, H.   134

GABACCIA, D.R.   112
GATRELL, P.   149
GEHRMANN, M.   148
GEISS, I.   123
GELBERG, B.   89
GELDER, R. VAN   102
GENOVA, N. DE   123
GERBER, D.A.   86
GERHARDT, U.   128
GESTRICH, A.   91
GIPPERT, W.   110
GLADEN, A.   100
GLICK SCHILLER, N.   76
GOEDINGS, S.A.W.   120
GOEHRKE, C.   144
GOEKEN-HAIDL, U.   141
GÖKTÜRK, D.   115
GOLTZ, T. VON DER   104
GOSEWINKEL, D.   107
GOULD, J.D.   91
GRABBE, H.-J.   89
GRAF, C.   144
GRAMLING, D.   115
GRANDJONC, J.   142
Grass, G.   132
GRAWERT, R.   106
GREBING, H.   126, 128
GREITER, S.   130
GRIEGER, M.   139
GRÖNBERG, P.-O.   109
GROSS, G.   104

Grosse, P. 109
Grosser, T. 128–130
Grossmann, A. 141
Grundmann, S. 101
Gruner, W. 139
Gruner-Domić, S. 121
Günther, M. 89

Haake, C.B. 132
Haar, I. 124, 126
Hackett, S. 119
Häberlein, M. 85
Hahn, E. 130
Hahn, H.H. 130, 143
Hahn, S. 75–81
Hajji, R. 119
Halicka, B. 132
Hammermann, G. 139
Handlin, O. 84
Hansen, M.L. 83
Hardtwig, W. 95
Harzig, C. 81, 86
Hauschildt, E. 98
Heberle, R. 27, 93f.
Heckmann, F. 115
Heerwart, S. 85
Heid, L. 145
Heidemeyer, H. 148
Heinemann, I. 124
Helbich, W. 86, 89
Henatsch, W.A. 104
Henke, J. 131
Henkes, B. 103
Hennies, W. 105
Herbert, U. 113–115, 117f., 134, 136–139
Heyden, U. v.d. 121
Hilger, A. 141
Hinz, U. 135
Hippel, W. von 86
Hochstadt, S. 31, 96f.
Höpp, G. 134
Hoerder, D. 74–76, 81, 86, 91f.
Hoffmann, D. 129
Hoffmann, F. 148
Hoffmann, J. 129
Hoffmann-Nowotny, H.-J. 114
Hohenberg, P.M. 101
Holian, A. 141

Hollen Lees, L. 101
Holleuffer, H.von 141
Hollifield, J.F. 80
Homze, E.L. 137
Honeck, M. 144
Hopmann, B. 139
Hornung, E. 139
Hürtgen, R. 148
Hunn, K. 117–119

Ivanicková, E. 129

Jackson, J.H. 95
Jacobmeyer, W. 140
Jäger, J. 144
Jakubowska, A. 130
James Simon, R. 75
Jamin, M. 116
Janz, O. 119
Jaritz, G. 76
Jasper, K. 95
Jones, H. 135
Just, M. 89–91, 143
Just, R. 129

Kaelble, H. 96
Kaerger, K. 100
Kaes, A. 115
Kahrs, H. 110
Kalembka, S. 142
Kamphoefner, W.D. 84–87, 89–91, 97
Karakayali, S. 118
Karlsberg, B. 91
Karner, S. 141
Karpf, E. 119
Kaufhold, J. 101
Kay, D. 141
Kazal, R.A. 87
Keil, H. 85, 144
Keller, R. 139
Kieniewicz, S. 142
Kimminich, O. 144
Kittel, M. 130
Klee, K. 141
Klein, R. 138
Klein-Arendt, R. 109
Kleinau, E. 110
Kleinschmidt, H. 81

KLEMKE, U. 143
KLESSMANN, C. 98
KNORTZ, H. 115
KOCHANOWSKI, J. 129, 141
KÖHN, H. 140
KÖLLMANN, W. 94
KÖNIG, M. 103
KÖNIGSEDER, A. 141
KÖSTERS-KRAFT, M. 108
KOLB, A. 119
KOLLAI, H.R. 125
KOLLMEIER, K. 146
KOSSERT, A. 130
KOTZIAN, O. 124
KRABBE, W.R. 95
KRALLERT-SATTLER, G. 128
KRAUSE, M. 141
KRAUSS, M. 91, 129, 147
KREBBER, J. 84
KREKELER, N. 123
KRIEGER, V. 90
KROHN, C.-D. 147
KROMER, W. 97
KUCK, D. 121
KUCZYNSKI, R. 93
KÜTTNER, S. 109
KUHLMANN-SMIRNOV, A. 140
KULCZYCKI, J.L. 98
KUŚMIDROWICZ-KRÓL, A. 143

LACKNER, O. 93
LANGEWIESCHE, D. 25, 27, 94–96, 143
LANGKAU-ALEX, U. 146
LANGTHALER, E. 119, 139
LAPORTE, N. 121
LATTEK, C. 143
LAVSKY, H. 141
LEE KLUGE, C. 85
LEHMANN, A. 127, 141
LEHMANN, H. 85
LEHMANN, J. 105
LEHNERT, K. 100
LEINER, S. 110
LEMBECK, A. 140
LEMBERG, E. 125, 127
LEMBERG, H. 131
LENGER, F. 95f., 101
LENIGER, M. 124

LEOPOLD-RIEKS, M. 96
LEZIUS, M. 100
LINDERKAMP, H. 100
LINDHEIM, T. VON 148
LINDNER, S.H. 139
LOTTUM, J. VAN 100
LOTZ, C. 130
LOURENS, P. 100
LUBINSKI, A. 87
LUCASSEN, J. 75f., 100, 102
LUCASSEN, L. 75f., 81, 103, 119
LUEBKE, F.C. 87, 90
LÜTTINGER, P. 127
LUY, M. 101

MACKENSEN, R. 94
MAEDER, P. 133
Maizière, L. de 63
MANNING, P. 81
MANZ, S. 88, 103, 110
MARSCHALCK, P. 84
MASCHKE, E. 141
MATTES, M. 118
MATZERATH, H. 95
MAURER, T. 145
MAYR, G. VON 93
MCCAFFERY, R.P. 85
MCCOOK, B. 100
MCNEILL, W. 75
MEHRLÄNDER, A. 85
MEINECKE, W. 129
MELIS, D. VAN 148
MELVILLE, R. 122
MESMER, B. 143
MESSERSCHMIDT, R. 128
METZLER, T. 146
MEYER, F. 27, 93f.
MILES, R. 141
MÖHRING, M. 119
MÖNCKMEIER, W. 82
MOKET, S. 119
MOLTMANN, G. 83f., 86, 89, 91
MOMMSEN, H. 139
MORAWSKA, E. 76, 80
MOTTE, J. 115, 118
MÜHLEN, P. VON ZUR 147
MÜLLER, A. 76
MÜLLER, M. 130
MÜLLER, R.-D. 124

1. Personenregister

MÜLLER, U. 140
MURPHY, R.C. 98
MURZYNOWSKA, K. 98
MUSSACKER, M. 89
MYERS FEINSTEIN, M. 141
MYTKOWICZ, A. 104

NACHTIGAL, R. 135
NADEL, S. 85
NAIMARK, N.M. 122
NATHANS, E. 107
NEEDERVEEN MEERKERK, E. VAN 76
NERGER-FOCKE, K. 92
NESS, I. 81
NEUBACH, H. 122
NEUMEIER, G. 148
NEUNSINGER, S. 76
NICHTWEISS, J. 105
NITSCHKE, B. 129
NIVEN, B. 130
NOVINCZAK, K. 119
NUGENT, W. 89

OBERPENNING, H. 100, 102
OENNING, R.K. 98
ÖSTREICH, C. 88
OEXLE, O.G. 124
OGUNTOYE, K. 109
OHLIGER, R. 115, 118
OJEDA-EBERT, G.J. 90
OLTMER, J. 76, 80f., 101, 106, 110f., 120, 123f., 133–136, 142, 144f.
ORTLEPP, A. 86
OSTERGREN, R.C. 85
OSWALD, A. VON 115, 118f.
OVERMANS, R. 134, 139, 141

PAGE MOCH, L. 75–81, 89
PANAGIOTIDIS, J. 133
PANAYI, P. 103
PARUSEL, B. 121
PATT, A.J. 141
PAUL, G. 147
PEŠEK, J. 122, 129
PETER, H.R. 109
PEUTZ, N. 123
PFAHLMANN, H. 137

PHILIPPOVICH, E. VON 82
PICKHAN, G. 146
PICKLE, L.S. 86
PIERI, G. 75
PINWINKLER, A. 94
PISKORSKI, J.M. 132
PLASS, U. 89
PLATO, A. VON 128f.
PLEINEN, J. 119
PLETZING, C. 140
PLETZING, M. 140
POCHMANN, H.A. 83
PÖPPINGHEGE, R. 135
POHL, D. 140
POLIAN, P. 141
POMMERIN, R. 145
PORTER, B. 143
POTT, A. 119
POUTRUS, P.G. 121, 148
PRIEMEL, K.C. 121
PRIES, L. 76, 79
PROCACCI, G. 134
PRONTERA, G. 119
PUDLAT, A. 121

RACHAMIMOV, A. 135
RADETZKI, W. 104
RASS, C. 112
RATHKOLB, O. 139
RAUTENBERG, H.-W. 128
RAWE, K. 135f.
REICH, U. 87
REICHLING, G. 125
REINECKE, C. 111, 123
REITER, H. 143f.
REITH, R. 101
REULECKE, J. 94f.
RICHTER, H. 119
RICHTER, R. 119
RIEGLER, C.H. 109
RIEHL, W.H. 92
RIEKER, Y. 119
RITTER, G. 137
RITTER, G.A. 95
RÖDER, W. 147
RÖGER, M. 130, 132
RÖSSLER, H. 89
RÖSSLER, M. 124
ROLLER, K. 107

ROSENHAFT, E. 109
RÜRUP, M. 146
RUPIEPER, H.-J. 95
RYDEL, J. 140

SACH, M. 129
SAINT SAUVEUR-HENN, A. 90
SALA, R. 115, 119
SAMMARTINO, A.H. 112
SANZ DÍAZ, C. 118
SASS, A.C. 145
SCHÄFER, H. 107
SCHARF, C. 122
SCHEBEN, J. 82
SCHEIDL, F. 134
SCHEIGER, B. 122
SCHIEDER, T. 125
SCHIEDER, W. 142
SCHLÖGEL, K. 146
SCHMAHL, H. 85
SCHMELZ, A. 148
SCHMOLLER, G. 93
SCHNEIDER, J. 117
SCHNIEDEWIND, K. 91
SCHNURMANN, C. 85
SCHÖBERL, I. 89
SCHÖNWÄLDER, K. 116, 119
SCHOLZ, R.D. 101
SCHOLZ, S. 130
SCHOMERUS, H. 94
Schopenhauer, A. 127
SCHRAUT, S. 128
SCHRÖDER, S. 140
SCHRÖDER, W.H. 95
SCHROVER, M. 76, 103
SCHUBERT, S. 108
SCHULTE BEERBÜHL, M. 103, 110
SCHULTZ, A.R. 83
SCHULZE, F. 90
SCHULZE, R. 126, 128
SCHULZE, W. 124
SCHUMANN, K. 148
SCHWARTZ, M. 129, 132
SCHWEITZER, S. 139
SEBTA, T. 140
SEEBER, E. 137
SEIDEL, H.-C. 135, 138, 140
SEMMLER, U. 121
SENGER UND ETTERLIN, S. VON 88

SERING, M. 104
SEVERIN-BARBOUTIE, B. 119
SHARPE, P. 75
SIEBOLD, A. 121
SIEMANN, W. 143
SILJAK, A. 122
SINKE, S.M. 86
SMIDT, K. 88
SMITH, A.L. 141
SMOLKA, G. 89
SÖLDENWAGNER, P. 88
SOMBART, W. 93
SOMMER, U. 86
SONNENBERGER, B. 116
SPARSCHUH, O. 119
SPIETHOFF, K. 125
SPOERER, M. 138
STEFANSKI, V.-M. 98
STEIDL, A. 100f.
STEINBACHER, S. 141
STEINERT, J.-D. 92, 103, 115
STEINERT, O. 99
STEPIEŃ, S. 140
STERNBERG, J. 92
STEYER, K. 97
STIBBE, M. 135
STICKLER, M. 130
STÖVER, B. 148
STOJENTIN, M. VON 104
STRAMAGLIA-FAGGION, G. 118
STRASSBURG, R. 121
STRATEN, A. VON DER 89
STRAUSS, H.A. 147
STREIT, C. 138f.
STRIPPEL, A. 124
STURM-MARTIN, I. 120
SUNDERMANN, S. 143
SUNDHAUSSEN, H. 122, 132
SYRUP, F. 93
SZANTON BLANC, C. 76

TAMPKE, J. 90
TENFELDE, K. 94f., 135, 138, 140
TESSARZ, J. 105
TEUTEBERG, H.-J. 95
THALHEIM, K.C. 92
THER, P. 122, 132
THERNSTROM, S. 84
THIEL, J. 137

THIENEL, I.   95
THISTLETHWAITE, F.   83f., 90
THUM, G.   132
TIETZE DE SOTO, K.   90
TIKHONOV, N.   109
TILLY, C.   75
TIPPENS, M.D.   87
TOBIAS, J.G.   141
TREDE, O.   118f.
TREIBEL, A.   114
TREVISIOL, O.   107
TRINCIA, L.   108
TROEBST, S.   132
TROMMLER, F.   86

URBAN, S.   141
URNER, K.   104

VAGTS, A.   91
VARGAS-SILVA, C.   80
VECOLI, R.J.   83
VOGEL, L.   100
VOLKMANN, H.-E.   146
VOLLMER, R.   89
VUILLEUMIER, M.   104

WADAUER, S.   101
WAGNER, B.C.   139
WAGNER, H.   125
WAGNER, J.   90
WAGNER, P.   124, 140
WAGNER, R.   90
WALKER, M.   83

WEBER-KELLERMANN, I.   100
WEBER-NEWTH, I.   103
WEHLER, H.-U.   98, 137
WEHNER-FRANCO, S.   86
WEILL, C.   109
WELLENREUTHER, H.   85
WENNEMANN, A.   107f., 136
WERNER, C.   139
WERNER, M.   142
WESSELS, P.   100
WESTERHOFF, C.   137
WETZEL, J.   140f.
WIEDEMANN, A.   132
WIESINGER, G.   85
WILDENTHAL, L.   88
WILLE, M.   129
WILSON, R.   85
WINCKLER, L.   147
WITTKE, C.   86
WÖLBERN, J.P.   148
WOLF, J.   129
WOLFF, F.   148
WOLFRUM, E.   128
WÜSTENBECKER, K.   87
WYMAN, M.   91, 140

YANS-MCLAUGHLIN, V.   75

ZAYAS, A.M. DE   130
ZIEGLER, D.   139
ZIEGLER, W.   129
ZIMMERMANN, W.G.   144
ZUNKEL, F.   136

2. Orts- und Sachregister

Abschiebung   37, 69, 103, 114
Afrika   109
Albanien, Albaner   64
Amsterdam   20
Anhalt   33
Ansiedlungsgesetz 1886   122
Antipolnische „Abwehrpolitik"   36, 40, 106, 111
Antisemitismus   44f., 122
Anwerbestopp   54–56, 59f., 116f., 120

Anwerbeverträge, Anwerbeabkommen   11, 55, 112–114, 120
Arbeiterbewegung   14, 30, 40, 45, 85, 98, 108, 138, 142f., 145
Argentinien   13, 45, 90
Asien   109
Asylkompromiss   72
Ausbildungswanderung   4f., 10, 24, 26, 76
„Ausländer-Einsatz"   46, 114, 133, 136f., 139f.

Auslieferung 144f.
Aussiedler 64–66, 71, 133
Australien 13, 48, 54, 69f., 89f., 92
Auswandererbriefe 6, 86
Ausweisung 9, 11, 44, 78, 114, 122, 128, 145f.
Autoindustrie 58

Baden 13, 28, 33
Baden-Württemberg 53
Bäcker 20
Baltikum, Balten 22, 140
Bankiers 103
Baugewerbe 4, 20f., 25–27, 41f., 58, 64
Bayern 28, 44, 52f.
Belgien, Belgier 23, 38, 46f., 49, 64, 99, 120, 137
Bergleute 29, 89
Berlin 24–26, 28f., 44, 90, 95, 99, 118, 122, 145f.
Berufsspezifische Migration 21, 102
Bildungswanderung 1–5, 10, 61, 109f.
Bitterfeld 99
Bochum 25, 95
Böhmen 114
Böttcher 20
Bosnien-Herzegowina, Bosnier 64, 71
Boston 84
Bottrop 29
Brandenburg 17, 33, 35, 52, 87
Brasilien 13, 90
Brauer 20
Braunschweig 33
Bremen 16, 18, 29, 32, 89, 96, 98, 102
Bremerhaven 91
Breslau 28f.
Buchbinder 20
Bulgarien, Bulgaren 64
Bundesamt für die Anerkennung ausländischer Flüchtlinge 69
Bundesamt für Migration und Flüchtlinge (BAMF) 62, 69
Bundesanstalt für Arbeit 56, 116–118

Bundesministerium für Vertriebene, Flüchtlinge und Kriegsgeschädigte 125f.
Bundesvertriebenengesetz (BVFG) 65

Charleston 85
Chemieindustrie 27
Chemnitz 26
Chicago 85, 88
Chile, Chilenen 68f., 90
China, Chinesen 108

Dachau 52
Dänemark, Dänen 38, 59
Danzig 50
Danzig-Westpreußen 47
Dekolonisation 9
Demobilmachung 40
Demographie 19, 24, 62, 93, 96f., 101
Deportation, Deportierte 4f., 8f., 38, 46f., 50, 129, 133, 137
Deutsche Arbeiterzentrale 36
Deutsches Auslands-Institut 82
Dienstmädchen 4, 27, 103
Displaced Persons 47–49, 54, 140f.
Duisburg 95
Durchwandererkontrolle 18, 91

Eichsfeld 23, 34
Einbürgerung 48, 61, 104, 106f.
Eisenbahnen 16, 34
Elektroindustrie 27, 109
Elsass-Lothringen 43
Emsland 31–33, 140
Entsendung 1, 7
Erwerbslosigkeit 19, 53, 55, 71, 146
Esskultur 119
Europäischer Rat 62
Evakuierung, Evakuierte 8f., 11, 49f., 52, 54, 141
Expertenwanderung 23

Familiennachzug 60f.
Fassbinder 20
„Feindliche Ausländer" 37
Festkultur 87
Frankfurt/Main 26

2. Orts- und Sachregister

Frankreich, Franzosen 22f., 30, 39, 44–49, 54, 62, 64, 67, 69, 99, 102–104, 106, 110, 120, 134
Fremdenfeindlichkeit 40–42, 118, 121f.
Friedland 50
Friesland 21

Galizien 35, 106
Gast- und Hotelgewerbe 27, 64
„Generalplan Ost" 124
Genf 69
Georgsmarienhütte 16
Gesellenwanderung 4, 10, 19f., 32, 101
Gesindewanderung 32, 100
Gewerkschaften 30, 40, 56, 70, 98, 108, 138
Glasgow 103
Glogau 28
Grasmäher 31f.
Graubünden 33
Green-Card-Initiative 62
Grenze 2, 7, 10, 12, 25, 32, 43, 50f., 62f., 72, 111f., 121, 123
„Grenzlandvertriebene" 43
Grenzregime 10
Greven 97
Griechenland, Griechen 47, 56, 64, 68f., 116, 119
Griechisch-türkischer Bevölkerungsaustausch 131
Großbritannien 24, 39, 45, 48f., 54, 64, 67–69, 103f., 119f., 143f.
„Große Emigration" 142f.
Grundgesetz 65, 67, 71f., 147f.

Hackfruchtanbau 17, 33–35, 41, 100
Hambacher Fest 144
Hamburg 16, 18, 24, 29, 32, 89–91, 98, 109
Handlungsgehilfen 103, 110
Handwerker 20, 90, 101, 103, 142
Hannover 16, 25, 33, 89, 118
Haren 140
Heimgewerbe 14
Heiratswanderung 26
Hessen 28, 116

Heuerleute, Heuerlinge 15, 31
Heumacher 31f.
Hildesheim 16
Hildesheimer Börde 34
Hohenloher Land 97
Hollandgängerei, Hollandgänger 15, 31f., 100–103
Holyoke (Massachusetts) 85

Illegalität 112
Industriespionage 24
Ingenieure 23f., 103, 109
Inländervorrang 40, 62
International Labour Organization (ILO) 112f.
International Refugee Organization (IRO) 48, 141
Iran, Iraner 70
Irland, Iren 13, 65, 85f.
Israel 67
Italien, Italiener 22, 35, 38f., 46, 54–56, 64, 107f., 115, 119, 134–136, 139

Jordanien, Jordanier 70
Juden 28f., 44f., 47, 64, 67, 88, 122, 139, 145f.
Jütland 21
Jugoslawien, Jugoslawen 46f., 50, 56, 64, 66, 68, 71, 119, 131

Kammmacher 20
Kanada 13, 48, 54, 68–70, 90, 133
Kanalbau 5, 108
Kapitaltransfer 91
Karenzzeit 36f.
Kaufleute 1, 4, 90, 103, 110
Kettenwanderung 5, 14, 30, 84f., 97
Kinderwanderung 33
Knechte 32f., 100
Köln 95
Kolonialarmee 102
Kolonialbewegung 88
Kolonien 13, 42f., 88, 109, 120
Kolonisation 9, 88
Konferenz von Jalta 51
Konferenz von Potsdam 51
Konferenz von Teheran 51

Konstantinopel 23
Kontingentflüchtlingsgesetz 70
Kontraktbruch 37
Kriegsfolgenbereinigungsgesetz 66
Kriegsgefangene 9, 37, 39, 46, 49, 52, 54, 134–136, 138f., 141
Kriegswirtschaft 11, 37f., 114, 137f., 145
Kroatien, Kroaten 64
Kuba, Kubaner 63
Künstler 4, 110, 147
Kürschner 20

Lager 39, 47, 49–53, 69, 135, 140–142, 146
Lateinamerika 90
Lawrence (Massachusetts) 85
Lechtal 23
Legitimationskarte 36f.
Legitimationszwang 36, 105
Lettland, Letten 64
Libanon, Libanesen 70
„lifestyle migration" 5, 7
Lippe 21f.
Lippische Ziegler 21, 100, 102
Little Germanies 87
London 23, 103, 143, 146
Lothringen 43, 110
Luxemburg, Luxemburger 62

Maczków 140
Mägde 32f., 100
Mähren 114
Magdeburger Börde 33f.
Manchester (New Hampshire) 85
Marokko, Marokkaner 56, 119
Maschinenbau 23, 58, 109
Masuren 98
Mauerbau 1961 56, 115, 148
Mazedonien, Mazedonier 64
Mecklenburg 17, 87
Menschenrechte 69, 71, 147
Merkantilismus 12, 18
Metallindustrie 27, 41
Metzger 20
Migrationsmuseen 80
Migrationsregime 11f., 60, 76–79, 113
Milwaukee 85

Minden 16
Minden-Ravensberg 15
Minderheiten 8, 24, 36, 40, 51, 65, 98f., 106, 111, 122–124, 131
Minnesota 85
Missouri 14, 84f., 87
Mitteldeutschland 41
Mobilmachung 38
Möbelschreiner 20
Montanindustrie 23, 27, 29f., 35, 37, 39–42, 46, 58, 89, 135f.
Mosambik, Mosambikaner 63
Moskau 49, 141
München 85, 96
Münchner Abkommen 45
Münster 16
Münsterland 15, 22, 102
Muslime 134

Nahrungs- und Genussmittelindustrie 58
Nebraska 14
Netzebruch 33
Neuseeland 92
new immigration 17
New Orleans 86
New Urban History 94
New York 44, 85
Newberryport (Massachusetts) 84
Niederlande, Niederländer 15, 21, 31f., 37, 41–43, 46f., 49, 59, 99f., 102–104, 108, 120, 136
Niedersachsen 53
Niederschlesien 28
Nordafrika, Nordafrikaner 56, 120
Nordamerika 6, 13, 16f., 44, 88f., 92
Nordostdeutschland 13, 17, 106
Nordrhein-Westfalen 53
„Nordsee-System" 102
Nordwestdeutschland 13, 15–17, 21, 31f., 102
Norwegen, Norweger 38
Notaufnahmeverfahren 148
Nürnberg 28, 62, 69
Nürnberger Gesetze 45

Oberharz 89
Oberschlesien 29f.

Oderbruch 34
Öffentlicher Nahverkehr 96
Ölkrise, Ölpreisschock 58, 60, 117
Österreich 42, 45, 50, 64, 68, 113, 144
Österreich-Ungarn 12, 18, 21, 34–36, 38, 106–108, 136
Ohio 14, 85
Oldenburger Münsterland 31
Oral History 127
Osnabrück 15f., 32, 80
Osnabrücker Land 15, 31
Ostdeutschland 41
Ostfriesland 15, 21, 31
Ostpreußen 29f., 34, 97, 123

Paris 20, 44, 146
Parlamentarischer Rat 67, 147
Pauperismus 89
Pendelwanderungen 25, 64, 96
Peuplierung 12, 90
Pfalz 13
Pioniermigranten 5, 22, 30
Pogrom 44, 141
Polen 18, 29f., 35–38, 40–43, 46f., 50f., 64–66, 70, 98f., 106–108, 111, 122, 132, 136f., 142f., 145
„Polenbegeisterung" 142f.
Polizei 36f., 63, 111, 113f., 145
Pommern 17, 33–35
Portugal, Portugiesen 56, 119
Posen 17, 28–30, 33f.
Preußen 12, 18, 24, 28f., 34–37, 44, 95, 98f., 105–108, 122, 144
Protoindustrie 15
Puddler 23

Reichs- und Staatsangehörigkeitsgesetz von 1913 123
Reichspogromnacht 45
Repatriierung 49, 135
Resettlement 48, 70, 141
Rheinland 41
Rheinland-Pfalz 53
Rheinland-Westfalen 21, 41, 98, 108
Richmond 86
Römische Verträge 62, 113
Rote Armee 50f., 68, 124

Rückkehrverbot 37f., 136
Rückkehrzwang 36, 116
Rücküberweisung 5
Rückwanderung 2f., 9, 26, 30, 48, 51, 60f., 65, 76, 91, 94, 99, 109, 122, 147
Rüstungsindustrie 37–39, 46
Ruhrgebiet 16, 29f., 32, 99
„Ruhrpolen" 29f., 36, 98f.
Rumänien, Rumänen 39, 47, 50, 64, 66
Russische Revolution 134, 145
Russischer Bürgerkrieg 145
Russländische Flüchtlinge 44, 146
Russland 12, 18, 21, 24, 34–37, 39, 43f., 107–109, 123, 134, 136f., 144–146
Russlanddeutsche 43, 90

Saarbrücker Abkommen 62
Sachsen 17, 33–35
Sachsengänger 17, 34, 100
Saisonwanderung 2, 14, 21, 27, 31, 33–36, 64, 74, 93f., 100–102, 111
„Salzwasservorhang" 83, 90
Savoyen 23
Schengener Abkommen 63, 120
Schifffahrtsgesellschaften 89–91
Schlesien 28f., 33–35, 123
Schleswig-Holstein 21, 53
Schneider 20
Schnitter 33, 35, 100
Schottland 103
Schriftsteller 110, 147
Schülerinnen und Schüler 4, 61
Schwaben 33
„Schwabenkinder" 33
Schweden 38, 59, 85
Schweiz, Schweizer 38, 59, 104, 117, 144
Schwerindustrie 16, 23, 27, 110
Seeleute 4, 103, 109
Serbien, Serben 64
Sesshaftigkeit 19
Siebenbürger Sachsen 65
Siedlungswanderung 5, 10, 16
Skandinavien 21, 59, 109
Sklavenhandel 4, 86
Slowakei, Slowaken 64, 132

Slowenien, Slowenen 64
Solidaridarność 70
Soziale Mobilität 94
Spät- und Spätestheimkehrer 49f.
Spanien, Spanier 45, 56, 64, 116, 119
Staatsangehörigkeit 2, 40, 54, 60f., 65, 104, 106f.
Streikbrecher 108
Studierende 4, 24, 62, 109
Stuttgart 29, 82
Sudetendeutsche 51
Sudetenland 132
Süddeutschland 23, 108
Südhessen 116
Südoldenburg 15
Südwestdeutschland 13–15, 17, 21, 23, 28, 33, 108
Syrien, Syrer 70

Texas 87
Textilindustrie 22f., 27, 41, 58, 85, 118
Tirol 21, 33
Tödden 22, 100
Torfstecher 31f.
Transitwanderung 3, 18, 64, 91
Tschechische Republik, Tschechen 64, 131
Tschechoslowakei, Tschechoslowaken 41f., 45–47, 50f., 66, 68, 113f., 132
Türkei, Türken 56, 70, 72, 116–119
Tunesien, Tunesier 56, 119

UdSSR, Sowjetbürger 43, 45–49, 66–68, 129, 139f.
Ukraine 106, 123, 141
Umsiedler 129
Umsiedlung 5, 8, 46, 123f., 131
Umsiedlungsprogramme 53
Umzugsmobilität 96
Ungarn 47, 50f., 64, 68
Untereichsfeld 34
Unterschichtung 54
USA 13–18, 34, 45, 48f., 54, 68–70, 82f., 85–91, 122, 128, 137, 143f.

Vaterländisches Hilfsdienstgesetz 1916 136
Verein für Socialpolitik 82, 125
Vereinswesen 14, 30, 87f., 98f.
Vereinte Nationen 147
Versailler Vertrag 43, 123f.
Vertrag von Lausanne 131
Vertriebenenverbände 130, 132
Viehwirtschaft 16, 31–33
Vietnam, Vietnamesen 63, 69f.
Visum 7, 57, 62f., 72, 112
Völkerbund 50, 112f.
„Volksdeutsche" 47, 50, 124
Vorarlberg 33

Währungsreform 53
Wanderarbeiter 5, 74
Wanderhandel, Wanderhändler 5, 10, 14, 22f., 100, 102f.
Wanderungssysteme 10, 19–21, 31, 33, 75, 100–102
Wanderungstraditionen 6, 15f., 18, 75, 84, 98, 100
Wanderzwang 19
Warthebruch 33f.
Wartheland 47
Weltwirtschaftskrise 40–43, 101
Westdeutschland 41, 54f., 68, 92, 108, 119, 125f., 128, 140f.
Westfalen 31, 84
Westpreußen 17, 28–30, 34
Wien 19, 38, 101
Wiener Kongress 142
Wisconsin 14, 85
Wissenschaftler 1, 110, 147
Wissenstransfer 23
Wohlstandswanderung 5, 7
Wohnungsnot 96, 146
Württemberg 13, 86

Zillertal 22
Zinngießer 22
Zirkelschmiede 20
Zirkuläre Migration 2, 5, 19f., 74, 94
Zivilgefangene 135
Zünfte 4, 19f.
Zuwanderungsgesetz 61, 67

Enzyklopädie deutscher Geschichte
Themen und Autoren

Mittelalter

Agrarwirtschaft, Agrarverfassung und ländliche Gesellschaft im Mittelalter (Werner Rösener) 1992. EdG 13
Adel, Rittertum und Ministerialität im Mittelalter (Werner Hechberger) 2. Aufl. 2010. EdG 72
Die Stadt im Mittelalter (Frank G. Hirschmann) 3., aktual. u. erw. Aufl. 2016. EdG 84
Die Armen im Mittelalter (Otto Gerhard Oexle)
Frauen- und Geschlechtergeschichte des Mittelalters (N. N.)
Die Juden im mittelalterlichen Reich (Michael Toch) 2. Aufl. 2003. EdG 44
  Gesellschaft

Wirtschaftlicher Wandel und Wirtschaftspolitik im Mittelalter (Michael Rothmann)
  Wirtschaft

Wissen als soziales System im Frühen und Hochmittelalter (Johannes Fried)
Die geistige Kultur im späteren Mittelalter (Johannes Helmrath)
Die ritterlich-höfische Kultur des Mittelalters (Werner Paravicini) 3., um einen Nachtrag erw. Aufl. 2011. EdG 32
  Kultur, Alltag, Mentalitäten

Die mittelalterliche Kirche (Michael Borgolte) 2. Aufl. 2004. EdG 17
Grundformen der Frömmigkeit im Mittelalter (Arnold Angenendt) 2. Aufl. 2004. EdG 68
  Religion und Kirche

Die Germanen (Walter Pohl) 2. Aufl. 2004. EdG 57
Das römische Erbe und das Merowingerreich (Reinhold Kaiser) 3., überarb. u. erw. Aufl. 2004. EdG 26
Die Herrschaften der Karolinger 714–911 (Jörg W. Busch) 2011. EdG 88
Die Entstehung des Deutschen Reiches (Joachim Ehlers) 5. Aufl. 2013. EdG 31
Königtum und Königsherrschaft im 10. und 11. Jahrhundert (Egon Boshof) 3., aktual. und um einen Nachtrag erw. Aufl. 2010. EdG 27
Der Investiturstreit (Wilfried Hartmann) 3., überarb. u. erw. Aufl. 2007. EdG 21
Könige und Fürsten, Kaiser und Papst im 12. Jahrhundert (Bernhard Schimmelpfennig) 2. Aufl. 2010. EdG 37
Deutschland und seine Nachbarn 1200–1500 (Dieter Berg) 1996. EdG 40
Die kirchliche Krise des Spätmittelalters (Heribert Müller) 2012. EdG 90
König, Reich und Reichsreform im Spätmittelalter (Karl-Friedrich Krieger) 2., durchges. Aufl. 2005. EdG 14
Fürstliche Herrschaft und Territorien im späten Mittelalter (Ernst Schubert) 2. Aufl. 2006. EdG 35
  Politik, Staat, Verfassung

Frühe Neuzeit

Bevölkerungsgeschichte und historische Demographie 1500–1800 (Christian Pfister) 2. Aufl. 2007. EdG 28
Migration in der Frühen Neuzeit (Matthias Asche)
Umweltgeschichte der Frühen Neuzeit (Reinhold Reith) 2011. EdG 89
  Gesellschaft

Bauern zwischen Bauernkrieg und Dreißigjährigem Krieg (André Holenstein) 1996. EdG 38
Bauern 1648–1806 (Werner Troßbach) 1992. EdG 19
Adel in der Frühen Neuzeit (Rudolf Endres) 1993. EdG 18
Der Fürstenhof in der Frühen Neuzeit (Rainer A. Müller) 2. Aufl. 2004. EdG 33
Die Stadt in der Frühen Neuzeit (Heinz Schilling) 2. Aufl. 2004. EdG 24
Armut, Unterschichten, Randgruppen in der Frühen Neuzeit (Wolfgang von Hippel) 1995. EdG 34
Unruhen in der ständischen Gesellschaft 1300–1800 (Peter Blickle) 3., aktual. und erw. Aufl. 2012. EdG 1
Frauen- und Geschlechtergeschichte 1500–1800 (Andreas Rutz)
Die deutschen Juden vom 16. bis zum Ende des 18. Jahrhunderts (J. Friedrich Battenberg) 2001. EdG 60

Wirtschaft
Die deutsche Wirtschaft im 16. Jahrhundert (Franz Mathis) 1992. EdG 11
Die Entwicklung der Wirtschaft im Zeitalter des Merkantilismus 1620–1800 (Rainer Gömmel) 1998. EdG 46
Landwirtschaft in der Frühen Neuzeit (Walter Achilles) 1991. EdG 10
Gewerbe in der Frühen Neuzeit (Wilfried Reininghaus) 1990. EdG 3
Kommunikation, Handel, Geld und Banken in der Frühen Neuzeit (Michael North) 2000. EdG 59

Kultur, Alltag, Mentalitäten
Renaissance und Humanismus (Ulrich Muhlack)
Medien in der Frühen Neuzeit (Andreas Würgler) 2., durchgesehene Aufl. 2013. EdG 85
Bildung und Wissenschaft vom 15. bis zum 17. Jahrhundert (Notker Hammerstein) 2003. EdG 64
Bildung und Wissenschaft in der Frühen Neuzeit 1650–1800 (Anton Schindling) 2. Aufl. 1999. EdG 30
Die Aufklärung (Winfried Müller) 2002. EdG 61
Lebenswelt und Kultur des Bürgertums in der Frühen Neuzeit (Bernd Roeck) 2., um einen Nachtrag erw. Aufl. 2011. EdG 9
Lebenswelt und Kultur der unterständischen Schichten in der Frühen Neuzeit (Robert von Friedeburg) 2002. EdG 62

Religion und Kirche
Die Reformation. Voraussetzungen und Durchsetzung (Olaf Mörke) 2., aktualisierte Aufl. 2011. EdG 74
Konfessionalisierung im 16. Jahrhundert (Heinrich Richard Schmidt) 1992. EdG 12
Kirche, Staat und Gesellschaft im 17. und 18. Jahrhundert (Michael Maurer) 1999. EdG 51
Religiöse Bewegungen in der Frühen Neuzeit (Hans-Jürgen Goertz) 1993. EdG 20

Politik, Staat, Verfassung
Das Reich in der Frühen Neuzeit (Helmut Neuhaus) 2. Aufl. 2003. EdG 42
Landesherrschaft, Territorien und Staat in der Frühen Neuzeit (Joachim Bahlcke) 2012. EdG 91
Die Landständische Verfassung (Kersten Krüger) 2003. EdG 67
Vom aufgeklärten Reformstaat zum bürokratischen Staatsabsolutismus (Walter Demel) 2., um einen Nachtrag erw. Aufl. 2010. EdG 23

Militärgeschichte des späten Mittelalters und der Frühen Neuzeit
(Bernhard R. Kroener)

Das Reich im Kampf um die Hegemonie in Europa 1521–1648 (Alfred Kohler) Staatensystem,
2., um einen Nachtrag erw. Aufl. 2010. EdG 6 internationale
Altes Reich und europäische Staatenwelt 1648–1806 (Heinz Duchhardt) Beziehungen
1990. EdG 4

19. und 20. Jahrhundert

Bevölkerungsgeschichte und Historische Demographie 1800–2000 Gesellschaft
(Josef Ehmer) 2004. EdG 71
Migration vom 19. bis zum 21. Jahrhundert (Jochen Oltmer) 3., aktual. Aufl.
2016. EdG 86
Umweltgeschichte im 19. und 20. Jahrhundert (Frank Uekötter) 2007. EdG 81
Adel im 19. und 20. Jahrhundert (Heinz Reif) 2, um einen Nachtrag erw. Aufl.
2012. EdG 55
Geschichte der Familie im 19. und 20. Jahrhundert (Andreas Gestrich) 2. Aufl.
2010. EdG 50
Urbanisierung im 19. und 20. Jahrhundert (Christoph Bernhardt)
Von der ständischen zur bürgerlichen Gesellschaft (Lothar Gall) 1993.
EdG 25
Die Angestellten seit dem 19. Jahrhundert (Günter Schulz) 2000. EdG 54
Die Arbeiterschaft im 19. und 20. Jahrhundert (Gerhard Schildt)
1996. EdG 36
Frauen- und Geschlechtergeschichte im 19. und 20. Jahrhundert (Gisela Mettele)
Die Juden in Deutschland 1780–1918 (Shulamit Volkov) 2. Aufl. 2000. EdG 16
Die deutschen Juden 1914–1945 (Moshe Zimmermann) 1997. EdG 43
Pazifismus im 19. und 20. Jahrhundert (Benjamin Ziemann)

Die Industrielle Revolution in Deutschland (Hans-Werner Hahn) Wirtschaft
3., um einen Nachtrag erw. Aufl. 2011. EdG 49
Die deutsche Wirtschaft im 20. Jahrhundert (Wilfried Feldenkirchen) 1998.
EdG 47
Ländliche Gesellschaft und Agrarwirtschaft im 19. Jahrhundert (Clemens Zimmermann)
Agrarwirtschaft und ländliche Gesellschaft im 20. Jahrhundert (Ulrich Kluge)
2005. EdG 73
Gewerbe und Industrie im 19. und 20. Jahrhundert (Toni Pierenkemper)
2., um einen Nachtrag erw. Aufl. 2007. EdG 29
Handel und Verkehr im 19. Jahrhundert (Karl Heinrich Kaufhold)
Handel und Verkehr im 20. Jahrhundert (Christopher Kopper) 2002. EdG 63
Banken und Versicherungen im 19. und 20. Jahrhundert (Eckhard Wandel)
1998. EdG 45
Technik und Wirtschaft im 19. und 20. Jahrhundert (Christian Kleinschmidt)
2007. EdG 79
Unternehmensgeschichte im 19. und 20. Jahrhundert (Werner Plumpe)
Staat und Wirtschaft im 19. Jahrhundert (Rudolf Boch) 2004. EdG 70
Staat und Wirtschaft im 20. Jahrhundert (Gerold Ambrosius) 1990. EdG 7

Kultur, Bildung und Wissenschaft im 19. Jahrhundert (Hans-Christof Kraus) Kultur, Alltag,
2008. EdG 82 Mentalitäten

Kultur, Bildung und Wissenschaft im 20. Jahrhundert (Frank-Lothar Kroll) 2003. EdG 65
Lebenswelt und Kultur des Bürgertums im 19. und 20. Jahrhundert (Andreas Schulz) 2005. EdG 75
Lebenswelt und Kultur der unterbürgerlichen Schichten im 19. und 20. Jahrhundert (Wolfgang Kaschuba) 1990. EdG 5

Religion und Kirche
Kirche, Politik und Gesellschaft im 19. Jahrhundert (Gerhard Besier) 1998. EdG 48
Kirche, Politik und Gesellschaft im 20. Jahrhundert (Gerhard Besier) 2000. EdG 56

Politik, Staat, Verfassung
Der Deutsche Bund 1815–1866 (Jürgen Müller) 2006. EdG 78
Verfassungsstaat und Nationsbildung 1815–1871 (Elisabeth Fehrenbach) 2., um einen Nachtrag erw. Aufl. 2007. EdG 22
Politik im deutschen Kaiserreich (Hans-Peter Ullmann) 2., durchges. Aufl. 2005. EdG 52
Die Weimarer Republik. Politik und Gesellschaft (Andreas Wirsching) 2., um einen Nachtrag erw. Aufl. 2008. EdG 58
Nationalsozialistische Herrschaft (Ulrich von Hehl) 2. Aufl. 2001. EdG 39
Die Bundesrepublik Deutschland. Verfassung, Parlament und Parteien (Adolf M. Birke) 2. Aufl. 2010 mit Ergänzungen von Udo Wengst. EdG 41
Militär, Staat und Gesellschaft im 19. Jahrhundert (Ralf Pröve) 2006. EdG 77
Militär, Staat und Gesellschaft im 20. Jahrhundert (Bernhard R. Kroener) 2011. EdG 87
Die Sozialgeschichte der Bundesrepublik Deutschland bis 1989/90 (Axel Schildt) 2007. EdG 80
Die Sozialgeschichte der DDR (Arnd Bauerkämper) 2005. EdG 76
Die Innenpolitik der DDR (Günther Heydemann) 2003. EdG 66

Staatensystem, internationale Beziehungen
Die deutsche Frage und das europäische Staatensystem 1815–1871 (Anselm Doering-Manteuffel) 3., um einen Nachtrag erw. Aufl. 2010. EdG 15
Deutsche Außenpolitik 1871–1918 (Klaus Hildebrand) 3., überarb. und um einen Nachtrag erw. Aufl. 2008. EdG 2
Die Außenpolitik der Weimarer Republik (Gottfried Niedhart) 3., aktualisierte und um einen Nachtrag erw. Aufl. 2013. EdG 53
Die Außenpolitik des Dritten Reiches (Marie-Luise Recker) 2., um einen Nachtrag erw. Aufl. 2009. EdG 8
Die Außenpolitik der Bundesrepublik Deutschland 1949 bis 1990 (Ulrich Lappenküper) 2008. EdG 83
Die Außenpolitik der DDR (Joachim Scholtyseck) 2003. EdG 69

Hervorgehobene Titel sind bereits erschienen.

Stand: Mai 2016

www.ingramcontent.com/pod-product-compliance
Lightning Source LLC
Chambersburg PA
CBHW020410230426
43664CB00009B/1249